原始仏典III

増支部経典

第二巻

中村 元［監修］
前田專學［編集］
浪花宣明［訳］

春秋社

序文

仏教の経典や論書を収録した叢書は、「一切経」とも「大蔵経」ともいわれる。このような叢書は多数あるが、使用されている言葉によって、一般に『パーリ語三蔵』、『漢訳大蔵経』、『チベット大蔵経』の三種に大別される。これらのうち最も古く纏められたのは『パーリ語三蔵』であり、これはパーリ語で書かれた原始仏教の聖典の総称である。原始仏教は、初期仏教ともいわれ、インドにおける初期の仏教を指し、ゴータマ・ブッダ（釈尊）自身の時代およびそれに続く弟子たちの時代、年代的にいえば、およそ紀元前五世紀ころから紀元前三世紀ころまでの仏教を意味する。『三蔵』はブッダやその弟子たちの言行録である「経」と、仏教教団の戒律規定とその説明である「律」と、経典の精神や哲学を述べた「論」の、三者を容れておく容れ物を意味する。論蔵は、仏教教団が部派に分かれてからのもので、経蔵と律蔵に比して新しいが、それでも紀元前に成立したものである。同叢書の特色は、大乗仏教の経典をまったく含まない点にあり、明治になって近代仏教学が興るまで、日本の仏教徒はその存在すら知らなかったものである。

『パーリ語三蔵』全体の日本語訳としては、すでに戦前、『南伝大蔵経』六五巻七〇冊が刊行されているが、一種の擬古文であり、現代の日本人には極めて難解である。そのために中村元博士は、特に成立が古いと思われる『ブッダのことば（スッタ・ニパータ）』、『真理のことば（ダンマパダ）』をはじめ、数点のパーリ語経典を平易な現代語に翻訳された。これが、一般の読者にも専門家にも大きな影響を与え続けてきていることは周知の事実である。そのうえ、中村博士は『パーリ語三蔵』の現代語訳を見据えて、まず手始めに、その中でも比較的一般によく知られているブッダの前生物語『ジャータカ全集』（全一〇巻）を多くの研究者の分担協力によって春秋社から刊行された。

さらにその続編ともいうべき『原始仏典』出版計画のさなかに、当全集に対する一九九九年八月付けの「序文」を遺して、その刊行を見届けることなく、森祖道氏に後事を託して同年一〇月一〇日に逝去された。幸い『原始仏典』（全七巻）は、中村博士を監修、森祖道・浪花宣明両氏を共同編集者として、春秋社から二〇〇三年から二〇〇五年にわたって刊行された。

『原始仏典』は、『パーリ語三蔵』全体の中の「経蔵」の現代語訳ではあるが、「経蔵全体」のそれではない。経蔵に収められている原始仏教経典全体は、五つの大きな部（ニカーヤ）に分けられているが、『原始仏典』は、そのうちの最初の二つの部、すなわち「長部（ディーガ・ニカーヤ）」と「中部（マッジマ・ニカーヤ）」の経典の全訳である。それに続く「相応部（サンユッタ・ニカーヤ）」の経典の現代語訳は、筆者が編集者となって『原始仏典II』（全六巻）として二〇一四年に完結した。

ここに編集し出版する『増支部経典　原始仏典III』（全八巻）は、それに続く「増支部（アングッタラ・ニカーヤ）」の経典の全訳である。「長部」は長い経典三四経の集成であり、「中部」は中くらいの長さの経典一五二経の集成であるが、「相応部」は総じて短い二八七五経を主題によって分類した集成である。それに対して「増支部」は短い経をその内容の主題の数によって分類し、一つの主題を説く経を集めて「第一集（Eka-nipāta）」、二つの主題を説く経を集めて「第二集（Duka-nipāta）」とするように、主題の数を一つずつ増していき（増支または増一）、全体で一一集に分類したものである。このような編集の方法は、経典を記憶し伝承するのに有効なものであったと考えられている。「増支部」の最後にある結文（uddāna）によると、経（sutta）の総数は九五五七とされているが、実は経数の数え方が不明であり、また現在利用できる刊本や写本によって異なるなど、さまざまな要因のために正確な数は不明である。例えばBhikkhu Bodhiによれば、八一二二経であり（Bhikkhu Bodhi, *The Numerical Discourses of the*

Buddha: A Translation of the Aṅguttara Nikāya, tr. from the Pali, Wisdom Publications, 2012, p. 18）、片山一良によれば、「現行のＰＴＳ版では約二三〇八経、あるいは二三六三経などとされ、ここに用いるビルマ版では約七二三六の経（説明項目）が数えられる」（片山一良『ブッダのことば　パーリ仏典入門』大法輪閣、二〇〇八年、二二二頁）という。このように経の総数は異なるけれども、十経前後の類似した内容の経が集成されて章（vagga）とされ、この章が「増支部」の目次とされており、章が主体であるかのような印象を与えるが、主体は経にあり、各章の第一経はしばしば「このようにわたしは聞いた」という経の定型句で始まっている。

「相応部」の第一集は中村博士の邦訳がすでに岩波文庫から『ブッダ　神々との対話』として出版されていたので、ほとんどそのまま収録したが、「増支部」に関しては博士の翻訳はなく、全巻新しく邦訳した。邦訳に当たっては、幸い浪花宣明、勝本華蓮、服部育郎、松村淳子、及川真介、羽矢辰夫、平木光二、河﨑豊、畑昌利、林隆嗣（配列巻順）の各氏のご尽力を得ることができた。編者として、この場を借りて衷心よりの感謝を申し述べたい。

思えばこの大事業は、中村博士が『ジャータカ全集』第一巻の「まえがき」に「パーリ聖典を紹介する手始めとしてジャータカを先ず手がけようという議が起り、出版社と研究者たちの気心がぴったりと合致し、計画が急に昂まった。それについては、瓜生津隆真氏が発案し、当時の春秋社社長であった神田龍一氏が賛意を表されたためである。昭和四十三年秋に気運が起り、昭和四十四年一月十一日に本郷の学士会館で、第一回会合が開かれた。主体となった（財）東方研究会では、スリランカ、タイなどの諸文字で書かれた大蔵経や参考文献を購入して、準備を整えた」と書かれているような経緯で開始された。小生もこの第一回の会合に出席した一人であるが、今はその時のことがピンぼけした画像のように思い起こされる。その後も度々会合が開かれ、小生も第三巻を担当することになった。

しかし計画がはかばかしく進まないうちに国内全体の学園紛争に巻き込まれ、そのうえ春秋社では神田龍一社長の逝去が重なった。このようにして出版は遅れに遅れたが、前社長の遺志を継がれた神田明社長（当時）のもとで、全集が完結したのは、計画以来二二年後の一九九一年のことであった。その後は前述のように『原始仏典』が二〇〇五年に、『原始仏典II』が二〇一四年に完結し、今ようやく『増支部経典　原始仏典III』第一巻の出版が目前に迫っている。

『南伝大蔵経』は、経・律・論三蔵の全訳であるが、中村博士が「パーリ聖典を紹介しよう」と思われたのは、三蔵全体であったのか、その経蔵だけなのか、小生には不明である。しかし日本の仏教の現状を考慮して『ジャータカ』を手始めに、と考えられたことから、恐らく経蔵だけの邦訳を考えておられたように推定される。そうであるとしても、まだ経蔵五部のうちの最大の「小部（クッダカ・ニカーヤ）」が残されている。博士の邦訳がすでに若干あることでもあり、博士が自ら創立し終生理事長をしておられた財団法人東方研究会（現公益財団法人中村元東方研究所）が主体となり、常に博士を支えてこられた春秋社と、二人三脚で、経蔵の現代語訳を完成させ、先生と神田龍一社長の墓前にお供えできることを切望している。

最後に父君の『原始仏典』の現代語訳という大事業を悲願として継承された神田明会長の英断に対して深い敬意と衷心よりの謝意を表すると共に、またその意を体した澤畑吉和社長、佐藤清靖編集長、編集部の大成友果氏の献身的なご尽力に対して深甚の感謝を捧げたい。

二〇一六年吉日

編者　前田專學

増支部経典『第二巻』　原始仏典III

目次

第二巻　目次

第16章　裸形の章

略号表・注

凡　例

一　本全集は、『増支部経典（アングッタラ・ニカーヤ Aṅguttara-nikāya）』の現代語訳・注記・経典解説よりなる。
一　本巻には第三集（Tika nipāta）を収録した。
一　底本として、イギリスのパーリ文献協会（PTS）の版を用いたが、他の南方諸版も随時参照した。
一　訳文中の行間▼以下の数字は、底本の頁数を示す。また同じく行間（　）の数字は、注番号である。
一　訳出・注記にあたってはアッタカター文献などを随時参照した。なお訳語については訳者の翻訳を尊重し、また本文の文脈などを考慮して、あえて統一することを避けた。
一　読者の理解の一助とするため、底本にない訳文や底本の省略部分（…pe…）を適宜［　］で補った。内容・表現が前後でほぼ同様であると判断した部分については、省略して表記したところもある。

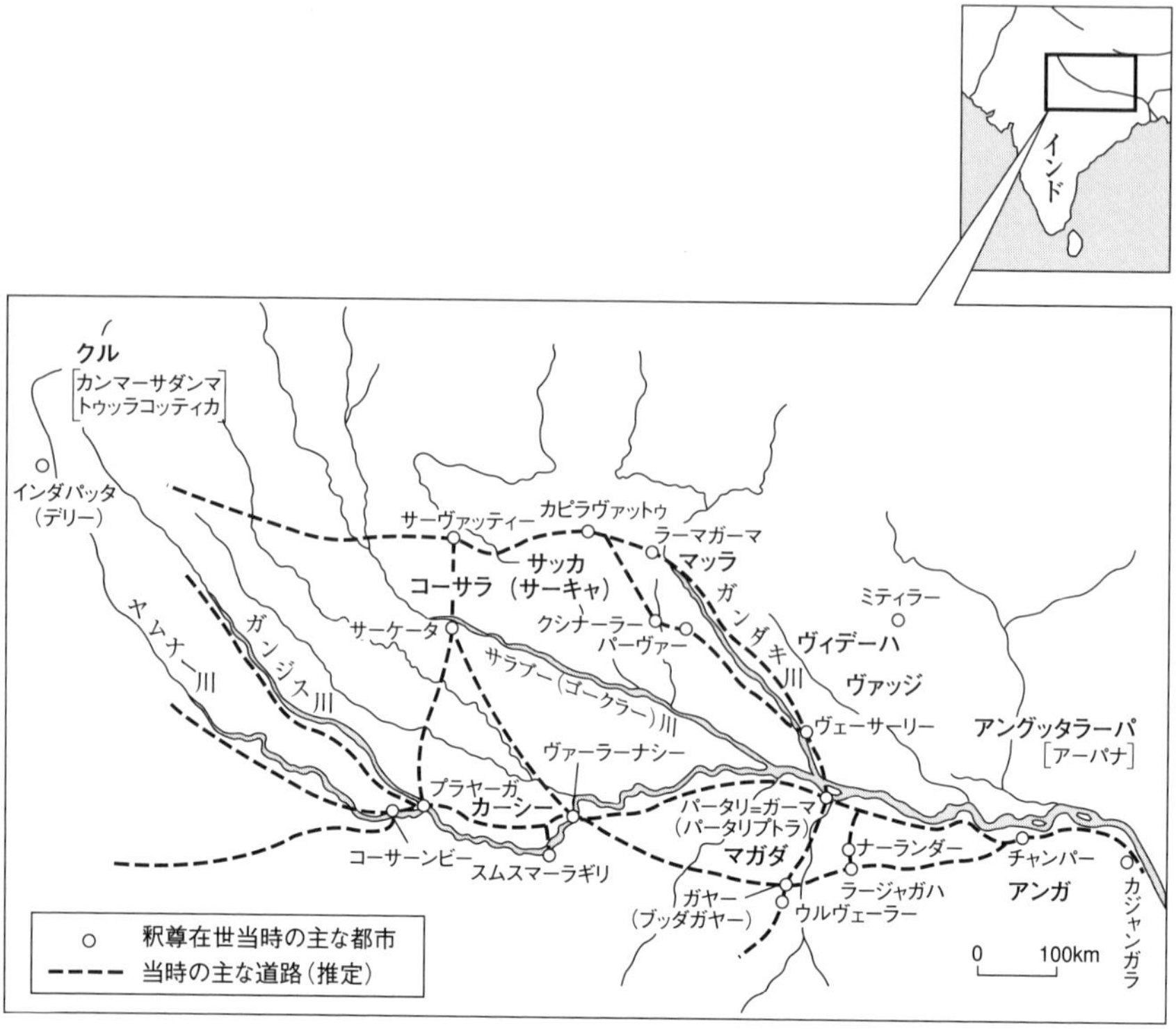

原始仏典の舞台

＊都市の位置は一部推定を含む

第三集

第三集は三分法の集成である。その特徴は分析と列挙である。あるものの性質を分析し、それを列挙する。そうすることでそのものの性質は明瞭となる。

しかし「増支部」の分析は分析自体を目的としていない。その目的は「転迷開悟」である。第11章（101〜102経）では「正しい覚知」が世間の悦楽と過患とそれからの出離とを如実に知ることという三つの要因に分類されている。世間に悦楽があるから人は迷い、過患の現実があるから出離の道が求められる。正しい覚知とは「転迷開悟の実践」の覚知である。これが第三集全体を貫く主題である。迷を転じるために迷の実態が分析され、悟を開くために悟りへの実践が分析される。

たとえば、煩悩は貪・瞋・癡に三分される。この三分法においては、煩悩の実態が貪・瞋・癡に三分されて示され、同時に、この三つを消滅させることが煩悩を消滅させることである、と煩悩消滅の実践が具体的に示される。また迷誤の原因である人の行為（業）が身体とことばとこころとによる行為に三分され、人の悪しき行為を断ち（転迷）、正しい行為を実行する（開悟）とは身体とことばとこころとの行為を正しくすることであると、実践が具体化される。

〔第一の五〇経〕

第一章　愚人の章

一

▼101[1]わたしはこのように聞いた。あるとき[2]世尊は[3]サーヴァッティーの[4]ジェータの林の中のアナータピンディカの園に滞在していた。

そのとき世尊は比丘たちに話しかけた、「[5]比丘たちよ」と。「世尊よ」と彼ら比丘たちは世尊に答えた。世尊は次のように説いた。

「比丘たちよ、[6]何かの恐怖が生じるとき、それらはすべて愚者にのみ生じて、賢者には生じない。何かの錯乱が生じるとき、それらはすべて愚者にのみ生じて、賢者には生じない。何かの茫然自失が生じるとき、それらはすべて愚者にのみ生じて、賢者には生じない。

比丘たちよ、たとえば葦で葺かれた家から、あるいは草で葺かれた家から出た火が、上も塗られ、下も塗られ、風を防ぎ、門の閂が閉ざされ、窓が閉じられている重閣をも焼くように、比丘たちよ、これと同じように、何かの恐怖が生じるとき、それらはすべて愚者にのみ生じて、賢者には生じない。何かの錯乱が生じるとき、それらはすべて愚者にのみ生じて、賢者には生じない。何かの茫然自失が生じるとき、それらはすべて愚者にのみ生じて、賢者には生じない。

比丘たちよ、このように愚者は恐怖を持ち、賢者は恐怖を持たない。愚者は錯乱を持ち、賢者は錯乱を持たない。愚者は茫然自失を持ち、賢者は茫然自失を持たない。比丘たちよ、賢者には恐怖はなく、賢者には錯乱はなく、賢者には茫然自失がない。

比丘たちよ、それゆえここで、このように学ぶべきである。わたしたちは、三つのことをそなえているために愚者と呼ばれる、その三つのことを避け、三つのことをそなえているために賢者と呼ばれる、その三つのことを〔こころに〕受け止めて、実行しよう、と。比丘たちよ、あなたたちはこのように学ぶべきである」。

2[7]

▼102「比丘たちよ、愚者[8]は業[9]（行為）を特徴とし、賢者は業を特徴とする。〔愚者と賢者の〕智慧[10]（慧）は〔行為の〕結果において明らかになる。

比丘たちよ、愚者は三つのことをそなえていると知られるべきである。三つとはどれらか。身体による悪行とことばによる悪行とこころによる悪行とである。比丘たちよ、愚者はこれら三つのことをそなえていると知られるべきである。

比丘たちよ、賢者は三つのことをそなえていると知られるべきである。三つとはどれらか。身体による善行とことばによる善行とこころによる善行とである。比丘たちよ、賢者はこれら三つのことをそなえていると知られるべきである。

比丘たちよ、それゆえここで、このように学ぶべきである。わたしたちは、三つのことをそなえているために愚者と呼ばれる、その三つのことを避け、三つのことをそなえているために賢者と呼ばれる、その三つのことを〔こころに〕受け止めて、実行しよう、と。比丘たちよ、あなたたちはこのように学ぶべきである」。

3[1]

「比丘たちよ、これら三つは愚者の愚者たる特徴であり、愚者たるすがたであり、愚者たる特質である。三つとはどれらか。

比丘たちよ、ここに愚者は悪い考えを考え、悪いことばを語り、悪く行われた行為を行う。比丘たちよ、もしこの愚者が悪い考えを考えず、悪いことばを語らず、悪く行われた行為を行わなければ、賢者たちは何によって『この者は愚者であり、善き人でない』と知るであろうか。しかし比丘たちよ、愚者は悪い考えを考え、悪いことばを語り、悪く行われた行為を行う。それゆえ賢者たちは『この者は愚者であり、善き人でない』と知る。比丘たちよ、これら三つは愚者の愚者たる特徴であり、愚者たるすがたであり、愚者たる特質である。

比丘たちよ、これら三つは賢者の賢者たる特徴であり、賢者たるすがたであり、賢者たる特質である。三つとはどれらか。

比丘たちよ、ここに賢者は善い考えを考え、善いことばを語り、善く行われた行為を行う。比丘たちよ、もしこの賢者が善い考えを考えず、善いことばを語らず、▼103善く行われた行為を行わなければ、賢者たちは何によって『この者は賢者であり、善き人である』と知るであろうか。しかし比丘たちよ、賢者は善い考えを考え、善いことばを語り、善く行われた行為を行う。それゆえ賢者たちは『この者は賢者であり、善き人である』と知る。比丘たちよ、これら三つは賢者の賢者たる特徴であり、賢者たるすがたであり、賢者たる特質である」。

4

「比丘たちよ、三つのことをそなえた者は愚者であると知られる。三つとはどれらか。過誤を過誤として見ず、過誤を過誤として見て正しく改悟することがなく、他人から過誤を指摘されても正しく受け止めない。比丘たちよ、これらの三つのことをそなえた者は愚者であると知られる。

比丘たちよ、三つのことをそなえた者は賢者であると知られる。三つとはどれらか。過誤を過誤として見、過誤を過誤として見て正しく改悟し、他人から過誤を指摘されて正しく受け止める。比丘たちよ、これらの三つのことをそなえた者は賢者であると知られる」。

5

「比丘たちよ、三つのことをそなえた者は愚者であると知られる。三つとはどれらか。理にかなわずに質問し、理にかなわずに質問に答え、他の者が理にかなった、完全な、前後によくつながりのある、〔意味に〕合った文言によって答えたとき、おおいに喜ぶことがない。比丘たちよ、これら三つのことをそなえた者は愚者であると知られる。

比丘たちよ、三つのことをそなえた者は賢者であると知られる。三つとはどれらか。理にかなって質問し、理にかなって質問に答え、他の者が理にかなった、完全な、前後によくつながりのある、〔意味に〕合った文言によって答えたとき、おおいに喜ぶ。比丘たちよ、これら三つのことをそなえた者は賢者であると知られる」。

6

「比丘たちよ、三つのことをそなえた者は愚者であると知られる。三つとはどれらか。▼104不善の身体(12)の業と、不善のことばの業と、不善のこころの業とである。比丘たちよ、これら三つのことをそなえた者は愚者であると知られる。比丘たちよ、三つのことをそなえた者は賢者であると知られる。三つとはどれらか。善の身体の業と、善のことばの業と、善のこころの業とである。比丘たちよ、これら三つのことをそなえた者は賢者であると知られる」。

7

「比丘たちよ、三つのことをそなえた者は愚者であると知られる。三つとはどれらか。罪のある身体の業と、罪のあることばの業と、罪のあるこころの業とである。比丘たちよ、これら三つのことをそなえた者は愚者であると知られる。比丘たちよ、三つのことをそなえた者は賢者であると知られる。三つとはどれらか。罪のない身体の業と、罪のないことばの業と、罪のないこころの業とである。比丘たちよ、これら三つのことをそなえた者は賢者であると知られる」。

8

「比丘たちよ、三つのことをそなえた者は愚者であると知られる。三つとはどれらか。

怒りのこもった身体の業と、怒りのこもったことばの業と、怒りのこもったこころの業とである。

比丘たちよ、これら三つのことをそなえた者は愚者であると知られる。

比丘たちよ、三つのことをそなえた者は賢者であると知られる。三つとはどれらか。

怒りのない身体の業と、怒りのないことばの業と、怒りのないこころの業とである。

比丘たちよ、これら三つのことをそなえた者は賢者であると知られる」。

9

「比[▼105]丘たちよ、三つのことをそなえた者は愚者であり、聡明でなく、善き人でなく、〔徳を〕傷つけられ、〔徳を〕亡失した自分を守り、また罪過を有し、智者たちによって非難され、多くの非福を生じる。三つとはどれらか。

身体による悪い行為と、ことばによる悪い行為と、こころによる悪い行為とである。

比丘たちよ、これら三つのことをそなえた者は愚者であり、聡明でなく、善き人でなく、〔徳を〕傷つけられ、〔徳を〕亡失した自分を守り、また罪過を有し、智者たちによって非難され、多くの非福を生じる。

比丘たちよ、三つのことをそなえた者は賢者であり、聡明であり、善き人であり、〔徳を〕傷つけられておらず、〔徳を〕亡失していない自分を守り、また罪過がなく、智者たちによって非難されず、多くの福を生じる。三つとはどれらか。

身体による善い行為と、ことばによる善い行為と、こころによる善い行為とである。

比丘たちよ、三つのことをそなえた者は賢者であり、聡明であり、善き人であり、〔徳を〕傷つけられておらず、〔徳を〕亡失していない自分を守り、また罪過がなく、智者たちによって非難されず、多くの福を生じる」。

10[13]

「比丘たちよ、三つのことをそなえた者は、三つの汚れを捨て去っていないことによって、運ばれてきたかのように、地獄に堕ちる。三つとはどれらか。

悪い戒律[14]（戒）を持ち、悪い戒律の汚れを捨て去っていない。嫉みを持ち、嫉みの汚れを捨て去っていない。吝嗇であり、吝嗇の汚れを捨て去っていない。比丘たちよ、これら三つのことをそなえた者は、三つの汚れを捨て去っていないことによって、運ばれてきたかのように、地獄に堕ちる。

比丘たちよ、三つのことをそなえた者は、三つの汚れを捨て去っていることによって、運ばれてきたかのように、天界に生まれる。三つとはどれらか。

戒律を持ち、悪い戒律の汚れを捨て去っている。嫉みがなく、嫉みの汚れを捨て去っている。吝嗇でなく、吝嗇の汚れを捨て去っている。比丘たちよ、これら三つのことをそなえた者は、三つの汚れを捨て去っていることによって、運ばれてきたかのように、天界に生まれる」。

第２章　車作りの章

11

「比▼106丘たちよ、三つのことをそなえた有名な比丘は、多くの人々の不利益のために、多くの人々の苦のために、多くの人々の不利と、天と人との不利益と苦とのために、実行した。三つとはどれらか。

〔教え（法）に〕逆らった身体による業を勧め導き、〔教えに〕逆らったことばによる業を勧め導き、〔教えに〕[1]逆らったこころによる業を勧め導く。比丘たちよ、これら三つのことをそなえた有名な比丘は、多くの人々の不利益のために、多くの人々の苦のために、多くの人々の不利と、天と人との不利益と苦とのために、実行した。

比丘たちよ、三つのことをそなえた有名な比丘は、多くの人々の利益のために、多くの人々の楽のために、多くの人々の利と、天と人との利益と楽とのために、実行した。三つとはどれらか。

〔教えに〕一致した身体による業を勧め導き、〔教えに〕一致したことばによる業を勧め導き、〔教えに〕一致したこころによる業を勧め導く。比丘たちよ、これら三つのことをそなえた有名な比丘は、多くの人々の利益のために、多くの人々の楽のために、多くの人々の利と、天と人との利益と楽とのために、実行した」。

12

「比丘たちよ、これら三つは、士族[2]（クシャトリヤ）階級の灌頂[3]された王について終生記憶されるべきである。三つとはどれらか。

比丘たちよ、士族階級の灌頂された王の生まれた場所は、比丘たちよ、士族階級の灌頂された王について、終生記憶されるべき第一のことである。

さらにまた比丘たちよ、士族階級の王の灌頂された場所は、比丘たちよ、士族階級の灌頂された王について、終生記憶されるべき第二のことである。

さらにまた比丘たちよ、士族階級の灌頂された王が戦争に勝利して、戦争の勝利者として、占領して住した、その戦争の場所は、比丘たちよ、士族階級の灌頂された王について、終生記憶されるべき第三のことである。

比丘たちよ、これら三つは、士族階級の灌頂された王について終生記憶されるべきである。

▼107 比丘たちよ、これと同じように、これら三つは、比丘について終生記憶されるべきである。三つとはどれらか。

比丘たちよ、比丘が髪とひげとを剃って、袈裟[4]の衣を着て、家から家のない状態へ出家した場所は、比丘たちよ、比丘について終生記憶されるべき第一のことである。

さらにまた比丘たちよ、比丘が『これは苦である』と如実に知り、『これは苦の原因である』と如実に知り、『これは苦の消滅である』と如実に知り、『これは苦の消滅へ導く実践である』と如実に知った、その場所は、比丘たちよ、比丘について終生記憶されるべき第二のことである。

さらにまた比丘たちよ、比丘が煩悩[5]の漏出を消滅し尽くして、煩悩の漏出がなくなり、こころ[6]の解脱と智慧（慧）による解脱とを現世において自ら明らかに知り、体現し、具現して住んでいる、その場所は、比丘たちよ、比丘について終生記憶されるべき第三のことである」。

13

「比丘たちよ、世間には三〔種〕の人のいることが知られている。三〔種〕とはどれらか。願望のない者と、願望を持っている者と、願望を離れた者とである。

では比丘たちよ、願望のない者とはどのような者か。

比丘たちよ、ここにある人は、チャンダーラ[7]（賤民）の家系や猟師の家系や竹細工師の家系や車作りの家系や、屠殺者の家系という卑しい家系に生まれ、貧しく、食べ物や飲み物の食料が乏しく、生活が困難であり、苦労して食と衣とを得ている。また彼は顔色が悪く、外見が醜く、背が低く、病気が多く、盲目であり、あるいは手が不自由であり、あるいは足が不自由であり、あるいは半身不随であり、食べ物と飲み物と着る物と乗り物と、花飾りや香や塗油と、臥すところと住むところと灯火の道具とを得ない。彼は、これこれの名前の士族階級の者たちによって、士族階級の灌頂によって灌頂されたと聞く。彼は次のように思わない。いつの日にか、わたしも、士族階級の者たちによって、士族階級の灌頂によって灌頂されるであろう、と。比丘たちよ、この人は願望のない者といわれる。

では比丘たちよ、願望を持っている者とはどのような者か。

▼108比丘たちよ、ここに士族階級の灌頂された王の長子が、灌頂〔に価し〕、未だ灌頂されておらず、〔王位に就くことが〕確実である。彼は、これこれの名前の士族階級の者が、士族階級の者たちによって、士族階級の灌頂によって灌頂されたと聞く。彼は次のように思う。いつの日にか、わたしも、士族階級の者たちによって、士族階級の灌頂によって灌頂されるであろう、と。比丘たちよ、この人は願望を持っている者といわれる。

では比丘たちよ、願望を離れた者とはどのような者であるか。

比丘たちよ、ここに士族階級の灌頂された王がいる。彼は、これこれの名前の士族階級の者が、士族階級の者たちによって、士族階級の灌頂によって灌頂されたと聞く。彼は次のように思わない。いつの日にか、わたしも、士族階級の者たちによって、士族階級の灌頂によって灌頂されるであろう、と。それはなぜか。比丘たちよ、以前に、灌頂されていないときに、彼には灌頂への願望はあったが、それは〔今〕彼には静まっているからである。比丘たちよ、この人が願望を離れた者といわれる。

比丘たちよ、世間にはこれら三〔種〕の人のいることが知られている。比丘たちよ、これと同様に、比丘たちの中にも、三〔種〕の人のいることが知られている。三〔種〕とはどれらか。

願望のない者と、願望を持っている者と、願望を離れた者とである。

では比丘たちよ、願望のない者とはどのような者か。

比丘たちよ、ここに、ある人は悪い戒律（戒）を持ち、劣悪な教え（法）を持ち、不浄であり、疑惑を招くような行為をし、隠密の業を有し、沙門[8]でないのに沙門を自称し、梵行者[9]でないのに梵行者を自称し、内部は腐朽し、〔煩悩が〕漏れ出ており、汚濁が生じている。彼は聞く。これこれの名前の比丘が煩悩の漏出を消滅し尽くして、煩悩の漏出がなくなり、こころの解脱と智慧による解脱とを現世において自ら明らかに知り、体現し、具現して住んでいる、と。彼は次のように考えない。わたしもいつの日にか、煩悩の漏出を消滅し尽くして、煩悩の漏出がなくなり、こころの解脱と智慧による解脱とを現世において自ら明らかに知り、体現し、具現して住むであろう、と。比丘たちよ、この人が願望のない者といわれる。

　では比丘たちよ、願望を持っている者とはどのような者か。

比丘たちよ、ここに、比丘が戒律を持ち、善妙な教えを持っている。彼は聞▼109く。これこれの名前の比丘が煩悩の漏出を消滅し尽くして、煩悩の漏出がなくなり、こころの解脱と智慧の解脱とを現世において自ら明らかに知り、体現し、具現して住んでいる、と。彼は次のように考える。わたしもいつの日にか、煩悩の漏出を消滅し尽くして、煩悩の漏出がなくなり、こころの解脱と智慧による解脱とを現世において自ら明らかに知り、体現し、具現して住むであろう、と。比丘たちよ、この人が願望を持っている者といわれる。

　では比丘たちよ、願望を離れた者とはどのような者であるか。

比丘たちよ、ここに比丘が阿羅漢[10]であり、漏出を消滅し尽くしている。彼は聞く。これこれの名前の比丘が煩悩の漏出を消滅し尽くして、煩悩の漏出がなくなり、こころの解脱と智慧による解脱とを現世において自ら明らかに知り、体現し、具現して住んでいる、と。彼は次のように考えない。わたしもいつの日にか、煩悩の漏出を消滅し尽くして、煩悩の漏出がなくなり、こころの解脱と智慧による解脱とを現世において自ら明らかに知り、体現し、具現して住むであろう、と。それはなぜか。比丘たちよ、以前に、いまだ解脱していないときには、彼には解脱への願望があったが、それは〔今〕彼には静まっているからである。比丘たちよ、この人が願望を離れた者といわれる。

比丘たちよ、比丘たちの中にも、これら三〔種〕の人のいることが知られている」。

14

「比丘たちよ、正義（法）を有し、正義の王である転輪王[11]も〔依りどころとなる他の〕王なしには輪〔宝〕を転じない」。

このように説かれたとき、あるひとりの比丘が世尊にいった。「尊師よ、正義を有し、正義の王である転輪王にとっての王とは誰ですか」。

「比丘よ、正義[12]（法）である」と、世尊は説いた。

「比丘よ、ここに、転輪王は正義を有し、正義の王であり、正義にもとづき、正義を敬い、正義を尊重し、正義を尊敬し、正義を旗印とし、正義を幡とし、正義を主とし、身内の者に対して、正義にかなった保護と防護と守護とを講じる。

さらにまた比丘よ、転輪王は正義を有し、正義の王であり、正義にもとづき、正義を敬い、正義を尊重し、正義を尊敬し、正義を旗印とし、正義を幡とし、正義を主とし、士族階級の者に対して、臣従する者に対して、軍隊に対して、▼110 バラモン階級の者や戸主に対して、村や田舎の者に対して、沙門・バラモン[13]に対して、鳥獣に対して、正義にかなった保護と防護と守護とを講じる。

比丘よ、この転輪王は正義を有し、〔正義の王であり、正義にもとづき、正義を敬い、正義を尊重し、正義を尊敬し、正義を旗印とし、正義を幡とし、正義を主とし、〕身内の者に対して正義にかなった保護と防護と守護とを講じ、〔正義によって輪宝を転じる〕。士族階級の者に対して、〔臣従する者に対して、軍隊に対して、バラモン階級の者や戸主に対して、村や田舎の者に対して、沙門・バラモンに対して、〕鳥獣に対して、正義にかなった保護と防護と守護とを講じ、正義によって輪〔宝〕を転じる。その輪〔宝〕は、敵対している、人として生まれて命のある者の誰も、転じることはできない。

比丘よ、これと同じように、如来・阿羅漢・等正覚は真理（法）を有し、真理の王であり、真理にもとづき、真理を敬い、真理を尊重し、真理を旗印とし、真理を幡とし、真理を主とし、身体による業に対して真理にかなった保護と防護と守護とを講じる。『このように身体による業に親しむべきであり、このように身体による業に親しむべきでない』と。

さらにまた比丘よ、如来[14]・阿羅漢・等正覚は真理を有し、〔真理の王であり、真理にもとづき、真理を敬い、真理を尊重し、真理を旗印とし、真理を幡とし、真理を主とし、〕ことばによる業に対して真理にかなった保護と防護と守護とを講じる。『このようにことばによる業に親しむべきであり、このようにことばによる業に親しむべきでない』と。

〔さらにまた比丘よ、如来・阿羅漢・等正覚は真理を有し、真理の王であり、真理にもとづき、真理を敬い、真理を尊重し、真理を旗印とし、真理を幡とし、真理を主とし、こころによる業に対して真理にかなった保護と防護と守護とを講じる。〕『このようにこころによる業に親しむべきであり、このようにこころによる業に親しむべきでない』と。

比丘よ、この如来・阿羅漢・等正覚は真理を有し、真理の王であり、真理にもとづき、真理を敬い、真理を尊重し、真理を旗印とし、真理を幡とし、真理を主とし、身体による業に対して、〔真理にかなった保護と防護と守護とを講じ、真理によって無上の真理の輪（法輪）を転じる〕。ことばによる業に対して、〔真理にかなった保護と防護と守護とを講じ、真理によって無上の真理の輪を転じる〕。こころによる業に対して、真理にかなった保護と防護と守護とを講じ、真理によって無上の真理の輪を転じる。その〔真理の〕輪は、沙門によって、あるいはバラモンによって、あるいは天によって、あるいは魔によって、あるいは梵天によって、あるいは世間の誰かによって、転じることはできない」。

15

あるとき世尊はバーラーナシー[15]のイシパタナ（仙人たちの集まる場所）の鹿の園（ミガダーヤ）に滞在していた。そのとき世尊は「比丘たちよ」と、比丘たちに話しかけた。

▼111「尊師よ」と、比丘たちは世尊に答えた。世尊は次のように説いた。

「比丘たちよ、昔、パチェータナという名前の王がいた。比丘たちよ、そのとき、パチェータナ王は車造り人に話しかけた。

『車造り人の友よ、今から六ヶ月後に、わたしは戦争を始める。車造り人の友よ、あなたはわたしのために新しい一対の車輪を作ることができるか』。

『陛下、できます』と、比丘たちよ、車造り人はパチェータナ王に答えた。

さて比丘たちよ、車造り人は、六ヶ月に六日を残して、一つの車輪を完成させた。比丘たちよ、そこでパチェータナ王は車造り人にいった。

『車造り人の友よ、今から六日後に、わたしは戦争を始める。新しい一対の車輪は完成するのか』と。

『陛下、六ヶ月に六日を残して、一つの車輪が完成しました』。

『では、車造り人の友よ、今から六日間で二つ目の車輪を完成させられるのか』。

『陛下、できます』と、比丘たちよ、車造り人はパチェータナ王に答えた。

さて比丘たちよ、車造り人は六日間で二つ目の車輪を完成させ、新しい一対の車輪を持ってパチェータナ王のもとへ行った。行ってパチェータナ王にいった。

『陛下、御身の新しい一対の車輪はいま完成しました』と。

『車造り人の友よ、あなたが六ヶ月に六日を残して完成させたこの車輪と、あなたが六日間で完成させたこの車輪との差異は何か。わたしには差異は何も見えない』。

『陛下、これらには差異があります。陛下、差異をご覧ください』。

比丘たちよ、そこで車造り人は六日間で完成した車輪を回転させた。それは勢いのある限り回転し続け、回転し終わると地面に落ちた。次に六ヶ月に六日を残して▼112完成した車輪を回転させた。それは勢いのある限り回転し続け、車軸にはめ込まれているかのように、止まった。

『車造り人の友よ、どのような因があり、どのような縁があって、六日間で完成したこの車輪は、勢いのある限り回転し続け、回転し終わると地面に落ちたのか。また車造り人の友よ、どのような因があり、どのような縁があって、六ヶ月に六日を残して完成したこの車輪は勢いのある限り回転し続け、車軸にはめ込まれているかのように、止まったのか』。

『陛下、六日間で完成したこの車輪は、外輪にも歪みがあり、凹凸があり、腐食したところがあります。輻《や》にも歪みがあり、凹凸があり、腐食したところがあります。轂《こしき》にも歪みがあり、凹凸があり、腐食したところがあります。外輪にも歪みがあり、凹凸があり、腐食したところがあることによって、輻にも歪みがあり、凹凸があり、腐食したところがあることによって、轂にも歪みがあり、凹凸があり、腐食したところがあることによって、勢いのある限り回転し続け、回転し終わると地面に落ちたのです。陛下、これに対して六ヶ月に六日を残して完成した車輪は、外輪にも歪みがなく、凹凸がなく、腐食したところがありません。輻にも歪みがなく、凹凸がなく、腐食したところがありません。轂にも歪みがなく、凹凸がなく、腐食したところがありません。外輪に歪みがなく、凹凸がなく、腐食したところがないことによって、輻に歪みがなく、凹凸がなく、腐食したところがないことによって、轂に歪みがなく、凹凸がなく、腐食したところがないことによって、勢いのある限り回転し続け、車軸にはめ込まれているかのように、止まったのです』。

比丘たちよ、あなたたちは『そのときの車造り人は別の人であった』と思うかもしれない。しかし比丘たちよ、それはそのように思うべきでない。そのときの車造り人はわたしであった。比丘たちよ、そのときのわたしは、木材の歪みや木材の凹凸や木材の腐食に精通していた。比丘たちよ、今、わたしは阿羅漢であり等正覚であり、身体の歪みと身体の欠点と身体の汚濁に精通し、ことばの歪みとことばの欠点とことばの汚濁に精通し、こころの歪みとこころの欠点とこころの汚濁に精通している。

比丘たちよ、身体の歪みと身体の欠点と身体の汚濁とを捨断しておらず、ことばの歪みとことばの欠点とことばの汚濁とを捨断しておらず、こころの歪みとこころの欠点とこころの汚濁とを捨断していない比丘と比丘尼とは、誰であろうと、比丘たちよ、彼らは、▼113あたかも六日間で完成した車輪のように、この教えと規律（律）とから堕落する。

比丘たちよ、身体の歪みと身体の欠点と身体の汚濁とを捨断しており、〔ことばの歪みとことばの欠点とことばの汚濁とを捨断しており、〕こころの歪みとこころの欠点とこころの汚濁とを捨断している比丘と比丘尼とは、誰であろうと、比丘たちよ、彼らは、あたかも六ヶ月に六日を残して完成した車輪のように、この教えと規律とに確立する。

比丘たちよ、それゆえここで学ぶべきである。わたしたちは身体の歪みと身体の欠点と身体の汚濁とを捨断しよう、ことばの歪みとことばの欠点とことばの汚濁とを捨断しよう、こころの歪みとこころの欠点とこころの汚濁とを捨断しよう、と。比丘たちよ、あなたたちはこのように学ぶべきである」。

16

「比丘たちよ、三つのことをそなえた比丘は戯れでない実践を実践し、煩悩の漏出の滅尽のために励んでいる。三つとはどれらか。

比丘たちよ、ここに比丘が感官の門をよく守っている。食に適量を知っている。覚醒して修習に専念している。

では比丘たちよ、比丘が感官の門をよく守っているとは、どのようであるか。

比丘たちよ、ここに比丘が、眼によって色と形とを見て、大まかな特徴にとらわれず、細かな特徴にとらわれていない。その結果として、彼は、もしこの眼の感官が防御されずにいるなら、貪りと憂いという悪しく不善のことがらが〔こころに〕侵入してくるであろうところの、そ〔の感官〕の防御のために実践し、眼の感官を守り、眼の感官の防御を達成する。耳によって音声を聞き、〔大まかな特徴にとらわれず、細かな特徴にとらわれていない。その結果として、彼は、もしこの耳の感官が防御されずにいるなら、貪りと憂いという悪しく不善のことがらがこころに侵入してくるであろうところの、その感官の防御のために実践し、耳の感官を守り、耳の感官の防御を達成する〕。鼻によって香を嗅ぎ、〔大まかな特徴にとらわれず、細かな特徴にとらわれていない。その結果として、彼は、もしこの鼻の感官が防御されずにいるなら、貪りと憂いという悪しく不善のことがらがこころに侵入してくるであろうところの、その感官の防御のために実践し、鼻の感官を守り、鼻の感官の防御を達成する〕。舌によって味を味わい、〔大まかな特徴にとらわれず、細かな特徴にとらわれていない。その結果として、彼は、もしこの舌の感官が防御されずにいるなら、貪りと憂いという悪しく不善のことがらがこころに侵入してくるであろうところの、その感官の防御のために実践し、舌の感官を守り、舌の感官の防御を達成する〕。身体によって触れるべきものに触れ、〔大まかな特徴にとらわれず、細かな特徴にとらわれていない。その結果として、彼は、もしこの身体の感官が防御されずにいるなら、貪りと憂いという悪しく不善のことがらがこころに侵入してくるであろうところの、その感官の防御のために実践し、身体の感官を守り、身体の感官の防御を達成する〕。こころ（意）によって知られるべきものを知って、大まかな特徴にとらわれず、細かな特徴にとらわれていない。その結果として、彼は、もしこのこころの感官が防御されずにいるなら、貪りと憂いという悪しく不善のことがらが侵入してくるであろうところの、そ〔の感官〕の防御のために実践し、こころの感官を守り、こころの感官の防御を達成する。比丘たちよ、このようにして比丘は感官の門を守っている。

▼114比丘たちよ、比丘が食に適量を知るとは、どのようであるか。

比丘たちよ、ここに比丘が、考慮して、理に従って食をとる。『戯れ遊びのためでなく、驕りのためでなく、飾りのためでなく、美容のためでない。ただこの身体の存続のために、生きながらえるために、害の止息のために、清らかな行い（梵行）に資するために。このようにして、わたしは以前の感受を消滅させ、新しい感受を生じさせないであろう。わたしの暮らしは罪過がなく、安穏であるであろう』と。比丘たちよ、比丘はこのようにして食に適量を知る。

比丘たちよ、比丘が覚醒して修習に専念しているとは、どのようであるか。

比丘たちよ、ここに比丘が、昼の間に経行[17]して、〔あるいは〕坐して、障害となることがらからこころを浄化させる。夜の初更において経行して、〔あるいは〕坐して、障害となることがらからこころを浄化させ、夜の中更において右の脇を下にして、ライオン[18]の臥し方で臥し、足の上に足を重ねて置き、注意力[19]（念）と明瞭な意識[20]を保ち、起きるときの姿を念頭に置いて〔休み〕、夜の後更において起きあがり、経行して、〔あるいは〕坐して、障害となることがらからこころを浄化させる。比丘たちよ、比丘はこのようにして覚醒して修習に専念している。

比丘たちよ、これら三つのことをそなえた比丘は戯れでない実践を実践し、煩悩の漏出の滅尽のために励んでいる」。

17

「比丘たちよ、これら三つのことは自らをも苦しめ悩まし、他人をも苦しめ悩まし、両者ともを苦しめ悩ます。三つとはどれらか。

身体による悪行と、ことばによる悪行と、こころによる悪行とである。比丘たちよ、これら三つのことは自らをも苦しめ悩まし、他人をも苦しめ悩まし、両者ともを苦しめ悩ます。

比丘たちよ、これら三つのことは自らをも苦しめ悩まさず、他人をも苦しめ悩まさず、両者ともを苦しめ悩まさない。三つとはどれらか。

身体による善行と、ことばによる善行と、こころによる善行とである。比丘たちよ、これら三つのことは自らをも苦しめ悩まさず、他人をも苦しめ悩まさず、両者ともを苦しめ悩まさない」。

18

「▼115比丘たちよ、もし外教の遍歴行者が、友よ、沙門[21]ゴータマは天の世界に生まれるために清らかな行いに住しているのか、と尋ねたら、比丘たちよ、あなたたちはこのように問われて、当惑し、こころに恥じ、嫌悪を感じないか」。

「尊師よ、そのとおりです」。

「比丘たちよ、このように、あなたたちは、聞くところの天の暮らしに当惑すべきであり、こころに恥じるべきであり、嫌悪すべきである。天の容色に、天の安楽に、天の名声に、天の権勢に当惑すべきであり、こころに恥じるべきであり、嫌悪すべきである。比丘たちよ、ましてや、あなたたちの身体による悪行に〔当惑すべきであり、こころに恥じるべきであり、嫌悪すべきである。ことばによる悪行に当惑すべきであり、こころに恥じるべきであり、嫌悪すべきである」。こころによる悪行に当惑すべきであり、こころに恥じるべきであり、嫌悪すべきである」。

19

「比丘たちよ、三つの要因をそなえた商人は、手に入れていない財を手に入れることができず、手に入れた財を増やすことができない。三つとはどれらか。

比丘たちよ、ここに商人が午前中に、侮って仕事に専念せず、正午時に、侮って仕事に専念せず、夕方に、侮って仕事に専念しない。比丘たちよ、これら三つの要因をそなえた商人は、手に入れていない財を手に入れることができず、手に入れた財を増やすことができない。

比丘たちよ、これと同じように、三つのことをそなえた比丘は、達成していない善のことがらを達成することができず、達成した善のことがらを増大させることができない。三つとはどれらか。

比丘たちよ、ここに比丘が、午前中にこころ[22]の統一（定）の特相に敬意を持って勤めず、正午にこころの統一の特相に敬意を持って勤めず、夕方にこころの統一の特相に敬意を持って勤めない。比丘たちよ、これら三つのことをそなえた比丘は、達成していない善のことがらを達成することができず、達成した善のことがらを増大させることができない。

▼116 比丘たちよ、三つの要因をそなえた商人は、手に入れていない財を手に入れることができ、手に入れた財を増やすことができる。三つとはどれらか。

比丘たちよ、ここに商人が午前中に、侮らずに仕事に専念し、正午時に、侮らずに仕事に専念し、夕方に、侮らずに仕事に専念する。比丘たちよ、これら三つの要因をそなえた商人は、手に入れていない財を手に入れることができ、手に入れた財を増やすことができる。

比丘たちよ、これと同じように、三つのことをそなえた比丘は、達成していない善のことがらを達成することができ、達成した善のことがらを増大させることができる。三つとはどれらか。

比丘たちよ、ここに比丘が、午前中にこころの統一の特相に敬意を持って勤め、正午にこころの統一の特相に敬意を持って勤め、夕方にこころの統一の特相に敬意を持って勤める。比丘たちよ、これら三つのことをそなえた比丘は、達成していない善のことがらを達成することができ、達成した善のことがらを増大させることができる」。

20

「比丘たちよ、三つの要因をそなえた商人には、久しからずして、財物は増大し、広大になる。三つとはどれらか。

比丘たちよ、商人が眼〔力〕を持ち、賢明であり、よりどころを持っている。

比丘たちよ、商人が眼〔力〕を持っているとはどのようであるか。

比丘たちよ、ここに商人が、商品を知っている。『この商品はこのようにして買った。このようにして売られようとしている。これだけの値段がし、これだけの利益があるであろう』と。比丘たちよ、商人が眼〔力〕を持っているとはこのようである。

比丘たちよ、商人が賢明であるとはどのようであるか。

比丘たちよ、ここに商人が商品を買うことと売ることとに巧みである。比丘たちよ、商人が賢明であるとはこのようである。
▼117 比丘たちよ、商人がよりどころを持っているとはどのようであるか。
比丘たちよ、ここに富んで、大財のある、大富裕の戸主や戸主の息子がその商人を知っている。『このりっぱな商

人は、眼〔力〕を持ち、賢明であり、妻子を養うことができ、常にわたしたちを支援してくれている』と。彼らは財をもって彼を招き〔彼にいう〕、『友の商人よ、これをもとにして財を作って、妻子を養いなさい、わたしたちを常に支援してください』と。比丘たちよ、商人がよりどころを持っているとはこのようである。

比丘たちよ、三つの要因をそなえた商人には、久しからずして、財物は増大し、広大になる。

比丘たちよ、これと同じように、三つのことをそなえた比丘には、久しからずして、善いことがらが増大し、広大になる。三つとはどれらか。

比丘たちよ、比丘が眼〔力〕を持ち、賢明であり、よりどころを持っている。

比丘たちよ、比丘が眼〔力〕を持っているとはどのようであるか。

比丘たちよ、ここに比丘が、『これは苦である』と如実に知り、〔『これは苦の原因である』と如実に知り、『これは苦の消滅である』と如実に知り、〕『これは苦の消滅に導く実践である』と如実に知っている。比丘が眼〔力〕を持っているとはこのようである。

比丘たちよ、比丘が賢明であるとはどのようであるか。

比丘たちよ、ここに比丘が精進に励んでいる。不善のことがらを捨断するために、善のことがらを生じさせるために、力を持ち、堅固な努力により、善のことがらに対して責務を放棄しない。比丘たちよ、比丘が賢明であるとはこのようである。

比丘たちよ、比丘がよりどころを持っているとはどのようであるか。

比丘たちよ、ここに比丘は、教えを数多く聞いて、伝承の教え[23]に精通し、教えを保持し、規律を保持し、教えの項目表[24]を保持している比丘たちを常に訪れ、尋ね、質問する、『尊師よ、これはどうしてこのような意味なのですか』と。彼に対して尊者たちは、明らかでないことを明らかにし、明瞭でないことを明瞭にし、さまざまに説かれているために〔かえって〕疑念を生じさせることについて疑念を払拭させる。比丘たちよ、比丘がよりどころを持っているとはこのようである。
▼118 比丘たちよ、これら三つのことをそなえた比丘には、久しからずして、善いことがらが増大し、広大になる」。
〔以上が〕第２章、車造り人の章である。

第３章　人の章

21[1]

わたしはこのように聞いた。あるとき世尊はサーヴァッティーのジェータの林の中のアナータピンディカの園に滞在していた。

そのとき尊者サヴィッタと尊者マハーコッティタとは尊者サーリプッタ[2]のもとへ行った。行って、尊者サーリプッタとあいさつを交わし、〔親愛と敬意に満ちたことばを述べてから、かたわらにすわった〕。かたわらにすわった尊者サヴィッタに尊者サーリプッタは次のようにいった。

「友サヴィッタよ、世間には三〔種〕の人がいることが知られます。三〔種〕とはどれらか。身[3]をもって体現した人（身証）と、洞察に到達した人（見倒）と、信によって解脱した人（信解脱）とです。友よ、世間にこれら三〔種〕の人がいることが知られます。友よ、これら三〔種〕の人のうちで、あなたにはどの人が好ましく、いっそう善妙であり、いっそう優れている〔と思われます〕か」。

「友サーリプッタよ、世間には三〔種〕の人がいることが知られます。三〔種〕とはどれらか。身をもって体現した人と、洞察に到達した人と、信によって解脱した人とです。友よ、世間にこれら三〔種〕の人がいることが知られます。友よ、これら三〔種〕の人のうちで、わたしには、信によって解脱した人が好ましく、いっそう善妙であり、いっそう優れている〔と思われます〕。それはなぜか。友よ、この人は信の能力（信根）が卓越しているからです」。

そこで尊者サーリプッタは尊者マハーコッティタにいった。「友マハーコッティタよ、世間には三〔種〕の人がいることが知られます。三〔種〕とはどれらか。身をもって体現した人と、洞察に到達した人と、信によって解脱した人とです。友よ、世間にこれら三〔種〕の人がいることが知られます。友よ、これら三〔種〕の人のうちで、あなたにはどの人が好ましく、いっそう善妙であり、いっそう優れている〔と思われます〕か」。

「友サーリプッタよ、世間には三〔種〕の人がいることが知られます。三〔種〕とはどれらか。身をもって体現した人と、洞察に到達した人と、信によって解脱した人とです。友よ、世間にこれら三〔種〕の人がいることが知られます。友よ、これら三〔種〕の人のうちで、わたしには、身をもって体現した人が好ましく、いっそう善妙であり、いっそう優れている〔と思われます〕。それはなぜか。友よ、この人はこころの統一の能力（定根）が卓越しているからです」。

そのとき尊者マハーコッティタは尊者サーリプッタにいった。「友サーリプッタよ、世間には三〔種〕の人がいることが知られます。三〔種〕とはどれらか。身をもって体現した人と、洞察に到達した人と、信によって解脱した人とです。友よ、世間にこれら三〔種〕の人がいることが知られます。友よ、これら三〔種〕の人のうちで、あなたにはどの人が好ましく、いっそう善妙であり、いっそう優れている〔と思われます〕か」。

「友コッティタよ、世間には三〔種〕の人がいることが知られます。三〔種〕とはどれらか。身をもって体現した人と、洞察に到達した人と、信によって解脱した人とです。友よ、世間にこれら三〔種〕の人がいることが知られます。友よ、これら三〔種〕の人のうちで、わたしには、洞察に到達した人が好ましく、いっそう善妙であり、いっそう優れている〔と思われます〕。それはなぜか。友よ、この人は智慧の能力（慧根）が卓越しているからです」。

そのとき尊者サーリプッタは尊者サヴィッタと尊者マハーコッティタとにいった。

「友よ、わたしたちは自分の弁才の趣くままに語りました。友よ、行きましょう。わたしたちは世尊のもとへ行きましょう。行って世尊にこの意味をお話ししましょう。わたしたちは世尊がお答えになるとおりに、それを記憶しましょう」。

「友よ、そうしましょう」と、尊者サヴィッタと尊者マハーコッティタとは尊者サーリプッタに答えた。そこで尊者サーリプッタと尊者サヴィッタと尊者マハーコッティタとは世尊のもとへ行った。行って世尊に礼拝し、かたわらにすわった。かたわらにすわった▼120尊者サーリプッタは、尊者サヴィッタと尊者マハーコッティタと話した会話の、あった限りのすべてを世尊に告げた。

「サーリプッタよ、ここで、これら三〔種〕の人のうちで、この人がいっそう善妙であり、いっそう優れている、と断定して答えることは容易でない。なぜならサーリプッタよ、道理があるからである。この信によって解脱した人は阿羅漢になるために実践し、この身をもって体現した人は一来者であり、あるいは不還者であり、洞察に到達した人は一来者であり、あるいは不還者であるという道理があるからである。

サーリプッタよ、ここで、これら三〔種〕の人のうちで、この人がいっそう善妙であり、いっそう優れている、と断定して答えることは容易でない。なぜならサーリプッタよ、道理があるからである。この身をもって体現した人は阿羅漢になるために実践し、この信によって解脱した人は一来者であり、あるいは不還者であり、洞察に到達した人は一来者であり、あるいは不還者であるという道理があるからである。

サーリプッタよ、ここで、これら三〔種〕の人のうちで、この人がいっそう善妙であり、いっそう優れている、と断定して答えることは容易でない。なぜならサーリプッタよ、道理があるからである。この洞察に到達した人は阿羅漢になるために実践し、この信によって解脱した人は一来者であり、あるいは不還者であり、身をもって体現した人は一来者であり、あるいは不還者であるという道理があるからである。

サーリプッタよ、ここで、これら三〔種〕の人のうちで、この人がいっそう善妙であり、いっそう優れている、と断定して答えることは容易でない」。

22[4]

「比丘たちよ、世間にはこれら三人の病人のいることが知られる。三人とは誰らか。

比丘たちよ、ここに、ある病人は、適切な食事を得ていても、あるいは適切な食事を得ていなくても、また適切な薬を得ていても、あるいは適切な薬を得ていなくても、またふさわしい看護人を得ていても▼121、あるいはふさわしい看護人を得ていなくても、その病気から回復しない。

また比丘たちよ、ここに、ある病人は、適切な食事を得ていても、あるいは適切な食事を得ていなくても、また適切な薬を得ていても、あるいは適切な薬を得ていなくても、またふさわしい看護人を得ていても、あるいはふさわしい看護人を得ていなくても、その病気から回復する。

また比丘たちよ、ここに、ある病人は適切な食事を得ており、得ていないのでない。ふさわしい看護人を得ており、得ていないのでない。〔それによって〕彼はその病気から回復する。

比丘たちよ、これら〔三人の病人〕のうちで、適切な食事を得ており、得ていないのでなく、適切な薬を得ており、得ていないのでなく、ふさわしい看護人を得ており、得ていないのでなく、その病気から回復する病人に、比丘たちよ、その病人にもとづいて病人の食事〔の適不適〕が規定され、病人の薬〔の適不適〕が規定され、病人の看護人

〔の適不適〕が規定される。また比丘たちよ、その病人にもとづいて他の病人の看護がされるべきである。比丘たちよ、世間にはこれら三人の病人のいることが知られる。

比丘たちよ、これと同じように、世間には病人にたとえられるこれら三人のいることが知られる。三人とは誰らか。

比丘たちよ、ここにある人は、如来に会うことを得ていても、あるいは如来に会うことを得ていなくても、また如来によって示された教え（法）と規律（律）とを聞くことを得ていても、あるいは如来によって示された教えと規律とを聞くことを得ていなくても、善[5]のことがらのうちで〔将来の悟りが〕決定した状態に、すなわち正しさに入らない。

また比丘たちよ、ここにある人は、如来に会うことを得ていても、あるいは如来に会うことを得ていなくても、また如来によって示された教えと規律とを聞くことを得ていても、あるいは如来によって示された教えと規律とを聞くことを得ていなくても、善のことがらのうちで〔将来の悟りが〕決定した状態に、すなわち正しさに入る。

また比丘たちよ、ここにある人は、如来に会うことを得ており、得ていないのでない。如来によって示された教えと規律とを聞くことを得ており、得ていないのでない。〔それによって〕彼は善のことがらのうちで〔将来の悟りが〕決定した状態に、正しさに入る。

▼122 比丘たちよ、これら〔三人〕のうちで、如来に会うことを得ており、得ていないのでなく、如来によって示された教えと規律とを聞くことを得ており、得ていないのでなく、善のことがらのうちで〔将来の悟りが〕決定した状態に、すなわち正しさに入る人にもとづいて、比丘たちよ、その人にもとづいて説法〔の適不適〕が規定され、また比丘たちよ、その人にもとづいて他の人たちにも教えは説かれるべきである。比丘たちよ、世間には病人にたとえられるこれら三人のいることが知られる」。

23

「比丘たちよ、世間にはこれら三人がいる。三人とは誰らか。

比丘たちよ、ここに、ある人は苦悩のある身行[6]をはたらかせ、苦悩のある語行をはたらかせ、苦悩のある意行をはたらかせる。彼は苦悩のある身行をはたらかせ、苦悩のある語行をはたらかせ、苦悩のある意行をはたらかせて、苦悩のある世界に生まれる。苦悩のある世界に生まれているその彼に、苦悩のある接触が触れる。彼は苦悩のある接触に触れられながら、苦悩のある、専ら苦である感受を感受する。彼は地獄の生ける者である。

また比丘たちよ、ここに、ある人は苦悩のない身行をはたらかせ、〔苦悩のない語行をはたらかせ、〕苦悩のない意行をはたらかせる。彼は苦悩のない身行をはたらかせ、〔苦悩のない語行をはたらかせ、〕苦悩のない意行をはたらかせて、苦悩のない世界に生まれる。苦悩のない世界に生まれているその彼に、苦悩のない接触が触れる。彼は苦悩のない接触に触れられながら、苦悩のない、専ら楽である感受を感受する。それは遍浄天[7]である。

また比丘たちよ、ここに、ある人は苦悩のある〔身行〕をも、また苦悩のない身行をもはたらかせ、〔苦悩のある語行をも、苦悩のない語行をもはたらかせ、〕苦悩のある〔意行〕をも、▼123苦悩のない意行をもはたらかせる。彼は苦悩のある〔身行〕をも、また苦悩のない身行をもはたらかせ、〔苦悩のある語行をも、苦悩のない語行をもはたらかせ、〕苦悩のある〔意行〕をも、苦悩のない意行をもはたらかせて、苦悩のある〔世界〕にも、苦悩のない世界にも生まれる。苦悩のある〔世界〕にも、苦悩のない世界にも生まれているその彼に、苦悩のある、あるいは苦悩のない接触が触れる。彼は苦悩のある、あるいは苦悩のない接触に触れられながら、楽と苦との混ざり合った感受を感受する。それは人と一部の天と[8]一部の破滅の世界（堕処）の者である。

比丘たちよ、世間にはこれら三人のいることが知られる」。

24

「比丘たちよ、これら三人[9]は人のためにおおいに益する者である。三人とは誰らか。

比丘たちよ、その人によって、この人が仏に帰依し、法に帰依し、僧に帰依するとき、その人はこの人にとっておおいに益する者である。

また比丘たちよ、その人によって、この人が『これは苦である』と如実に知り、〔『これは苦の原因である』と如実に知り、『これは苦の消滅である』と如実に知り、〕『これは苦の消滅に導く実践である』と如実に知るとき、その人はこの人にとっておおいに益する者である。

また次に、その人によって、この人が、煩悩の漏出を滅尽し、煩悩の漏出がなくなり、こころ[10]の解脱と智慧（慧）による解脱とを現世において自ら明らかに知り、体現し、具現して住んでいるとき、その人はこの人にとっておおいに益する者である。

比丘たちよ、これら三人は人にとっておおいに益する者である。比丘たちよ、これら三人より他に、この人におおいに益する者はいない、とわたしは説く。また比丘たちよ、これら三人のために、この人は充分に報いることができないとわたしは説く。すなわち、礼拝することにより、立って迎えることにより、合掌することにより、敬意のこもった行いにより、衣服と飲食物と寝具と座具と病気のときの必需品である薬という生活用品を与えることにより、〔充分に報いることができないと説く〕」。

25[11]

「比丘たちよ、世間にはこれら三人のいることが知られる。▼[124]三人とは誰らか。傷口にたとえられるこころをもつ人、電光にたとえられるこころをもつ人、金剛にたとえられるこころをもつ人である。

では比丘たちよ、傷口にたとえられるこころをもつ人とはどのようであるか。

比丘たちよ、ここに、ある人は怒りやすく、苦悶が多く、わずかなことをいわれても不機嫌になり、怒り、害意をもち、反駁し、怒りと悪意と不満とをあらわにする。たとえば、悪化した傷口を木片や小石で打てば、多量の膿が流れ出るように、比丘たちよ、ここに、ある人は怒りやすく、苦悶が多く、わずかなことをいわれても不機嫌になり、怒り、害意をもち、反駁し、怒りと悪意と不満とをあらわにする。比丘たちよ、この者は傷口にたとえられるこころをもつ人といわれる。

では比丘たちよ、電光にたとえられるこころをもつ人とはどのようであるか。

比丘たちよ、ここに、ある人が『これは苦である』と如実に知り、〔『これは苦の原因である』と如実に知り、『これは苦の消滅である』と如実に知り、〕『これは苦の消滅に導く実践である』と如実に知る。比丘たちよ、たとえば眼のある人が夜の闇の中で、電光の間だけ色と形（色）を見るように、比丘たちよ、ここに、ある人が『これは苦である』と如実に知り、〔『これは苦の原因である』と如実に知り、『これは苦の消滅である』と如実に知り、〕『これは苦の消滅に導く実践である』と如実に知る。比丘たちよ、この者は電光にたとえられるこころをもつ人といわれる。

では比丘たちよ、金剛にたとえられるこころをもつ人とはどのようであるか。

比丘たちよ、ここに、ある人が煩悩の漏出を滅尽し、煩悩の漏出がなくなり、こころの解脱と智慧による解脱とを現世において自ら明らかに知り、体現し、具現して住んでいる。比丘たちよ、たとえば金剛には、マニ珠であろうと、石であろうと、破壊し得ない物は何もないように、比丘たちよ、これと同じように、ここに、ある人が煩悩の漏出を滅尽し、煩悩の漏出がなくなり、こころの解脱と智慧による解脱とを現世において自ら明らかに知り、体現し、具現して住んでいる。比丘たちよ、この者は金剛にたとえられるこころをもつ人といわれる。

比丘たちよ、世間にはこれら三人のいることが知られる」。

26[12]

「比丘たちよ、世間にはこれら三人のいることが知られる。三人とは誰らか。

比丘たちよ、親しむべきでなく、交わるべきでなく、近侍すべきでない人がいる。比丘たちよ、親しむべきであり、交わるべきであり、近侍すべきである人がいる。比丘たちよ、尊▼125敬して、尊重して、親しむべきであり、交わるべきであり、近侍すべきである人がいる。

では比丘たちよ、親しむべきでなく、交わるべきでなく、近侍すべきでない人とはどのようであるか。

比丘たちよ、ここに、ある人は戒律（戒）についても、こころの統一（定）についても、智慧（慧）についても、劣っている。比丘たちよ、このような人には、憐愍せずに、同情せずに、親しむべきでなく、交わるべきでなく、近侍すべきでない。

では比丘たちよ、親しむべきであり、交わるべきであり、近侍すべきである人とはどのようであるか。

比丘たちよ、ここに、ある人は戒律とこころの統一と智慧とについて、〔自らと〕等しい。比丘たちよ、このような人には親しむべきであり、交わるべきであり、近侍すべきである。それはなぜか。戒が等しい人たちはわたしたちに戒について語りかけるであろう。わたしたちは〔それを拒まず〕語るであろう。それによりわたしたちは安穏になるであろう。こころの統一が等しい人たちはわたしたちにこころの統一について語りかけるであろう。わたしたちは〔それを拒まず〕語るであろう。それによりわたしたちは安穏になるであろう。智慧が等しい人たちはわたしたちに智慧について語りかけるであろう。わたしたちはそれを拒まず語るであろう。それ〔により〕わたしたちは安穏になるであろう。それゆえこのような人には親しむべきであり、交わるべきであり、近侍すべきである。

では比丘たちよ、尊敬して、尊重して、親しむべきであり、交わるべきであり、近侍すべきである人とはどのようであるか。

比丘たちよ、ここに、ある人は戒律とこころの統一と智慧とについて卓越している。比丘たちよ、このような人には尊敬して、尊重して、親しむべきであり、交わるべきであり、近侍すべきである。それはなにゆえか。『このようにわたしは、いまだ完全に満たされていない戒律の集まりを完全に満たそう。完全に満たした戒律を、そこここにおいて智慧によって愛護しよう』、あるいは『わたしは、いまだ完全に満たされていないこころの統一の集まりを完全に満たそう。完全に満たしたこころの統一を、そこここにおいて智慧によって愛護しよう』、あるいは『わたしは、いまだ完全に満たされていない智慧の集まりを完全に満たそう。完全に満たした智慧を、そこここにおいて智慧によって愛護しよう』と〔考える〕からである。それゆえこのような人には尊敬して、尊重して、親しむべきであり、交わるべきであり、近侍すべきである。

比丘たちよ、世間にはこれら三人のいることが知られる」。

劣▼126った人と親しんで、人は劣悪となり、
等しい人と親しんで、決して劣悪とならない。
優れた人に傾倒して、急速に進歩する。
それゆえ自分より優れた人と交われ。

27[13]

「比丘たちよ、世間にはこれら三人のいることが知られる。三人とは誰らか。

比丘たちよ、嫌うべきであり、親しむべきでなく、交わるべきでなく、近侍すべきでない人がいる。比丘たちよ、

無視すべきであり、親しむべきでなく、交わるべきでなく、近侍すべきでない人がいる。比丘たちよ、親しむべきであり、交わるべきであり、近侍すべき人がいる。

では比丘たちよ、嫌うべきであり、親しむべきでなく、交わるべきでなく、近侍すべきでない人とはどのようであるか。

比丘たちよ、ここに、ある人は悪い戒を持ち、劣悪な教えを持ち、不浄であり、疑惑を招くような行為をし、隠密の業を有し、沙門でないのに沙門を自称し、梵行者でないのに梵行者を自称し、内部は腐朽し、〔煩悩が〕漏れ出ており、汚濁が生じている。比丘たちよ、このような人は、嫌うべきであり、親しむべきでなく、交わるべきでなく、近侍すべきでない。それはなぜか。比丘たちよ、このような人は、たとえ悪い見解に従っていくことがなくても、彼には悪い評判があがる、『この者は悪人を友とし、悪人を仲間とし、悪人に追従する』と。比丘たちよ、たとえば大便のなかの蛇は、たとえ咬まなくても、人を汚す。比丘たちよ、これと同じように、このような人は、たとえ悪い見解に従っていくことがなくても、彼には悪い評判があがる、『この者は悪人を友とし、悪人を仲間とし、悪人に追従する』と。それゆえこのような人は嫌うべきであり、親しむべきでなく、交わるべきでなく、近侍すべきでない。

では比丘たちよ、無視すべきであり、親しむべきでなく、交わるべきでなく、近侍すべきでない人とはどのようであるか。

比丘たちよ、ここに、ある人は怒りやすく、苦悶が多く▼127、わずかなことをいわれても、不機嫌になり、怒り、害意を持ち、反駁し、怒りと悪意と不満とをあらわにする。たとえば、悪化した傷口を木片や小石で打てば、多量の膿が流れ出るように、比丘たちよ、ここに、ある人は怒りやすく、苦悶が多く、わずかなことをいわれても、不機嫌になり、怒り、害意を持ち、反駁し、怒りと悪意と不満とをあらわにする。

比丘たちよ、たとえばチンドゥカ樹の火は木片や石で打たれると、いっそう盛んにチッチタと音を出し、チティチティと音を出して〔燃える〕ように、比丘たちよ、これと同じように、〔ある人は怒りやすく、苦悶が多く、わずかなことをいわれても、不機嫌になり、怒り、害意を持ち、反駁し、怒りと悪意と不満とをあらわにする。たとえば、悪化した傷口を木片や小石で打てば、多量の膿が流れ出るように、比丘たちよ、ここに、ある人は怒りやすく、苦悶が多く、わずかなことをいわれても、不機嫌になり、怒り、害意を持ち、反駁し、怒りと悪意と不満とをあらわにする〕。

比丘たちよ、たとえば、肥だめを棒や石で混ぜると、いっそう悪臭が強まるように、比丘たちよ、これと同じように、ある人は〔怒りやすく、苦悶が多く、わずかなことをいわれても、不機嫌になり、怒り、害意を持ち、反駁し、怒りと悪意と不満とをあらわにする。たとえば、悪化した傷口を木片や小石で打てば、多量の膿が流れ出るように、比丘たちよ、ここに、ある人は怒りやすく、苦悶が多く、わずかなことをいわれても、不機嫌になり、怒り、害意を持ち、反駁し、怒りと悪意と不満とを〕あらわにする。

比丘たちよ、このような人は無視すべきであり、親しむべきでなく、交わるべきでなく、近侍すべきでない。それはなぜか。彼はわたしをののしり、わたしを誹謗し、わたしに不利益をもたらすからである。それゆえ比丘たちよ、このような人は無視すべきであり、親しむべきでなく、交わるべきでなく、近侍すべきでない。

では比丘たちよ、親しむべきであり、交わるべきであり、近侍すべき人とはどのようであるか。

比丘たちよ、ここに、ある人は戒を保ち、善妙な性質をしている。比丘たちよ、このような人には親しむべきであり、交わるべきであり、近侍すべきである。それはなぜか。比丘たちよ、このような人は、悪い見解に従っていくことがなく、彼にはよい評判があがる。『この者は善人を友とし、善人を仲間とし、善人に追従する』と。それゆえこのような人には親しむべきであり、交わるべきであり、近侍すべきである。

比丘たちよ、世間にはこれら三人の人のいることが知られる」。

劣った人と親しんで、人は劣悪となり、
等しい人と親しんで、決して劣悪とならない。
優れた人に傾倒して、急速に進歩する。
それゆえ自分より優れた人と交われ。

28[14]

「比丘たちよ、世間にはこれら三人のいることが知られる。三▼128人とは誰らか。大便の話者と花の話者と蜜の話者とである。

比丘たちよ、大便[15]の話者とはどのようであるか。

比丘たちよ、ここに、ある人は仲間の集まりにおいて、あるいは集落の集まりにおいて、あるいは親族の集まりにおいて、あるいは組合員の集まりにおいて、あるいは法廷において、証人として召喚されて、『あなたの知っていることを語りなさい』と〔いわれる〕。彼は、知らないことを『わたしは知っている』と語り、あるいは知っていることを『わたしは知らない』と語り、あるいは見ていないことを『わたしは見た』と語り、あるいは見たことを『わたしは見ていない』と語る。このようにして彼は自分の利益のために、あるいは他人の利益のために、気づいていながら、妄語を語る。比丘たちよ、この者が大便の話者といわれる。

比丘たちよ、花[16]の話者とはどのようであるか。

比丘たちよ、ここに、ある人は仲間の集まりにおいて、あるいは集落の集まりにおいて、あるいは親族の集まりにおいて、あるいは組合員の集まりにおいて、あるいは法廷において、証人として召喚されて、『あなたの知っていることを語りなさい』と〔いわれる〕。彼は、知らないことを『わたしは知らない』と語り、あるいは知っていることを『わたしは知っている』と語り、あるいは見ていないことを『わたしは見ていない』と語り、あるいは見たことを『わたしは見た』と語る。このようにして彼は自分の利益のために、あるいは他人の利益のために、気づいていながら、妄語を語ることはない。比丘たちよ、この者が花の話者といわれる。

比丘たちよ、蜜の話者とはどのようであるか。

比丘たちよ、ここに、ある人は、粗暴なことばを捨断し、粗暴なことばから遠く離れている。そ〔の人〕のことばは温和であり、耳に心地よく、愛情がこもっており、こころ楽しく、上品で、多くの人に愛され、多くの人のこころにかなっている。その人はこのようなことばを語る。比丘たちよ、この者が蜜の話者といわれる。

比丘たちよ、世間にはこれら三人のいることが知られる」。

29[17]

「比丘たちよ、世間にはこれら三人のいることが知られる。三人とは誰らか。盲目の人と隻眼の人と両眼の人とである。

比丘たちよ、盲目の人とはどのようであるか。

比丘たちよ、ここに、ある人には、その眼によって、▼129いまだ手に入れていない財物を手に入れるような、あるいはすでに手に入れた財物を増大させるような、そのような眼がない。また彼には、その眼によって善と不善とのものごとを知り、罪過のある〔ものごと〕と罪過のないものごとを知り、劣った〔ものごと〕と優れたものごとを知り、黒と白〔のものごと〕と〔それらの〕反対となるものごとを知るような、そのような眼がない。比丘たちよ、この者は盲目の人といわれる。

比丘たちよ、隻眼の人とはどのようであるか。

比丘たちよ、ここに、ある人には、その眼によって、いまだ手に入れていない財物を手に入れるような、あるいはすでに手に入れた財物を増大させるような、そのような眼がある。しかし彼には、その眼によって善と不善とのものごとを知り、罪過のある〔ものごと〕と罪過のないものごとを知り、劣った〔ものごと〕と優れたものごとを知り、黒と白〔のものごと〕と〔それらの〕反対となるものごととを知るような、そのような眼がない。比丘たちよ、この者は隻眼の人といわれる。

比丘たちよ、両眼の人とはどのようであるか。

比丘たちよ、ここに、ある人には、その眼によって、いまだ手に入れていない財物を手に入れるような、あるいはすでに手に入れた財物を増大させるような、そのような眼がある。さらにまた彼には、その眼によって善と不善とのものごとを知り、罪過のある〔ものごと〕と罪過のないものごとを知り、劣った〔ものごと〕と優れたものごとを知り、黒と白〔のものごと〕と〔それらの〕反対となるものごととを知るような、そのような眼がある。比丘たちよ、この者は両眼の人といわれる。

比丘たちよ、世間にはこれら三人のいることが知られる」。

眼を破壊された盲目の人にはふさわしい財物がなく、
福を作らず、〔現世と来世の〕両所で、敗亡がある。
さらにまた隻眼と呼ばれる人がいる。
法と非法とを混同し、盗みと詐欺と妄語とのうちの、
二つによって財物を希求し、
蓄財に巧みであり、欲望を享受する。
彼はここから地獄へ行き、片方の眼を破壊される。

また両眼のある者は最勝の人といわれる。
▼130法に従って得た財物をもち、精勤によって体得した教えを与える。
彼は最上の思惟を有し、不動のこころをもち、
そこへ行けば悲泣のない、その幸福の場所に至る。
盲目と隻眼とを遠く離れて避けよ、
最も優れた人である両眼の人に親しめ。

30[18]

「比丘たちよ、世間にはこれら三人のいることが知られる。三人とは誰らか。逆さま〔の瓶〕の智慧者とひざの智慧者と広大な智慧者とである。

比丘たちよ、逆さま〔の瓶〕の智慧者とはどのようであるか。

比丘たちよ、ここに、ある人は、比丘たちの面前で教えを聞くために、しばしば園に行っている。彼のために比丘たちは、初めが善く、中間が善く、終わりが善く、意味が深く、字句が整い、完全に満たされた、清浄な清らかな行い[19]（梵行）を明らかにする教説を説く。彼は自らの座にすわって、その教説の初めを考察せず、中間を考察せず、終わりを考察しない。その座から立ちあがっても、その教説の初めを考察せず、中間を考察せず、終わりを考察しない。比丘たちよ、たとえば逆さまに置かれた瓶に水を注ぎ入れようとしても、〔水は〕外に流れ去り、〔瓶の中に〕たまらないように、比丘たちよ、これと同じように、ここに、ある人は、〔比丘たちの面前で教えを聞くために、〕しばしば園に行っている。〔彼のために比丘たちは、初めが善く、中間が善く、終わりが善く、意味が深く、字句が整い、完全に満たされた、清浄な清らかな行いを明らかにする教説を説く。彼は自らの座にすわって、その教説の初めを考察

せず、中間を考察せず、終わりを考察しない。その座から立ちあがっても、その教説の初めを考察せず、中間を考察せず、終わりを〕考察しない。比丘たちよ、この者は逆さま〔の瓶〕の智慧者といわれる。

比丘たちよ、ひざの智慧者とはどのようであるか。

比丘たちよ、ここに、ある人は〔比丘たちの面前で教えを聞くために、〕しばしば園に行っている。〔彼のために比丘たちは、初めが善く、中間が善く、終わりが善く、意味が深く、字句が整い、完全に満たされた、清浄な清らかな行いを明らかにする教説を〕説く。彼は自らの座にすわって、その教説の初めを考察し、中間を考察し、終わりを考察する。しかし彼はその座から立ちあがると、その教説の初めを考察せず、中間を考察せず、終わりを考察しない。比丘たちよ、たとえば人がひざの上に、ごま、米、砂糖菓子、棗というさまざまな硬い食べ物を乱雑に置いているとしよう。彼は座から立ちあがるとき、▼131〔ひざの上にそれらがあることを〕忘れてしまい、散乱させる。比丘たちよ、これと同じように、〔比丘たちの面前で教えを聞くために、〕しばしば園に行っている。〔彼のために比丘たちは、初めが善く、中間が善く、終わりが善く、意味が深く、字句が整い、完全に満たされた、清浄な清らかな行いを明らかにする教説を説く。彼は自らの座にすわって、その教説の初めを考察し、中間を考察し、〕終わりを考察する。しかし彼はその座から立ちあがると、その教説の初めを考察せず、〔中間を考察せず、〕終わりを考察しない。比丘たちよ、この者はひざの智慧者といわれる。

比丘たちよ、広大な智慧者とはどのようであるか。

比丘たちよ、ここに、ある人は〔比丘たちの面前で教えを聞くために、〕しばしば園に行っている。〔彼のために比丘たちは、初めが善く、中間が善く、終わりが善く、意味が深く、字句が整い、完全に満たされた、清浄な清らかな行いを明らかにする教説を〕説く。彼は自らの座にすわって、その教説の初めを考察し、〔中間を考察し、〕終わりを考察する。さらに彼はその座から立ちあがっても、その教説の初めを考察し、〔中間を考察し、〕終わりを考察する。

比丘たちよ、この者は広大な智慧者といわれる。
比丘たちよ、世間にはこれら三人のいることが知られる」。

逆さま〔の瓶〕の智慧者は愚鈍であり、明眼がなく、
たとえしばしば比丘たちの面前へ行っていても、
教説の初めと中間と終わりとを
おぼえることができない。彼には智慧がないからである。
ひざの智慧者はこれよりは勝れているといわれる。
たとえしばしば比丘たちの面前へ行っていて、
教説の初めと中間と終わりとを、
字句を含めて、彼の座にすわっているときは覚えていても、
立ちあがったとき、覚えたことも忘れ去り、理解することはできない。
しかし広大な智慧者は彼らよりも勝れているといわれる。
もししばしば比丘たちの面前へ行くなら、
彼は教説の初めと中間と終わりとを、
字句を含めて、彼の座にすわっているときに覚えて、
記憶する。彼は思考に勝れており、こころに散乱がなく、
教えに従って教えを実践して、苦を消滅させるであろう。

〔以上は〕第3章「人の章」である。

第４章　天の使いの章

31

「比[▼132]丘たちよ、家の中で父母が子供たちから敬愛[1]されているとき、その家には梵天が住んでいる。比丘たちよ、家の中で父母が子供たちから敬愛されているとき、その家には先の教師が住んでいる。比丘たちよ、家の中で父母が子供たちから敬愛されているとき、その家には饗応されるべき人が住んでいる。

比丘たちよ、梵天とは父母の同義語である。先の教師とは父母の同義語である。饗応されるべき人とは父母の同義語である。それはなぜか。比丘たちよ、父母は子供にとっておおいに尽くしてくれた人であり、生んでくれた人、育ててくれた人、この世界を見せてくれた人である」。

父母は梵天とも、先の教師とも、饗応されるべき人とも
いわれ、子供たちを、また人々を憐愍する。
それゆえ賢明な者は彼らに礼拝し、尊敬すべきである。
食べ物により、飲み物により、衣服により、寝具により、
塗油することにより、沐浴させることにより、また足を洗うことにより。
父母に対するその奉仕[2]によって、賢明な〔人々〕は
この世において〔賢明な〕彼を賞賛し、死後〔彼は〕天界で喜悦する。

32[3]

あるとき尊者アーナンダ[4]は世尊のもとへ行った。行って世尊に礼拝し、かたわらにすわった。かたわらにすわった尊者アーナンダは世尊に次のようにいった。

「尊師よ、比丘がこのようなこころの統一（定）を得ることがありますか。すなわち、この意識をともなう身体に対して、『わたしである』という考えと、『わたしのものである』という考えと、自意識[5]の潜在的煩悩とが消滅するような、また外のすべての相貌に対して、『わたしである』という考えと、『わたしのものである』という考えと、自意識の潜在的煩悩とが消滅するような、〔このようなこころの統一を得ることがありますか〕。またそのこころの解脱と智慧（慧）による解脱とに入って住んでいる者に、『わたしである』という考えと、『わたしのものである』という考えと、自意識の潜在的煩悩とがないような、このようなこころの解脱と智慧による解脱とに入って住むことがありますか」。

「アーナンダよ、比丘がこのようなこころの統一を得ることはある。〔すなわち、この意識をともなう身体に対して、『わたしである』という考えと、『わたしのものである』という考えと、自意識の潜在的煩悩とが消滅するような、また外のすべての相貌に対して、『わたしである』という考えと、『わたしのものである』という考えと、自意識の潜在的煩悩とが消滅するような、このようなこころの統一を得ることがある。またそのこころの解脱と智慧による解脱とに入って住んでいる者に、『わたしである』という考えと、『わたしのものである』という考えと、自意識の潜在的煩悩とがないような、このようなこころの解脱と智慧による解脱とに〕入って住むことがある」。

「では尊師よ、どのようにして、比丘はそのようなこころの統一を得ますか。〔すなわち、この意識をともなう身体に対して、『わたしである』という考えと、『わたしのものである』という考えと、自意識の潜在的煩悩とが消滅するような、また外のすべての相貌に対して、『わたしのものである』という考えと、自意識の潜在的煩悩とが消滅するような、このようなこころの統一を得ることがありますか。またどのようにして、そのこころの解脱と智慧による解脱とに入って住んでいる者に、『わたしである』という考えと、『わたしのものである』という考えと、自意識の潜在的煩悩とがないような、このようなこころの解脱と智慧による解脱とに〕入って住みますか」。

▼133「アーナンダよ、ここに、比丘はこのように考える。すなわち、すべての形成力[6]（行）の止息と、すべての執着[7]のよりどころの放棄と、貪りを離れることと、消滅と、涅槃というこれらは寂静であり勝れている、と。

アーナンダよ、このようにして、比丘はこのようなこころの統一を得る。〔すなわち、この意識をともなう身体に対して、『わたしである』という考えと、『わたしのものである』という考えと、自意識の潜在的煩悩とが消滅するような、また外のすべての相貌に対して、『わたしである』という考えと、『わたしのものである』という考えと、自意識の潜在的煩悩とが消滅するような、このようなこころの統一を得る。またこのようにして、そのこころの解脱と智慧による解脱とに入って住んでいる者に、『わたしである』という考えと、『わたしのものである』という考えと、自意識の潜在的煩悩とがないような、このようなこころの解脱と智慧による解脱とに〕入って住む。

またアーナンダよ、これを意図してわたしは『彼岸への道の章』の中の『プンナカの質問[8]』の中で説いた。

『世におけるあれやこれやのことをよく考慮して、この世のどこにいても動揺せず、
静まり、煙がなく、悩乱がなく、欲のない人は生と老とを渡った、とわたしは説く』と」。

あるとき尊者サーリプッタは世尊のもとへ行った。行って世尊に礼拝し、かたわらにすわった。かたわらにすわった尊者サーリプッタに世尊は次のようにいった。

「サーリプッタよ、わたしは簡略に教え（法）を説くこともある。サーリプッタよ、わたしは詳細に教えを説くこ

ともある。サーリプッタよ、わたしは簡略に、かつ詳細に教えを説くこともある。しかし理解する人は得がたい」。

「世尊よ、いまがそのときです。善く逝かれた人よ、いまがそのときです。世尊が簡略に教えをお説きになっても、詳細に教えをお説きになっても、簡略に、かつ詳細に教えをお説きになっても、教えを理解する人はいます」。

「それではサーリプッタよ、ここでこのように学ぶべきである。すなわち、この意識をともなう身体に対して、『わたしである』という考えと、『わたしのものである』という考えと、自意識の潜在的煩悩とが消滅するであろう。また外のすべての相貌に対して、『わたしである』という考えと、『わたしのものである』という考えと、自意識の潜在的煩悩とが消滅するであろう。そのこころの解脱と智慧による解脱とに入って住んでいる者に、『わたしである』という考えと、『わたしのものである』という考えと、自意識の潜在的煩悩とがないような、このようなこころの解脱と智慧による解脱とに入ってわたしたちは住もう、と。サーリプッタよ、あなたはこのように学ぶべきである。

サーリプッタよ、比丘に、この意識をともなう▼[134]身体に対して、『わたしである』という考えと、『わたしのものである』という考えと、自意識の潜在的煩悩とが消滅し、また外のすべての相貌に対して、『わたしである』という考えと、『わたしのものである』という考えと、自意識の潜在的煩悩とが消滅している。またそのこころの解脱と智慧による解脱とに入って住んでいる者に、『わたしである』という考えと、『わたしのものである』という考えと、自意識の潜在的煩悩とがないような、このようなこころの解脱と智慧による解脱とに入って住んでいる。サーリプッタよ、それゆえ比丘は渇愛を断ち切り、結縛を除去し、正しく自意識を明らかに洞察して、苦を消滅させている。

またサーリプッタよ、これを意図してわたしは『彼岸への道の章』の中の『ウダヤの質問』[9]の中で説いた。

『愛欲と憂いとの両方を捨て去ることと、
沈んだこころを除くことと悔恨をやめることと、
真理についての思索にもとづく中庸なこころと思いの清らかさ、

〔これが〕無明を破る、智慧による解脱である、とわたしは説く』と」。

33[10]

「比丘たちよ、これら三つは業の発生の因由である。三つとはどれらか。貪りは業の発生の因由である。怒りは業の発生の因由である。愚かさは業の発生の因由である。

比丘たちよ、貪りから作られ、貪りから生じ、貪りを因由とし、貪りを原因とする業は、そ〔の者〕の本体が生じたその同じところで、熟果する。業が熟果する同じところで、その業の熟果は、現世で、あるいは次の生存で、あるいはさらに次の生存で、感受される。

比丘たちよ、怒りから作られ、怒りから生じ、怒りを因由とし、怒りを原因とする業は、そ〔の者〕の本体が生じたその同じところで、熟果する。業が熟果する同じところで、その業の熟果は、現世で、あるいは次の生存で、あるいはさらに次の生存で、感受される。

比丘たちよ、愚かさから作られ、愚かさから生じ、愚かさを因由とし、愚かさを原因とする業は、そ〔の者〕の本体が生じたその同じところで、熟果する。業が熟果する同じところで、その業の熟果は、▼135現世で、あるいは次の生存で、あるいはさらに次の生存で、感受される。

比丘たちよ、たとえば、種子が砕かれておらず、腐敗しておらず、熱風に損なわれておらず、精髄を保持しており、よく保存されているとき、充分に耕され、よく準備された地面に播かれ、天が適切に水を与えるとしよう。比丘たちよ、その種子は芽を出し、根を伸ばし、大きくなるであろう。比丘たちよ、これと同じように、貪りから作られ、〔貪りから生じ、貪りを因由とし、貪りを原因とする〕業は、〔その者の本体が生じたその同じところで、熟果する。業が熟果する同じところで、その業の熟果は、現世で、〕あるいは次の生存で、あるいはさらに次の生存で、感受される。怒りから作られ、〔怒りから生じ、怒りを因由とし、怒りを原因とする〕業は、〔その者の本体が生じたその同じところで、熟果する。業が熟果する同じところで、その業の熟果は、現世で、〕あるいは次の生存で、あるいはさらに次の生存で、感受される。愚かさから作られ、愚かさから生じ、愚かさを因由とし、愚かさを原因とする業は、その者の本体が生じたその同じところで、熟果する。業が熟果する同じところで、その業の熟果は、現世で、あるいは次の生存で、あるいはさらに次の生存で、感受される。

比丘たちよ、これら三つが業の発生の因由である。

比丘たちよ、これら三つは業の発生の因由である。三つとはどれらか。貪りのないことは業の発生の因由である。怒りのないことは業の発生の因由である。愚かさのないことは業の発生の因由である。

比丘たちよ、貪りのないことから作られ、貪りのないことから生じ、貪りのないことを因由とし、貪りのないことを原因とする業は、貪りが消滅したとき、同じように捨断され、根を断たれて基礎をなくしたター[11]ラ樹のように、存在しないものとなり、将来に生じないものとなる。

比丘たちよ、怒りのないことから作られ、怒りのないことから生じ、怒りのないことを因由とし、怒りのないことを原因とする業は、怒りが消滅したとき、同じように捨断され、根を断たれて基礎をなくしたターラ樹のように、存在しないものとなり、将来に生じないものとなる。

比丘たちよ、愚かさのないことから作られ、愚かさのないことから生じ、愚かさのないことを因由とし、愚かさのないことを原因とする業は、愚かさが消滅したとき、同じように捨断され、根を断たれて基礎をなくしたターラ樹のように、存在しないものとなり、将来に生じないものとなる。

比丘たちよ、たとえば、種子が砕かれておらず、腐敗しておらず、熱風に損[▼136]なわれておらず、精髄を保持しており、よく保存されていても、人がそれらを火で焼き、火で焼いて灰にして、灰にしてから強風の中に放ち、あるいは川の急流に流し去るとしよう。比丘たちよ、それらの種子は、根を断たれて基礎をなくしたターラ樹のように、存在しないものとなり、将来に生じないものとなる。比丘たちよ、これと同じように、貪りのないことから作られ、貪りのないことから生じ、貪りのないことを因由とし、貪りのないことを原因とする業は、貪りが消滅したとき、同じように捨断され、根を断たれて基礎をなくしたターラ樹のように、存在しないものとなり、将来に生じないものとなる。怒りのないことから作られ、怒りのないことから生じ、怒りのないことを因由とし、怒りのないことを原因とする業は、怒りが消滅したとき、同じように捨断され、根を断たれて基礎をなくしたターラ樹のように、存在しないものとなり、将来に生じないものとなる。愚かさのないことから作られ、愚かさのないことから生じ、愚かさのないことを因由とし、愚かさのないことを原因とする業は、愚かさが消滅したとき、同じように捨断され、根を断たれて基礎をなくしたターラ樹のように、存在しないものとなり、将来に生じないものとなる。

比丘たちよ、これら三つが業の発生の因由である」。

無智の者は、貪りより生じる、怒りより生じる、愚かさより生じる〔業を行い〕、
彼によって作られた業は、わずかであろうと、多くであろうと、
ここで感受され、他に〔感受する〕基礎は存在しない。
それゆえ賢者は貪りと怒りと愚かさの〔業を行わない〕。
比丘は明智を生じさせ、すべての悪趣を捨てよ。

34[12]

わたしはこのように聞いた。あるとき世尊はアーラヴィ[13]〔国〕のゴーマッガにあるシンサーパ樹の林のなかの草葺きの小屋に滞在していた。

そのときアーラヴィのハッタカ[14]〔王子〕は、徒歩でそぞろ歩きしつつ、巡り歩きしつつ、世尊がゴーマッガのシンサーパ樹の林のなかの草葺きの小屋に滞在しているのを見た。見て、世尊のもとへ行った。行って、世尊に礼拝してから、かたわらにすわった。かたわらにすわったアーラヴィ国のハッタカ〔王子〕は世尊にいった。

「尊師よ、安楽にお休みになられましたか」。

「はい。王子よ、わたしは安楽に眠りました。世間には安楽に眠る人がいますが、わたしはそのなかの一人です」。

「尊師よ、冬の夜は寒い。〔マーガ[15]月とプッサ月の〕間の八日間は雪の降る時期で、地面は牛の蹄によって荒れ、木の葉の覆いは薄く、▼137木々の葉は少なく、袈裟衣は冷たく、冷たいヴェーランバ[16]風が吹きます」。

しかし世尊は次のようにいった。「王子よ、わたしは安楽に眠りました。世間には安楽に眠る人がいますが、わたしはそのなかの一人です。王子よ、ではわたしはここであなたに尋ねましょう。あなたは意の向くままに答えてください。王子よ、これをどう思いますか。ここに戸主の、あるいは戸主の息子の重閣が、上も塗られ、下も塗られて風を防ぎ、門の閂が閉じられ、窓が閉じられています。その中に寝台があります。黒毛氈で覆われ、白い羊毛布を敷き、花模様のある羊毛布を敷き、カリダ鹿の最上の敷物があり、上には覆い帳があり、両端に赤い枕があり、胡麻油の灯火を点じ、四人の侍女が心地よく仕えてくれます。王子よ、これをどのように思いますか。彼は安楽に眠るでしょうか、眠らないでしょうか。あなたはどのように思いますか」。

「尊師よ、彼は安楽に眠るでしょう。世間には安楽に眠る人がいますが、わたしはそのなかの一人です」。

「王子よ、これをどう思いますか。その戸主に、あるいは戸主の息子に、貪りより生じる身体の、あるいはこころの苦悩が生じないでしょうか。その貪りより生じる苦悩により、彼は焼かれつつ、苦しみながら眠るのではないでしょうか」。

「尊師よ、その通りです」。

「王子よ、戸主が、あるいは戸主の息子が貪りより生じる苦悩によって焼かれつつ、苦しみながら眠るところの、その貪りは、如来には捨断され、根絶され、基礎を失ったターラ樹のように、存在しないものになり、将来に生じないものとなっています。それゆえわたしは安楽に眠るのです。

王子よ、これをどう思いますか。その戸主に、あるいは戸主の息子に、怒りより生じる身体の、あるいはこころの苦悩が〔生じないでしょうか。その怒りより生じる苦悩により、彼は焼かれつつ、苦しみながら眠るのではないでしょうか〕」。

「尊師よ、その通りです」。

「王子よ、戸主が、あるいは戸主の息子が怒りより生じる苦悩によって焼かれつつ、苦しみながら眠るところの、その怒りは、如来には捨断され、根絶され、基礎を失ったターラ樹のように、存在しないものになり、将来に生じないものとなっています。それゆえわたしは安楽に眠るのです。

王子よ、これをどう思いますか。その戸主に、あるいは戸主の息子に、〕愚かさより生じる身体の、あるいはこころの苦悩が生じないでしょうか。その愚かさより生じる苦悩により、彼は焼かれつつ、苦しみながら眠るのではないでしょうか」。

「尊師よ、その通りです」。

「王子よ、戸主が、あるいは戸主の息子が愚かさより生じる苦悩によって焼かれつつ、苦しみながら眠るところの、その愚かさは、如来には捨断され、根絶され、基礎を失ったターラ樹のように、▼138存在しないものになり、将来に生じないものとなっています。それゆえわたしは安楽に眠るのです」。

涅槃に達したバラモンは常に安楽に眠る。
彼は要望に汚されず、清涼になり、〔煩悩の〕よりどころがない。

すべての渇愛を捨断し、こころの悩みを調伏し、
こころの静けさを得て、寂静となり、安楽に眠る。

35[17]

「比丘たちよ、三つの天の使いがある。三つとはどれらか。

比丘たちよ、ここに、ある人は身体によって悪行を行い、ことばによって悪行を行い、こころによって悪行を行う。彼は身体によって悪行を行い、ことばによって悪行を行い、こころによって悪行を行って、身体が壊れた死後、喪失[18]の世界（苦処）、悪しき趣く先（悪趣）、破滅の世界（堕処）、地獄に生まれる。そのとき、さまざまな獄卒たちは彼の両腕をつかんで、ヤマ王[19]に見せる。『王よ、この者は母を敬わず、父を敬わず、沙門を敬わず、バラモンを敬わず、家の年長者を尊敬しません。王はこの者に罰を与えてください』と。

比丘たちよ、ヤマ王はその彼に第一の天の使いについて尋問し、詰問し、難詰する。『あなたよ、あなたは人々の中に現れている第一の天の使いを見なかったのか』。

彼はいった。『尊師よ、わたしは見ませんでした』。

比丘たちよ、ヤマ王は彼に次のようにいった。『あなたよ、あなたは見なかったのか。人々の中で女性あるいは男性が、生まれてから八〇年、九〇年、一〇〇年を経て、老いて、垂木のように曲がり、背が屈し、杖を頼りにし、ふるえながら歩き、病み、青年期を過ぎ、歯が欠け、白髪となり、剃り落としたかのように禿げ、禿げ頭となり、しわが寄り、シミだらけになっているのを』。

彼はいった。『尊師よ、わたしは見ました』。

比丘たちよ、ヤマ王は彼に次のようにいった。『あなたよ、智慧をそなえ、高齢になったとき、あなたは思わなか

ったのか。わたしも老いるものであり、老いを超越していない。さあ、わたしは身体により、ことばにより、こころにより、善いことを行おう、と』。

▼139 彼はいった。『尊師よ、わたしにはできないでしょう。尊師よ、わたしは放逸でしょう』。

比丘たちよ、ヤマ王は彼に次のようにいった。『あなたよ、あなたは放逸であるために、身体により、ことばにより、こころにより、善いことを行わなかった。あなたよ、あなたは〔いままで〕そ〔の善い行い〕に対して放逸であったように、〔これからも〕同じように行うであろう。しかしその悪業は母が行ったものではない。父が行ったものではない。兄弟が行ったものではない。姉妹が行ったものではない。友人や同僚が行ったものではない。親族や血縁者が行ったものではない。天子が行ったものではない。沙門やバラモンが行ったものではない。まさにあなた自身がその悪業を行ったのであり、あなた自身がそれの熟果を感受する』。

比丘たちよ、ヤマ王は彼に第一の天の使いについて尋問し、詰問し、難詰してから、第二の天の使いについて尋問し、詰問し、難詰する。『あなたよ、あなたは人々の中に現れている第二の天の使いを見なかったのか』と。

彼はいった。『尊師よ、わたしは見ませんでした』。

比丘たちよ、ヤマ王は彼に次のようにいった。『あなたよ、あなたは見なかったのか。人々の中で、女性あるいは男性が、病み、苦しみ、重い病気にかかり、自らの排泄物の中に沈み、他の人たちに起こしてもらい、他の人たちに寝かせてもらっているのを』。

彼はいった。『尊師よ、わたしは見ました』。

比丘たちよ、ヤマ王は彼に次のようにいった。『あなたよ、智慧をそなえ、高齢になったとき、あなたは思わなかったのか。わたしも病気になるものであり、病気を超越していない。さあ、わたしは身体により、ことばにより、こころにより、善いことを行おう、と』。

彼はいった。『尊師よ、わたしにはできないでしょう。尊師よ、わたしは放逸でしょう』。

比丘たちよ、ヤマ王は彼に次のようにいった。『あなたよ、▼140あなたは放逸であるために、身体により、ことばにより、こころにより、善いことを行わなかった。あなたよ、あなたは〔いままで〕そ〔の善い行い〕に対して放逸であったように、〔これからも〕同じように行うであろう。しかしその悪業は母が行ったものではない。父が行ったものではない。兄弟が行ったものではない。姉妹が行ったものではない。友人や同僚が行ったものではない。親族や血縁者が行ったものではない。天子が行ったものではない。沙門やバラモンが行ったものではない。まさにあなた自身がその悪業を行ったのであり、あなた自身がそれの熟果を感受する』。

比丘たちよ、ヤマ王は彼に〔第二の天の使いについて尋問し、詰問し、難詰してから、〕第三の天の使いについて尋問し、詰問し、難詰する。『あなたよ、あなたは人々の中に現れている第三の天の使いを見なかったのか』と。

彼はいった。『尊師よ、わたしは見ませんでした』。

比丘たちよ、ヤマ王は彼に次のようにいった。『あなたよ、あなたは見なかったのか。人々の中で、女性あるいは男性が、死後、一日たち、二日たち、三日たって、〔死体が〕膨張し、青い斑点が生じ、膿爛して行くのを』。

彼はいった。『尊師よ、わたしは見ませんでした』。

比丘たちよ、ヤマ王は彼に次のようにいった。『あなたよ、智慧をそなえ、高齢になったとき、あなたは思わなかったのか。わたしも死ぬものであり、死を超越していない。さあ、わたしは身体により、ことばにより、こころにより、善いことを行おう、と』。

彼はいった。『尊師よ、わたしにはできないでしょう。尊師よ、わたしは放逸でしょう』。

比丘たちよ、ヤマ王は彼に次のようにいった。『あなたよ、あなたは放逸であるために、身体により、ことばにより、こころにより、善いことを行わなかった。あなたよ、あなたは〔いままで〕そ〔の善い行い〕に対して放逸であったように、〔これからも〕同じように行うであろう。しかしその悪業は母が行ったものではない。父が行ったものではない。兄弟が行ったものではない。姉妹が行ったものではない。友人や同僚が行ったものではない。親族や血縁者が行ったものではない。〔天子が行ったものではない。沙門やバラモンが行ったものではない。〕まさにあなた自身がその悪業を行ったのであり、あなた自身がそれの熟果を感受する』。

比丘たちよ、ヤマ王は彼に第三の天の使いについて尋問し、詰問し、難詰した後で、沈黙した。

▼141 比丘たちよ、獄卒たちは彼に五つの縛という刑罰を与える。

灼熱の鉄の杭で手を貫き、灼熱の鉄の杭でもう一方の手を貫き、灼熱の鉄の杭で足を貫き、灼熱の鉄の杭でもう一方の足を貫き、灼熱の鉄の杭で胸の中央を貫く。彼はその場で苦しい、鋭い、激しい、厳しい感受を感受する。しかし彼は、悪業が消滅しないうちは死ぬことはない。

比丘たちよ、獄卒たちは彼を横臥させ、斧で削る。彼はその場で苦しい、鋭い、激しい、厳しい感受を感受する。しかし彼は、悪業が消滅しないうちは死ぬことはない。

比丘たちよ、獄卒たちは彼を、足を上にし、頭を下にして、小斧で削る。彼はその場で苦しい、鋭い、激しい、厳しい感受を感受する。しかし彼は、悪業が消滅しないうちは死ぬことはない。

比丘たちよ、獄卒たちは彼を車にしばりつけ、火がつき、燃えて、炎となった地面の上を往復させる。〔彼はその場で苦しい、鋭い、激しい、厳しい感受を感受する。しかし彼は、悪業が消滅しないうちは死ぬことはない。〕

比丘たちよ、獄卒たちは彼を、火がつき、燃えて、炎となった大きな炭火の山を上り下りさせる。〔彼はその場で苦しい、鋭い、激しい、厳しい感受を感受する。しかし彼は、悪業が消滅しないうちは死ぬことはない。〕

比丘たちよ、獄卒たちは彼を、足を上にし、頭を下にしてつかみ、火がつき、燃えて、炎となった銅の釜の中に投げ入れる。彼はそこで泡立てて煮られる。彼はそこで泡立てて煮られながら、上に浮かんだり、下に沈んだり、横に行ったりする。彼はその場で苦しい、鋭い、激しい、厳しい感受を感受する。しかし彼は、悪業が消滅しないうちは死ぬことはない。

比丘たちよ、獄卒たちは彼を大地獄に投げ入れる。比丘たちよ、その大地獄は、
四つの角があり、四つの門があり、区画され、部分ごとに計られ、
鉄の壁でとり囲まれ、〔上は〕鉄〔の板〕で覆われ、
▼142 そこの鉄でできた地面は火と結合し、燃えあがり、
あまねく一〇〇ヨージャナに広がり、常に燃え立っている。

比丘たちよ、以前にヤマ王は次のように考えた。『世間で悪業を行う者たちはこのようなさまざまな刑罰を受けるということだ。ああ、本当に、わたしは人たる身を得たいものだ。また如来・阿羅漢・等正覚が世に生まれてほしいものだ。わたしはその世尊に仕えたいものだ。また世尊はわたしに教えを説いてほしいものだ。わたしはその世尊の教えを知りたいものだ』と。

しかし比丘たちよ、わたしは他の沙門あるいはバラモンから聞いて、このように説くのではない。比丘たちよ、わたしが自ら知ったことを、自ら見たことを、自ら理解したことを、わたしは説いている」。

天の使いに詰問された青年たちは放逸であり、
その人たちは劣った身体を得て、長い間、悲泣する。
天の使いに詰問されたよき人たちはこころが静まり、
この世で、いかなるときも、貴い教えに対して放逸でない。
生と死との原因となった執着に怖畏を見て、
彼らは安穏に達し、安楽となり、すべての怖畏を越え、

すべての苦を越えて、現世で涅槃に至る。

36[20]

「比丘たちよ、半月のうちの第八日に、四[21]大王天の大臣の衆がこの世界を視察して廻る。『人々のうちで多くの人々が母を敬い、父を敬い、沙門を敬い、バラモンを敬い、家の年長者を尊敬し、布[22]薩を行い、〔それを〕謹[23]直に守り、福徳を作るか』と。

比丘たちよ、半月のうちの第一四日に、四大王天の子の衆がこの世界を視察して廻る。『人々のうちで多くの人々が母を敬い、父を敬い、沙門を敬い、バラモンを敬い、家の年長者を尊敬し、布薩を行い、〔それを〕謹直に守り、福徳を作るか』と。

比丘たちよ、その布薩の日に、四大王天が自らこの世界を視察して廻る。『人々のうちで多くの人々が母を敬い、父を敬い、沙門を敬い、バラモンを敬い、家の年長者を尊敬し、布薩を行い、〔それを〕謹直に守り、福徳を作るか』と。

比丘たちよ、人々のなかで母を敬い、父を敬い、沙門を敬い、バラモンを敬い、家の年長者を尊敬し、布薩を行い、〔それを〕謹直に守り、福徳を作る人が少ないとき、比丘たちよ、四大王天はそのことを三[24]十三天の善[25]法講堂にすわり集まっている天たちに告げる。『わが友よ、人々のなかで母を敬い、父を敬い、沙門を敬い、バラモンを敬い、家の年長者を尊敬し、布薩を行い、〔それを〕謹直に守り、福徳を作る人が少ない』と。比丘たちよ、三十三天の天たちはそれを不快に思う。『天の衆は衰退し、ア[24]スラ（阿修羅）の衆が満ちるであろう』と。

また比丘たちよ、人々のなかで母を敬い、父を敬い、沙門を敬い、バラモンを敬い、家の年長者を尊敬し、布薩を行い、〔それを〕謹直に守り、福徳を作る人が多いとき、比丘たちよ、四大王天はそのことを三十三天の善法講堂にすわり集まっている天たちに告げる。『わが友よ、人々のなかで母を敬い、父を敬い、沙門を敬い、バラモンを敬い、家の年長者を尊敬し、布薩を行い、〔それを〕謹直に守り、福徳を作る人が多い』と。比丘たちよ、三十三天の天たちはそれを快く思う。『天の衆は満ち、アスラの衆は衰退するであろう』と」。

37[27]

「比丘たちよ、以前に、諸天の主サッカは三十三天を教誡しようとして、そのとき次の詩頌を説いた。

▼144『半月ごとの第一四日と第一〇日と第八日と、
神変月[28]に、八支[29]をよくそなえた
布薩に入れ。わたしと等しくなろうとする人は』

と。しかし比丘たちよ、諸天の主サッカは詩頌を誤って説き、正しく説いていない。誤って語り、正しく語っていない。それはなぜか。比丘たちよ、諸天の主サッカは貪りを超越しておらず、怒りを超越しておらず、愚かさを超越していないからである。

しかし比丘たちよ、阿羅漢であり、煩悩の漏出を滅し尽くした人であり、〔清らかな行いを〕完成して、行うべきことを行い、重荷をおろし、自らの利益を達成し、生存の結縛を滅し尽くし、正しい智慧によって解脱した比丘に、比丘たちよ、そのような比丘にこそ、このことばは〔説くに〕ふさわしい。

『半月ごとの第一四日と第一〇日と第八日と、
神変月に、八支をよくそなえた
布薩に入れ。わたしと等しくなろうとする人は』

と。それはなぜか。比丘たちよ、その比丘は貪りを超越し、怒りを超越し、愚かさを超越しているからである。

比丘たちよ、以前に、諸天の主サッカは三十三天を教誡しようとして、そのとき次の詩頌を説いた。

『半月ごとの第一四日と第一〇日と第八日と、
神変月に、八支をよくそなえた
布薩に入れ。わたしと等しくなろうとする人は』

と。しかし比丘たちよ、諸天の主サッカは詩頌を誤って説き、正しく説いていない。誤って語り、正しく語っていない。それはなぜか。比丘たちよ、諸天の主サッカは生まれること、老いること、病むこと、死ぬこと、悲しみ、嘆き、苦しみ、憂い、悩みを完全に離れておらず、苦より完全に離れていないからであると、わたしは説く。

比丘たちよ、阿羅漢であり、煩悩の漏出を滅し尽くした人であり、〔清らかな行いを〕完成して、行うべきことを行い、重荷をおろし、自らの利益を達成し、生存の結縛を滅し尽くし、正しい智慧によって解脱した比丘に、比丘たちよ、そのような比丘にこそ、このことばは〔説くに〕ふさわしい。

『半月ごとの第一四日と第一〇日と第八日と、
神変月に、八支を善くそなえた
布薩に入れ。わたしと等しくなろうとする人は』

と。[145] それはなぜか。比丘たちよ、その比丘は生まれること、老いること、病むこと、死ぬこと、悲しみ、嘆き、苦しみ、憂い、悩みを完全に離れており、苦より完全に離れているからであると、わたしは説く」。

38

「比丘たちよ、わたしは優雅であり、最高に優雅であり、究極的に優雅であった。比丘たちよ、わたしの父の住居には蓮池が造られており、わたしのために、ある場所ではウッパラ（青蓮華）が咲き、ある場所ではパドマ（紅蓮華）が咲き、ある場所ではプンダリーカ（白蓮華）が〔咲いていた〕。比丘たちよ、わたしはカーシ産でない栴檀は用いず、比丘たちよ、わたしは[30]カーシ産のターバン、カーシ産の服、カーシ産の下着、カーシ産の上着を用いた。比丘たちよ、寒さや暑さやほこりや草や露に触れないように、昼夜に白い傘蓋が掲げられた。比丘たちよ、わたしには三つの宮殿があった。一つは冬のためのもの、一つは夏のためのもの、一つは雨期のためのものであった。比丘たちよ、わたしは雨期のための宮殿で、雨期の四ヶ月間、女性だけの器楽演奏に囲まれ、宮殿の下の階へ下りなかった。比丘たちよ、他の人たちの住居では奴僕や仕事をする人や使用人にくず米のご飯に酸っぱい粥をそえて与えられるように、比丘たちよ、わたしの父の住居では、奴僕や仕事をする人や使用人に米と肉と飯とが与えられた。

比丘たちよ、わたしはこのように豊かで、このように究極的に優雅であったが、考えた。教えを聞いていない凡夫は自ら老いるものであり、老いを超越していないにもかかわらず、老いた他人を見て、自らを差し置いて、困惑し、恥ずべきことだと思い、嫌う。わたしもまた老いるものであり、老いを超越していない。しかしわたしは老いるものであり、老いを超越していないにもかかわらず、老いた他人を見て、困惑し、恥ずべきことだと思い、▼146嫌ってよいのか。これはわたしにはふさわしくない、と、比丘たちよ、わたしがこのように深く思慮しているとき、若者にある若さの驕りはすべて捨断された。

教えを聞いていない凡夫は自ら病むものであり、病気を超越していないにもかかわらず、病んだ他人を見て、自らを差し置いて、困惑し、恥ずべきことだと思い、嫌う。わたしもまた病むものであり、病気を超越していない。しかしわたしは病むものであり、病気を超越していないにもかかわらず、病んだ他人を見て、困惑し、恥ずべきことだと思い、嫌ってよいのか。これはわたしにはふさわしくない、と、比丘たちよ、わたしがこのように深く思慮しているとき、健康な者にある健康の驕りはすべて捨断された。

教えを聞いていない凡夫は自ら死ぬものであり、死を超越していないにもかかわらず、死んだ他人を見て、自らを差し置いて、困惑し、恥ずべきことだと思い、嫌う。わたしもまた死ぬものであり、死を超越していない。しかしわたしは死ぬものであり、死を超越していないにもかかわらず、死んだ他人を見て、困惑し、恥ずべきことだと思い、嫌ってよいのか。これはわたしにはふさわしくない、と、比丘たちよ、わたしがこのように深く思慮しているとき、長寿者にある長寿の驕りはすべて捨断された」。

39[31]

「比丘たちよ、これら三つの驕りがある。三つとはどれらであるか。

若さの驕りと健康の驕りと長寿の驕りとである。

比丘たちよ、若さの驕りに酔った、教えを聞いていない凡夫は、身体によって悪行を行い、ことばによって悪行を行い、こころによって悪行を行う。彼は身体によって悪行を行い、ことばによって悪行を行い、こころによって悪行を行い、身体が壊れたあと、死後に、喪失の世界、悪しき趣く先、破滅の世界、地獄に生まれる。

比丘たちよ、健康の驕りに酔った、教えを聞いていない凡夫は、身体によって悪行を行い、ことばによって〔悪行を行い、〕こころによって悪行を行う。彼は身体によって悪行を行い、ことばによって〔悪行を行い、〕こころによって悪行を行い、身体が壊れたあと、死後に、喪失の世界、悪しき趣く先、破滅の世界、地獄に生まれる。

比丘たちよ、長寿の驕りに酔った、教えを聞いていない凡夫は、身体によって悪行を▼147行い、ことばによって〔悪行を行い、〕こころによって悪行を行う。彼は身体によって悪行を行い、ことばによって〔悪行を行い、〕こころによって悪行を行い、身体が壊れたあと、死後に、喪失の世界、悪しき趣く先、破滅の世界、地獄に生まれる。

比丘たちよ、若さの驕りに酔った比丘は修学すべきことを捨てて、劣った状態に退歩する。比丘たちよ、健康の驕りに酔った比丘は〔修学すべきことを捨てて、劣った状態に退歩する〕。比丘たちよ、長寿の驕りに酔った比丘は修学すべきことを捨てて、劣った状態に退歩する」。
病むべきもの、老いるべきもの、死すべきものでありながら、
凡夫は、本性の通りに存在する〔他の人々を〕嫌う。
もしわたしが、このような本性である命のあるものを嫌うなら、
わたしがこのように〔思いながら〕住んでいることは、ふさわしくない。
健康と若さと長寿とに驕りを持ち、
このように〔他人を嫌いながら〕住んでいるわたしは、〔煩悩の〕よりどころとならない真理を知り、
すべての驕りに打ち勝ち、離欲を安穏であると見た。
涅槃を明らかに見ているこのわたしに、勇猛心があった。
いまわたしは欲望に親しむことはできない。
清らかな行いをよりどころとするわたしは、退転することはない。

40[32]

「比丘たちよ、これら三つが主要な因である。三つとはどれらか。

自己という主要な因と、世間という主要な因と、教えという主要な因とである。

比丘たちよ、自己という主要な因とはどのようであるか。

比丘たちよ、ここに、比丘が人里離れた場所[33]へ行き、あるいは樹下に行き、あるいは人のいない家に行き、このように思惟する。『わたしは衣服を因として、家から家のない状態に出家したのではない。飲食物を因として、坐臥具を因として、「このようにあるかないか」ということを因として、家から家のない状態に出家したのではない。しか

し生まれること、老いること、病むこと、死ぬこと、悲しみ、嘆き、苦しみ、憂い、悩みが〔わたしの中に〕入り込み、〔わたしは〕苦に侵され、苦に打ち負かされている。このすべての苦の集まりの消滅が知られることが望ましい。欲望を捨て去って家▼148から家のない状態に出家したわたしがそのような欲望を求めるなら、それよりも一層劣悪であり、わたしにはそれはふさわしくない』と。

彼はこのように思惟する。『わたしは精進に励み、退転することがない。注意力（念）をはっきりと保ち、忘失することがない。身体が軽快であり、しかも騒擾とならない。こころが統一され、一点に集中している』と。彼は自己を最強の因として、不善のことがらを捨断し、善を修習し、罪過のあることを捨断し、罪過のないことを修習し、自己を清浄に守る。比丘たちよ、これが自己という主要な因といわれる。

比丘たちよ、世間という主要な因とはどのようであるか。

比丘たちよ、ここに、比丘が人里離れた場所へ行き、あるいは樹下に行き、あるいは人のいない家に行き、このように思惟する。『わたしは衣服を因として、家から家のない状態に出家したのではない。飲食物を因として、坐臥具を因として、「このようにあるかないか」ということを因として、家から家のない状態に出家したのではない。しかし生まれること、老いること、病むこと、死ぬこと、悲しみ、嘆き、苦しみ、憂い、悩みが〔わたしの中に〕入り込み、〔わたしは〕苦に侵され、苦に打ち負かされている。このすべての苦の集まりの消滅が知られることが望ましい。しかしこのようにして出家したわたしが、かりに欲望の思いにふけり、怒りの思いにふけり、害意の思いにふけるとしよう。世間には多くの人々が住んでおり、世間に住む多くの人々の中には、神変をもち、天眼をもち、他心知をもつ沙門・バラモンがいる。彼らは遠くからでも見、近くからでも見、〔自らの〕こころによって〔他人の〕こころを知る。彼らはわたしのすべてについて知るであろう。「見なさい。この良家の子は、信にもとづいて家から家のない状態へ出家しながら、邪悪な不善のことがらに覆われて住んでいる」と。神変をもち、天眼をもち、他心知をもつ天子がいる。彼らは遠くからでも見、近くからでも見、〔自らの〕こころによって〔他人の〕こころを知る。彼らはわたしのすべてについて知るであろう。「見なさい。この良家の子は、信にもとづいて家から家のない状態へ出家しながら、邪悪な不善のことがらに覆われて住んでいる」と』。

彼はこのように思惟する。『わたしは精進に励み、退転[149]することがない。注意力をはっきりと保ち、忘失することがない。身体が軽快であり、しかも騒擾とならない。こころが統一され、一点に集中している』と。彼は世間を主要の因として、不善のことがらを捨断し、善を修習し、罪過のあることを捨断し、罪過のないことを修習し、自己を清浄に守る。比丘たちよ、これが世間という主要な因といわれる。

比丘たちよ、教えという主要な因とはどのようであるか。

比丘たちよ、ここに、比丘が人里離れた場所へ行き、あるいは樹下に行き、あるいは人のいない家に行き、このように思惟する。『わたしは衣服を因として、家から家のない状態に出家したのではない。飲食物を因として、坐臥具を因として、「このようにあるかないか」ということを因として、家から家のない状態に出家したのではない。しかし生まれること、老いること、病むこと、死ぬこと、悲しみ、嘆き、苦しみ、憂い、悩みが〔わたしの中に〕入り込み、〔わたしは〕苦に侵され、苦に打ち負かされている。このすべての苦の集まりの消滅が知られることが望ましい。教えは世尊によって善く説かれたもの、時間を選ばないもの、「来て、見なさい」というもの、引導するもの、識者が各自で知るべきものである。また清らかな行いを共にする者たちはわたしを見て住んでいる。もしわたしがこのように善く説かれた教えと規律（律）との中に出家しながら、懈怠であり、放逸に住むなら、それはわたしにふさわしくない』と。

彼はこのように思惟する。『わたしは精進に励み、退転することがない。注意力をはっきりと保ち、忘失することがない。身体が軽快であり、しかも騒擾とならない。こころが統一され、一点に集中している』と。彼は教えを主要な因として、不善のことがらを捨断し、〔善を修習し、罪過のあることを捨断し、〕罪過のないことを修習し、自己を清浄に守る。比丘たちよ、これが教えという主要な因といわれる。

比丘たちよ、これら三つが主要な因である」。

この世には、悪い業を行う者に秘密の場所はない。
人よ、自己はそれを真実であり、あるいは偽りであると知る。
友よ、人は自らの善いことを過度に驕り、
自らの内にある自らの悪を隠す。
▼150天たちと如来たちは世間で不正を行っている愚人を見る。
それゆえ自己を主要なものとする者は注意力を保ち行動せよ。世間を主要なものとする賢者は
禅定を修し、教えを主要なものとする者は教えに従って実践せよ。真理に努力する牟尼(34)は、
魔を征服し、死魔を打ち負かす。精勤者は生の滅尽を達成し、
そのような世間を洞察する人、善き智慧をもつ牟尼はすべてのものに執着がない。

〔以上が〕第４章、天子の章である。

第5章　小さな章

41[1]

「比丘たちよ、三つのものが存在していることにより、信[2]のある良家の子は多くの福徳を生じる。三つのものとはどれらか。

比丘たちよ、信が存在していることにより、信のある良家の子は多くの福徳を生じる。比丘たちよ、与えられる品物が存在していることにより、信のある良家の子は多くの福徳を生じる。比丘たちよ、与えられるべき人が存在していることにより、信のある良家の子は多くの福徳を生じる。

比丘たちよ、これら三つのものが存在していることにより、信のある良家の子は多くの福徳を生じる」。

42[3]

「比丘たちよ、これら三つの原因によって、こころの清らかな信者である。三つとはどれらか。

（1）戒律（戒）を保っている人に会いたいと願うこと、（2）正しい教え（法）を聞きたいと願うこと、（3）吝嗇の垢を離れたこころで家に住むこと、〔欲望から〕解放された施与を与え、手を清浄にし、放施を喜び、乞い求められるに応じ〔て与え〕、布施を均等に与えることを喜ぶ。比丘たちよ、これら三つの原因によって、こころの清らかな信者であると知られるべきである」。

戒律を保っている人に会うことを願い、正しい教えを聞くことを望み、吝嗇の垢を調伏する。彼は信があるといわれる。

43

「比[▼151]丘たちよ、三つの原因をよく見ることは他人に教えを説くためにふさわしいことである。三つとはどれらか。

教えを説く者は意味をよく理解する者であり、また聖典（教え）をよく理解する者である。教えを聞く者は意味をよく理解する者であり、また聖典をよく理解する者である。両方である者、すなわち教えを説き、かつ教えを聞く者は、意味をよく理解する者であり、聖典をよく理解する者である。

比丘たちよ、これら三つの原因をよく見ることは他人に教えを説くためにふさわしいことである」。

44

「比丘たちよ、三つの原因により、説〔法〕は〔障害なく〕進展する。三つとはどれらか。

教えを説くものは意味をよく理解する者であり、また聖典をよく理解する者である。教えを聞く者は意味をよく理解する者であり、また聖典をよく理解する者である。両方である者、すなわち教えを説き、かつ教えを聞く者は、意味をよく理解する者であり、また聖典をよく理解する者である。

比丘たちよ、これら三つの原因により、説〔法〕は障害なく進展する」。

45

「比丘たちよ、これら三つは賢者が賞讃するもの、よき人が賞讃するものである。三つとはどれらか。

比丘たちよ、布施は賢者が賞讃するもの、よき人が賞讃するものである。比丘たちよ、出家することは賢者が賞讃するもの、よき人が賞讃するものである。比丘たちよ、父母の世話をすることは賢者が賞讃するもの、よき人が賞讃するものである。

比丘たちよ、これら三つは賢者が賞讃するもの、よき人が賞讃するものである」。

よき人々は、布施とは〔生き物を〕殺さないことと自制と〔自己の〕調御とであると知り、
父母の世話をすることとは善き人々の清らかな行い（梵行）であると〔知る〕。
賢者であるあなたたちはよき人々の原因であるそれらに親しめ。
正しい見解をそなえた聖者は幸福な世界におもむく。

46

「比丘たちよ、戒律を保っている出家者がよりどころとしている村や町において、人々は三つの原因により、多くの福徳を生み出している。三つとはどれらか。
▼152 身体により、ことばにより、こころによってである。
比丘たちよ、戒律を保っている出家者がよりどころとしている村や町において、人々はこれら三つの原因により、多くの福徳を生み出している」。

47

「比丘たちよ、形成されたものにこれら三つの形成[4]されたものの特相がある。三つとはどれらか。生じることが知られる。滅することが知られる。存続したものの変化が知られる。比丘たちよ、これら三つが形成

されたものにある形成されたものの特相である。

比丘たちよ、形成されないものにこれら三つの形成されないものの特相がある。三つとはどれらか。

生じることが知られない。滅することが知られない。存続したものの変化が知られない。比丘たちよ、これら三つが形成されないものにある形成されないものの特相である」。

48

「比丘たちよ、山の王である雪山[5]に依拠して、大きなサーラ樹[6]は三つのものが成長することによって成長する。三つとはどれらか。

枝と葉と群葉とによって成長し、樹皮と外皮とによって成長し、膚材と心材とによって成長する。比丘たちよ、山の王である雪山に依拠して、大きなサーラ樹はこれら三つのものが成長することによって成長する。

比丘たちよ、信のある家長に依存して、家族は三つのものが成長することによって成長する。三つとはどれらか。

信によって成長し、戒律によって成長し、智慧によって成長する。比丘たちよ、信のある家長に依存して、家族はこれら三つのものが成長することによって成長する」。

　あたかも林野の広大な林の中にある岩山に
依拠して、林の主である樹が成長するように、
この世で、戒律をそなえた信のある家長に
依存して、妻子と親族とが成長する。
▼153 同僚と親戚の集まりとは彼といっしょに生きる。
戒律を保っているその者の戒律と施捨と善行とを、

見ながら倣っている明らかな眼をもつ人たちは
天の世界において歓喜し、すべての種類の欲望をそなえて喜ぶ。

49

「比丘たちよ、三つの原因に熱心に勤めるべきである。三つとはどれらか。いまだ生じていない邪悪な不善のものごとを生じさせないために、熱心に勤めるべきである。いまだ生じていない善のものごとを生じさせるために、熱心に勤めるべきである。すでに生じている、激しい、粗い、厳しい、不快な、意にそぐわない、命を奪う、身体の苦の感受を忍受するために、熱心に勤めるべきである。比丘たちよ、これら三つの原因に熱心に勤めるべきである。

比丘たちよ、比丘が生じていない邪悪な不善のものごとを生じさせないために、熱心に勤め、いまだ生じていない善のものごとを生じさせるために、熱心に勤め、すでに生じている、激しい、粗い、厳しい、不快な、意にそぐわない、命を奪う、身体の苦の感受を忍受するために、熱心に勤めるとき、比丘たちよ、この比丘は正しく苦を消滅させるために熱心であり、智者であり、注意力をそなえている」。

50

「比丘たちよ、三つの要因をそなえた大盗賊は〔家の〕隙間をも破壊し、掠奪して運び去ることも行い、一つの家の強奪をも行い、道や渡し場で盗むことも行う。三つとはどれらか。

比丘たちよ、ここに大盗賊は、険難の地に拠り、密林に拠り、権力者に拠る。

比丘たちよ、険難の地に拠った大盗賊とはどのようであるか。

比丘たちよ、ここに、大盗賊は渡りがたい川に拠り、あるいは険難な山に拠る。比丘たちよ、大盗賊はこのように険難の地に拠る。

比丘たちよ、密林に拠った大盗賊とはどのようであるか。

比丘たちよ、ここに、大盗賊は草の密叢に拠り、▼154 あるいは樹の密林に、あるいは深い森に、あるいは大きな森の集合に〔拠る〕。比丘たちよ、大盗賊はこのように密林に拠る。

比丘たちよ、権力者に拠った大盗賊とはどのようであるか。

比丘たちよ、ここに、大盗賊は王に、あるいは王の大臣に拠る。彼らはこのように考える。『もし誰かがわたしについて何かをいうことがあれば、これら王たちや王の大臣たちがわたしをかばって利益を説くであろう。もし誰かがそれ（悪事）について何かをいっても、彼ら王たちや王の大臣たちはそれをかばって利益を説く』と。比丘たちよ、大盗賊はこのようにして権力者に拠る。

比丘たちよ、これら三つの要因をそなえた大盗賊は〔家の〕隙間をも破壊し、掠奪して運び去ることも行い、一つの家の強奪をも行い、道や渡し場で盗むことも行う。

比丘たちよ、これと同様に、三つのことがらをそなえた邪悪な比丘は、傷つけられ害された自己を守り、罪過があり、智慧者に非難されるべきであり、多くの非福を生み出す。三つとはどれらか。

比丘たちよ、ここに邪悪な比丘は、険難の地に拠り、密林に拠り、権力者に拠る。

比丘たちよ、険難の地に拠る邪悪な比丘とはどのようであるか。

比丘たちよ、ここに、邪悪な比丘は険難な身体による業をそなえている。険難なことばによる業をそなえている。険難なこころによる業をそなえている。比丘たちよ、このように邪悪な比丘は険難の地に拠る。

比丘たちよ、密林に拠る邪悪な比丘とはどのようであるか。

比丘たちよ、ここで、邪悪な比丘は邪見をもつ者であり、極端なことに執着する見解（辺執見）をもつ者である。

比丘たちよ、このように邪悪な比丘は密林に拠る。

比丘たちよ、権力者に拠る邪悪な比丘とはどのようであるか。

比丘たちよ、ここに、邪悪な比丘は王に、あるいは王の大臣に拠る。彼らはこのように考える。『もし誰かがわたしについて何かをいうことがあれば、これら王たちや王の大臣たちがわたしをかばって利益を説くであろう。もし誰かがそれ（悪事）について何かをいっても、彼ら王たちや王の大臣たちはそれをかばって利益を説く』と。比丘たちよ、邪悪な比丘はこのようにして権力者に拠る。

比丘たちよ、▼155これら三つのことがらをそなえた邪悪な比丘は、傷つけられ害された自己を守り、罪過があり、智慧者に非難されるべきであり、多くの非福を生み出す」。

〔以上が〕第5章「小さな章」である。

第一の五〇は終わった。

第６章　バラモンの章

〔第二の五〇経〕

51

〔あるとき世尊はサーヴァッティーのアナータピンディカの園に滞在していた。〕そのとき年老いて、老衰し、高齢になり、世を経て、老齢の域に達し、生まれてから一二〇年になる、二人のバラモン(1)が世尊のもとへやってきた。〔礼拝してから世尊の〕かたわらにすわった彼らバラモンは世尊に次のようにいった。

「友ゴータマよ、わたしたちはバラモンです。わたしたちは年老いて、老衰し、高齢になり、世を経て、老齢の域に達し、生まれてから一二〇年になりますが、わたしたちはいまだ善きことを行っておらず、善を行っておらず、恐怖からの避難所をつくっていません。友ゴータマはわたしたちに教誡してください。友ゴータマはわたしたちの長い間の利益と安楽のために教え（法）を説いてください」。

「バラモンたちよ、あなたたちは本当に年老いて、老衰し、高齢になり、世を経て、老齢の域に達し、生まれてから一二〇年になるが、あなたたちはいまだ善きことを行っておらず、善を行っておらず、恐怖からの避難所をつくっていない。バラモンたちよ、この世間の人々は老いと病気と死とによって運ばれていく。バラモンたちよ、このようにこの世間の人々は老いと病気と死とによって運ばれていきながら、この世界において身体によって自制し、ことばによって自制し、こころによって自制すれば、それが死んだときのその人の避難所となり、庇護所となり、島[2]となり、帰依所となり、帰趣所となる」。

生命は運ばれていき、寿命は短い。
老いに導かれた者に避難所はない。
死に対するこの恐怖を見る者は、
安楽をもたらす福を行え。
この世で身体とことばとこころで自制する人が
生きているときに行う福は
死んだときに安楽をもたらす。

52

▼156 そのとき年老いて、老衰し、高齢になり、世を経て、老齢の域に達し、生まれてから一二〇年になる、二人のバラモンが世尊のもとへやってきた。〔礼拝してから世尊の〕かたわらにすわった彼らバラモンは世尊に次のようにいった。

「友ゴータマよ、わたしたちはバラモンです。わたしたちは年老いて、老衰し、高齢になり、世を経て、老齢の域に達し、生まれてから一二〇年になりますが、わたしたちはいまだ善きことを行っておらず、善を行っておらず、恐怖からの避難所をつくっていません。友ゴータマはわたしたちに教誡してください。友ゴータマはわたしたちの長い間の利益と安楽のために教えを説いてください」。

「バラモンたちよ、あなたたちは本当に年老いて、老衰し、高齢になり、世を経て、老齢の域に達し、生まれてから一二〇年になるが、あなたたちはいまだ善きことを行っておらず、善を行っておらず、恐怖からの避難所をつくっていない。バラモンたちよ、この世間の人々は老いと病気と死とによって燃えている。バラモンたちよ、このように世間の人々は老いと病気と死とによって燃えながら、身体によって自制し、ことばによって自制し、こころによって自制すれば、それが死んだときのその人の避難所となり、庇護所となり、島となり、帰依所となり、帰趣所となる」。

燃えさかる家から人は家財を持ち出し、
それはその人に役に立つ。そこで焼かれたものは〔役に立た〕ない。
これと同様に世間の人々は老いと死とにより燃えている。
あなたは布施によって持ち出せ。布施されたものとは善く持ち出されたものである。
この世で身体とことばとこころで自制する人が
生きているときに行う福は
死んだときに安楽をもたらす。

53

そのとき一人のバラモンが世尊のもとへやってきた。やってきて〔礼拝してから世尊の〕かたわらにすわったバラモンは世尊に次のようにいった。

「友ゴータマよ、法[3]（真理）は自ら見るべきものであるといわれます。どれらの点から、法は自ら見るべきものであり、時を選ばぬものであり、『来て、見よ』と招くものであり、引導するものであり、識者が各自で知るべきものですか」。

「バラモンよ、貪りのある人、貪りに打ち負かされ、〔こころを〕占拠された人は、▼157自らを悩害するものごとにこころを向け、他人を悩害するものごとにこころを向け、両者を悩害するものごとにこころを向け、こころに苦しみと憂いとを感受する。貪りが捨断されたとき、自らを悩害するものごとにこころを向けず、他人を悩害するものごとにこころを向けず、両者を悩害するものごとにこころを向けず、こころに苦しみと憂いとを感受しない。バラモンよ、このように法は自ら見るべきものであり、〔時を選ばぬものであり、『来て、見よ』と招くものであり、引導するものであり、識者が各自で知るべきものである〕。

バラモンよ、怒った人、怒りに打ち負かされ、〔こころを〕占拠された人は、自らを悩害するものごとにこころを向け、他人を悩害するものごとにこころを向け、両者を悩害するものごとにこころを向け、こころに苦しみと憂いとを感受する。怒りが捨断されたとき、自らを悩害するものごとにこころを向けず、他人を悩害するものごとにこころを向けず、両者を悩害するものごとにこころを向けず、こころに苦しみと憂いとを感受しない。バラモンよ、このように法は自ら見るべきものであり、〔時を選ばぬものであり、『来て、見よ』と招くものであり、引導するものであり、識者が各自で知るべきものである〕。

バラモンよ、愚かさのある人、愚かさに打ち負かされ、〔こころを〕占拠された人は、自らを悩害するものごとにこころを向け、他人を悩害するものごとにこころを向け、両者を悩害するものごとにこころを向け、こころに苦しみと憂いとを感受する。愚かさが捨断されたとき、自らを悩害するものごとにこころを向けず、他人を悩害するものごとにこころを向けず、両者を悩害するものごとにこころを向けず、こころに苦しみと憂いとを感受しない。バラモンよ、このように法は自ら見るべきものであり、〔時を選ばぬものであり、『来て、見よ』と招くものであり、引導するものであり、識者が各自で知るべきものである〕」。

「友ゴータマよ、すばらしい。〔友ゴータマよ、すばらしい。友ゴータマよ、たとえてみれば倒れた者を起こすようです。覆われたものの覆いを取り去るようです。迷った者に道を教えるようです。眼のある者に色を見なさいといって、闇の中に灯火を持ってくるようです。このように友ゴータマはさまざまな方法で教えを明らかにしました。わたしは尊師ゴータマに帰依します。教えと比丘の僧団とに帰依します。」今日より後、尊師ゴータマはわたしを終生帰依した在家信者として受け入れてください」。

54

そのときある一人の遍歴行者であるバラモンが世尊のもとへやってきた。〔礼拝してから世尊の〕かたわらにすわったその遍歴行者であるバラモンは世尊に次のようにいった。

「友ゴータマよ、法は自ら見るべきものであるといわれます。どれらの点から、法は自ら見るべきものであり、時を選ばぬものであり、『来て、見よ』と招くものであり、引導するものであり、識者が各自で知るべきものですか」。

「バラモンよ、貪りのある人、貪りに打ち負かされ、〔こころを〕占拠された人は、自らを悩害するものごとにこころを向け、他人を悩害するものごとにこころを向け、両者を悩害するものごとにこころを向け、こころに苦しみと憂いとを感受する。貪りが捨断されたとき、自らを悩害するものごとにこころを向けず、他人を悩害するものごとにこころを向けず、両者を悩害するものごとにこころを向けず、こころに苦しみと憂いとを感受しない。

▼158 バラモンよ、貪りのある人、貪りに打ち負かされ、〔こころを〕占拠された人は、身体によって悪行を行い、ことばによって悪行を行い、こころによって悪行を行う。貪りが捨断されたとき、身体によって悪行を行わず、ことばによって悪行を行わず、こころによって悪行を行わない。

バラモンよ、貪りのある人、貪りに打ち負かされ、〔こころを〕占拠された人は、自らの利益を如実に知らず、他人の利益を如実に知らず、両者の利益を如実に知らない。貪りが捨断されたとき、自らの利益を如実に知り、他人の利益を如実に知り、両者の利益を如実に知る。

バラモンよ、このようにして、法は自ら見るべきものであり、〔時を選ばぬものであり、『来て、見よ』と招くものであり、引導するものであり、識者が各自で知るべきものである〕。

バラモンよ、怒った人、怒りに〔打ち負かされ、こころを占拠された人は、自らを悩害するものごとにこころを向け、他人を悩害するものごとにこころを向け、両者を悩害するものごとにこころを向け、こころに苦しみと憂いとを感受する。怒りが捨断されたとき、自らを悩害するものごとにこころを向けず、他人を悩害するものごとにこころを向けず、両者を悩害するものごとにこころを向けず、こころに苦しみと憂いとを感受しない。

バラモンよ、怒った人、怒りに打ち負かされ、こころを占拠された人は、身体によって悪行を行い、ことばによって悪行を行い、こころによって悪行を行う。怒りが捨断されたとき、身体によって悪行を行わず、ことばによって悪行を行わず、こころによって悪行を行わない。

バラモンよ、怒った人、怒りに打ち負かされ、こころを占拠された人は、自らの利益を如実に知らず、他人の利益を如実に知らず、両者の利益を如実に知らない。怒りが捨断されたとき、自らの利益を如実に知り、他人の利益を如実に知り、両者の利益を如実に知る。

バラモンよ、このように法は自ら見るべきものであり、時を選ばぬものであり、『来て、見よ』と招くものであり、引導するものであり、識者が各自で知るべきものである〕。

バラモンよ、愚かさのある人、愚かさに打ち負かされ、〔こころを〕占拠された人は、自らを悩害するものごとにこころを向け、他人を悩害するものごとにこころを向け、両者を悩害するものごとにこころを向け、こころに苦しみと憂いとを感受する。愚かさが捨断されたとき、自らを悩害するものごとにこころを向けず、他人を悩害するものごとにこころを向けず、両者を悩害するものごとにこころを向けず、こころに苦しみと憂いとを感受しない。

バラモンよ、愚かさのある人、愚かさに打ち負かされ、〔こころを〕占拠された人は、身体によって悪行を行い、ことばによって悪行を行い、こころによって悪行を行う。貪りが捨断されたとき、身体によって悪行を行わず、ことばによって悪行を行わず、こころによって悪行を行わない。

バラモンよ、愚かさのある人、愚かさに打ち負かされ、〔こころを〕占拠された人は、自らの利益を如実に知らず、他人の利益を如実に知らず、両者の利益を如実に知らない。愚かさが捨断されたとき、自らの利益を如実に知り、他人の利益を如実に知り、両者の利益を如実に知る。

バラモンよ、このように法は自ら見るべきものであり、〔時を選ばぬものであり、『来て、見よ』と招くものであり、引導するものであり、識者が各自で知るべきものである〕」。

「友ゴータマよ、すばらしい。〔友ゴータマよ、すばらしい。友ゴータマよ、たとえてみれば倒れた者を起こすようです。覆われたものの覆いを取り去るようです。迷った者に道を教えるようです。眼のある者に色を見なさいといって、闇の中に灯火を持ってくるようです。このように友ゴータマはさまざまな方法で教えを明らかにしました。わたしは尊師ゴータマに帰依します。教えと比丘の僧団とに帰依します。〕今日より後、尊師ゴータマはわたしを終生帰依した在家信者[4]として受け入れてください」。

55

そのときバラモンのジャーヌッソーニが世尊のもとへやってきた。〔礼拝してから世尊の〕かたわらにすわったバラモンのジャーヌッソーニは世尊に次のようにいった。

「友ゴータマよ、涅槃[5]は自ら見るべきものであるといわれます。どれらの点から、涅槃は自ら見るべきものであり、時を選ばぬものであり、『来て、見よ』と招くものであり、引導するものであり、識者が各自で知るべきものですか」。

▼159「バラモンよ、貪りのある人、貪りに打ち負かされ、〔こころを〕占拠された人は、自らを悩害するものごとにここ

ろを向け、他人を悩害するものごとにこころを向け、両者を悩害するものごとにこころを向け、こころに苦しみと憂いとを感受する。貪りが捨断されたとき、自らを悩害するものごとにこころを向けず、他人を悩害するものごとにこころを向けず、両者を悩害するものごとにこころを向けず、こころに苦しみと憂いとを感受しない。バラモンよ、このように涅槃は自ら見るべきものであり、〔時を選ばぬものであり、『来て、見よ』と招くものであり、引導するものであり、識者が各自で知るべきものである〕。

バラモンよ、怒った人、怒りに打ち負かされ、〔こころを〕占拠された人は、自らを悩害するものごとにこころを向け、他人を悩害するものごとにこころを向け、両者を悩害するものごとにこころを向け、こころに苦しみと憂いとを感受する。怒りが捨断されたとき、自らを悩害するものごとにこころを向けず、他人を悩害するものごとにこころを向けず、両者を悩害するものごとにこころを向けず、こころに苦しみと憂いとを感受しない。バラモンよ、このように涅槃は自ら見るべきものであり、〔時を選ばぬものであり、『来て、見よ』と招くものであり、引導するものであり、識者が各自で知るべきものである〕。

バラモンよ、愚かさのある人、愚かさに打ち負かされ、〔こころを〕占拠された人は、自らを悩害するものごとにこころを向け、他人を悩害するものごとにこころを向け、両者を悩害するものごとにこころを向け、こころに苦しみと憂いとを感受する。愚かさが捨断されたとき、自らを悩害するものごとにこころを向けず、他人を悩害するものごとにこころを向けず、両者を悩害するものごとにこころを向けず、こころに苦しみと憂いとを感受しない。バラモンよ、このように涅槃は自ら見るべきものであり、〔時を選ばぬものであり、『来て、見よ』と招くものであり、引導するものであり、識者が各自で知るべきものである〕。

バラモンよ、この者は残るところなく貪りを滅し尽くしたことを感受し、残るところなく怒りを滅し尽くしたことを感受し、残るところなく愚かさを滅し尽くしたことを感受する。バラモンよ、このように涅槃は自ら見るべきものであり、時を選ばぬものであり、『来て、見よ』と招くものであり、引導するものであり、識者が各自で知るべきものである」。

「友ゴータマよ、すばらしい。〔友ゴータマよ、すばらしい。友ゴータマよ、たとえてみれば倒れた者を起こすようです。覆われたものの覆いを取り去るようです。迷った者に道を教えるようです。眼のある者に色を見なさいといって、闇の中に灯火を持ってくるようです。このように友ゴータマはさまざまな方法で教えを明らかにしました。わたしは尊師ゴータマに帰依します。教えと比丘の僧団とに帰依します。〕今日より後、尊師ゴータマはわたしを終生帰依した在家信者として受け入れてください」。

56

そのときある有力なバラモンが世尊のもとへやってきた。〔礼拝してから世尊の〕かたわらにすわったその有力なバラモンは世尊に次のようにいった。

「友ゴータマよ、わたしは、昔の、年長者であり、老練であり、師であり、また師の師であるバラモンたちが語っているのを聞いたことがあります。昔はこの世界は、[6]無間地獄のように、人で満ち、村も町も王都も[7]家が密集していた、と。

友ゴータマよ、どのような因があり、どのような縁があって、現在は人が減り、減少が認められ、村は村でなくなり、▼160町は町でなくなり、国は国でなくなったのですか」。

「バラモンよ、現在、人々は不法な貪りに染まり、不正な欲望に打ち負かされ、邪なものごとに征服されている。彼らは不法な貪りに染まり、不正な欲望に打ち負かされ、邪なものごとに征服されて、鋭い刀をつかみ、互いに殺し合っている。これによって多くの人々が死んでいる。バラモンよ、これも、現在、人が減り、減少が認められ、村は村でなくなり、町は町でなくなり、国は国でなくなっている因であり、縁である。

さらにまたバラモンよ、現在、人々は不法な貪りに染まり、不正な欲望に打ち負かされ、邪なものごとに征服されている。不法な貪りに染まり、不正な欲望に打ち負かされ、邪なものごとに征服されている彼らのために、天は適切なときに雨を降らさない。そのために飢饉が起こり、穀物は育たず、〔育っても虫害によって〕白くなって枯れ、穂先のすじだけになる。これによって多くの人々が死んでいる。バラモンよ、これも、現在、人が減り、減少が認められ、村は村でなくなり、町は町でなくなり、国は国でなくなっている因であり、縁である。

さらにバラモンよ、現在、人々は不法な貪りに染まり、不正な欲望に打ち負かされ、邪なものごとに征服されている。不法な貪りに染まり、不正な欲望に打ち負かされ、邪なものごとに征服されている彼らのために、ヤッカ[8]（夜叉）たちは凶暴な人ならぬ者を〔人の世界に〕送り込んでくる。これによって多くの人々が死んでいる。バラモンよ、これも、現在、人が減り、減少が認められ、村は村でなくなり、町は町でなくなり、国は国でなくなっている因であり、縁である」。

「友ゴータマよ、すばらしい。〔友ゴータマよ、すばらしい。友ゴータマよ、たとえてみれば倒れた者を起こすようです。覆われたものの覆いを取り去るようです。迷った者に道を教えるようです。眼のある者に色を見なさいといって、闇の中に灯火を持ってくるようです。このように友ゴータマはさまざまな方法で教えを明らかにしました。わたしは尊師ゴータマに帰依します。教えと比丘の僧団とに帰依します。〕今日より後、尊師ゴータマはわたしを終生帰依した在家信者として受け入れてください」。

57

そのときヴァッチャ族の遍歴行者が世尊のもとへやってきた。〔礼拝してから世尊の〕かたわらにすわったヴァッチャ族の遍歴行者は世尊に次のようにいった。

「友ゴータマよ、わたしは、沙門ゴータマが次のようにいっている、と聞きました。『わたしだけに布施をしなさい。▼161他の者に布施をしてはいけない。わたしの弟子たちだけに布施をしなさい。他の者の弟子たちに布施をしてはいけない。わたしだけに与えられたものには大きな果報があり、他の者に与えられたものには大きな果報はない。わたしの弟子たちだけに与えられたものには大きな果報があり、他の者の弟子たちに与えられたものには大きな果報はない』と。

友ゴータマよ、このように説く人たちは、すなわち『沙門ゴータマは、「わたしだけに布施をしなさい。他の者に布施をしてはいけない。わたしの弟子たちだけに布施をしなさい。他の者の弟子たちに布施をしてはいけない。わたしだけに与えられたものには大きな果報があり、他の者に与えられたものには大きな果報はない。わたしの弟子たちだけに与えられたものには大きな果報があり、他の者の弟子たちに与えられたものには大きな果報はない」と説く』と説く人たちは、友ゴータマの説いたことを正しく説いているのでしょうか。尊者ゴータマに対する、真実にもとづかない誹謗でありませんか。真理に一致した教えを説いていますか。正しい根拠にもとづいた論説が非難されているのでないでしょうか。わたしたちは尊者ゴータマを誹謗しようと思っておりません」。

「ヴァッチャよ、わたしについていう者たちがいる。『沙門ゴータマは、「わたしだけに布施をしなさい。他の者に布施をしてはいけない。わたしの弟子たちだけに布施をしなさい。他の者の弟子たちに布施をしてはいけない。わたしだけに与えられたものには大きな果報があり、他の者に与えられたものには大きな果報はない。わたしの弟子たちだけに与えられたものには大きな果報があり、他の者の弟子たちに与えられたものには大きな果報はない」と説く』と。

彼らはわたしが説いたことを正しく説いていない。彼らはありもしないことによって、真実にもとづかずに、わたしを誹謗している。ヴァッチャよ、他人に布施を与えようとする人を妨げる者は、三つのことを消滅させ、三つのことを奪い去る。三つのこととはどれらか。

与える人の福を消滅させる。受け取る人の利得を消滅させる。その人の以前の徳を断ち根絶させる。ヴァッチャよ、他人に布施を与えようとする人を妨げる者は、これら三つのことを消滅させ、三つのことを奪い去る。

ヴァッチャよ、わたしはさらに次のように説く。肥だめや汚物だまりに生き物（虫）がいる。そこへ皿を洗った水やコップを洗った水を捨てる。『そこにいる生き物たちはこれによって生きよ』と。ヴァッチャよ、これを因としてさえ、福は来るとわたしは説く。人に対して〔与えることに〕さらに何を説くべきであろうか。

しかしヴァッチャよ、戒律（戒）を保っている人に与えられた〔布施〕には大きな果報があり、悪戒の人に〔与えられた布施〕はそのようでない、とわたしは説く。彼は五つの要素を断ち、五つの要素をそなえている。

どの五つの要素が断たれているのか。

欲望[9]に対する意欲が断たれ、怒りが断たれ、▼162こころの落ち込み（昏沈）と眠気（睡眠）とが断たれ、こころの浮つき（悼挙）と後悔（悪作）とが断たれ、疑いが断たれている。これら五つの要素が断たれている。

どの五つの要素をそなえているか。

学び[10]終えた人（無学）の戒律[11]の集まりをそなえている。学び終えた人のこころの統一（定）の集まりをそなえている。学び終えた人の智慧（慧）の集まりをそなえている。学び終えた人の解脱の集まりをそなえている。学び終えた人の解脱したという自覚（解脱智見）の集まりをそなえている。これら五つの要素をそなえている。

このように五つの要素を断ち、五つの要素をそなえている人に与えられた〔布施〕は大きな果報を持つ、とわたしは説く」。

このように黒でも、白でも、赤でも、黄色でも、

同色のまだら模様でも、はとの色でも、
それらすべての牛の中で、従順で、重荷を運び、力が強く、
まっすぐに、速く歩く雄牛が生まれると、
それの毛の色を考慮せず、それにのみ荷をつなぐ。
これと同じように、人の中でも、
クシャトリヤ(12)やバラモンやヴァイシャやシュードラや賤民や屠殺者のうちで、
従順で、つとめを善く果たし、
真理に安住し、戒律をそなえ、真実を語り、恥を知り、
生死を超越し、清らかな行い（梵行）を完成し、
重荷を下ろし、束縛から離れ、行うべきことをなし終え、煩悩の漏出が尽きており、
すべての事物の彼岸に至り、執着がなく、〔熱悩が〕寂静となった者が生まれると、
この塵のない田(13)〔である彼〕に対する施与のみが広大な〔果報を持つ〕。
無知であり、智が劣っており、無聞である愚者たちは
外〔教の者〕に布施を与え、寂静となった人に親近しない。
智慧を有し、智者が尊敬する、寂静となった人に親近して、
彼らの信(14)がよく逝ける人(15)（善逝、仏）に対して根を拡げ、確立した者は
天の世界へ行き、この世では良家に生まれる。
そのような賢者たちは、次第に〔進み〕、涅槃を体現する。

58

▼163 そのときバラモンのティカンナが世尊のもとへやってきた。やってきて〔礼拝してから世尊の〕かたわらにすわったバラモンのティカンナは世尊に面と向かって[16]バラモンの三つの明智（三明）を有する者を賞讃した。「バラモンの三つの明智を有する者はこのようです。この理由でも三つの明智を有するバラモンです」と。

「では、バラモンよ、バラモンたちは、どのようにして、このバラモンは三つの明智を有すると認めるのか」。

「友ゴータマよ、ここにバラモンは母からと父からとの両方から、純粋な〔バラモンの〕血統に生まれ、七代前の父祖のときから純血であり、氏姓について非難されることがありません。彼は聖典を読誦し、聖なることばを記憶し、三つのヴェーダに精通するだけでなく、ヴェーダの語彙にも、祭式にも、音韻と語源の学にも、第五として古の伝説にも精通し、慣用の語法を知り、文法に通じ、[17]世俗の哲学や[18]偉大な人の身体の特徴についてもよく知っています。友ゴータマよ、このようにして、バラモンたちは三つの明智を有するバラモンと認めます」。

「バラモンよ、バラモンたちが三つの明智を有するバラモンと認める方法とは異なった方法で、聖なる人の規律（律）における三つの明智を有する者（三明者）がいる」。

「友ゴータマよ、どのようにして聖なる人の規律のなかの三つの明智を有する者であるのですか。友ゴータマよ、聖なる人の規律のなかの三つの明智を有する者でありえるような、そのような教えを、どうかわたしに説いてください」。

「では、バラモンよ、聞きなさい。よく考えなさい。わたしは説こう」。

「わかりました」とバラモンのティカンナは世尊に答えた。世尊は次のようにいった。

「バラモンよ、ここに比丘が、欲望を離れ、不善のものを離れ、大まかな考察（尋）をともない、細かな考察（伺）をともなっているが、〔五つの蓋からの〕離脱によって生じた喜びと安楽とをそなえた、[19]第一の瞑想（初禅）に到達して住する。

〔第一の瞑想の〕大まかな考察と細かな考察とをやめることによって、こころの内が平穏となり、こころが一点に集中し、大まかな考察と細かな考察とを離れたこころの統一から生じる喜びと安楽をそなえた第二の瞑想（第二禅）に到達して住する。

〔第二の瞑想の〕喜びを離脱することによって、中庸（捨）となっており、注意力と明瞭な意識とをもち、身体により安楽を感受し、聖なる人たちが『中庸となり、注意力をそなえた者は安楽である』というところの、第三の瞑想（第三禅）に到達して住する。

〔第三の瞑想の〕安楽をも断ち、苦をも断つことにより、またすでに先に第一と第三との瞑想において喜悦と苦悩とが消滅しているから、▼164苦もなく、楽もなく、中庸さより生じた注意力がもっとも清浄になっている、第四の瞑想（第四禅）に到達して住する。

彼はこのようにこころが正しく統一され、清浄になり、浄化され、汚れがなくなり、〔こころに〕付随する煩悩を離れ、柔軟になり、作業に専心することが可能であり、確立し、不動に達し、こころを過去の生存を思い起こす智慧（宿住随念智）に向かわせる。彼はさまざまな過去の生存を思い起こす。一つの生涯も、二つの生涯も、三つの生涯も、四つの生涯も、五つの生涯も、一〇の生涯も、二〇の生涯も、三〇の生涯も、四〇の生涯も、五〇の生涯も、一〇〇の生涯も、一〇〇〇の生涯も、百千の生涯も、幾多の消滅の劫も、幾多の生成の劫も、幾多の[20]消滅と生成の劫も〔思い起こす〕。『わたしはそこではこういう名前であり、こういう家系であり、こういう階級であり、こういう食べ物を食べ、こういう楽と苦とを感受し、こういう寿命であった。そこから死没して、こういうところに生まれた。そこではこういう名前であり、こういう家系であり、こういう階級であり、こういう食べ物を食べ、こういう楽と苦とを感受し、こういう寿命であった。そこから死没して、この世に生まれた』と。このように種々の前世の生存を、様相と細かな状況とを合わせて、思い起こす。この者にはこの第一の明智が獲得されている。不放逸に、熱心に勤め、自ら専念して住んでいる者にそうであるのと同じように、〔彼には〕無明は去り、明智が生じ、闇は去り、光明が生じている。

彼はこのようにこころが正しく統一され、清浄になり、浄化され、汚れがなくなり、〔こころに〕付随する煩悩を離れ、柔軟になり、作業に専心することが可能であり、確立し、不動に達し、こころを生ける者の死と再生を知る智慧（生死智）に向かわせる。彼は、清浄であり人の能力を超えた天の眼によって、死につつあり再生しつつある生ける者を見る。劣っている者、優れている者、美しい者、醜い者、幸福な者、不幸な者、業に従っていく生ける者を知る。『貴いこれらの生ける者は身体による悪行をそなえ、ことばによる悪行をそなえ、こころによる悪行をそなえ、貴き人を誹謗し、邪な見解をいだき、邪な見解にもとづき業を行う。彼らは身体が壊れたあと、死後に、喪失の世界、悪い境涯、堕ちる世界、地獄に再生する。貴いこれらの生ける者は身体による善行をそなえ、ことばによる善行をそなえ、こころによる善行をそなえ、貴き人を誹謗せず、正しい見解をいだき、正▼165しい見解にもとづき業を行う。彼らは身体が壊れたあと、死後に、よい境涯、天の世界に再生する』と。このように彼は、清浄であり人の能力を超えた天の眼によって、死につつあり再生しつつある生ける者を見る。劣っている者、優れている者、美しい者、醜い者、幸福な者、不幸な者、業に従っていく生ける者を知る。この者にはこの第二の明智が獲得されている。不放逸に、熱心に勤め、自ら専念して住んでいる者にそうであるのと同じように、〔彼には〕無明は去り、明智が生じ、闇は去り、光明が生じている。

彼はこのようにこころが正しく統一され、清浄になり、浄化され、汚れがなくなり、〔こころに〕付随する煩悩を離れ、柔軟になり、作業に専心することが可能であり、確立し、不動に達し、こころを煩悩の漏出を消滅し尽くす智慧（漏尽智）に向かわせる。彼は、これは苦であるとありのままに知り、これは苦の原因であると〔ありのままに知り〕、これは苦の消滅であると〔ありのままに知り〕、これは苦の消滅に導く実践であるとありのままに知る。これは煩悩の漏出であるとありのままに知り、これは煩悩の漏出の原因であると〔ありのままに知り〕、これは煩悩の消滅であると〔ありのままに知り〕、これは煩悩の漏出の消滅に導く実践であるとありのままに知る。彼はこのように知り、このように見て、欲に対する煩悩の漏出からこころが解脱し、生存に対する煩悩の漏出からこころが解脱し、無明に対する煩悩の漏出からこころが解脱する。解脱し終えて『わたしは解脱した』と知る。生存は尽き、清らかな行いは完成し、行うべきことは行い、再びこの状態に戻ることはないと知る。この者にはこの第三の明智が獲得されている。不放逸に、熱心に勤め、自ら専念して住んでいる者にそうであるのと同じように、〔彼には〕無明は去り、明智が生じ、闇は去り、光明が生じている。

戒律に増減〔の変動〕がなく、瞑想（禅）を有する賢者である、
その〔の人〕のこころは自在となって、一境によく集中しており、
闇を破り、堅固で、三つの明智を有し、死を捨て去り、
天と人とを利益し、すべて[21]〔の悪〕を捨て去り、
三つの明智を成就し、愚昧でなく住んでいる、
最後の身体を保持している、その仏（覚者）であるゴータマに〔人々は〕礼拝する。
彼は宿住を知り、天と苦処とを見て、
また生存の滅尽に到達し、智の究極に至った牟尼であり、
これら三つの明智のゆえに三つの明智を有するバラモンである。
わたしは彼を三つの明智を有する人と呼ぶ。その他の浮言[22]で説かれた者を〔三つの明智を有する者と呼ば〕ない。
▼166
バラモンよ、このように聖なる人の規律のなかに三つの明智を有する者はいる」。

「友ゴータマよ、バラモンたちのなかの三つの明智を有する者と聖なる人の規律のなかの三つの智明を有する者とは異なっています。友ゴータマよ、バラモンたちのなかの三つの明智を有する者は聖なる人の規律のなかの三つの明智を有する者の一六分の一にも値しません。

友ゴータマよ、すばらしい。〔友ゴータマよ、〕すばらしい。友ゴータマよ、たとえてみれば倒れた者を起こすようです。覆われたものの覆いを取り去るようです。迷った者に道を教えるようです。眼のある者に色を見なさいといって、闇の中に灯火を持ってくるようです。このように友ゴータマはさまざまな方法で教えを明らかにしました。わたしは尊師ゴータマに帰依します。教えと比丘の僧団とに帰依します。〕今日より後、尊師ゴータマはわたしを終生帰依した在家信者として受け入れてください」。

59㉓

そのときバラモンのジャーヌッソーニは世尊のもとへ行った。〔礼拝してから世尊の〕かたわらにすわったバラモンのジャーヌッソーニは世尊に次のようにいった。

「友ゴータマよ、供犠、あるいは供物、あるいは鉢の供物、あるいは施物があるなら、三つの明智を有するバラモンに布施は与えられるべきです」。

「ではバラモンよ、バラモンたちはどのようにして、このバラモンは三つの明智を有すると認めるのか」。

「友ゴータマよ、ここにバラモンは母からと父からとの両方から、純粋な〔バラモンの〕血統に生まれ、七代前の父祖のときから純血であり、氏姓について非難されることがありません。彼は聖典を読誦し、聖なることばを記憶し、三つのヴェーダに精通するだけでなく、ヴェーダの語彙にも、祭式にも、音韻と語源の学にも、第五として古の伝説にも精通し、慣用の語法を知り、文法に通じ、世俗の哲学や偉大な人の身体の特徴についてもよく知っています。友ゴータマよ、このようにして、バラモンたちは三つの明智を有するバラモンと認めます」。

「バラモンよ、バラモンたちが三つの明智を有するバラモンと認める方法とは異なった方法で、聖なる人の規律における三つの明智を有する者がいる」。

「友ゴータマよ、どのようにして聖なる人の規律のなかの三つの明智を有する者であるのですか。友ゴータマよ、聖なる人の規律のなかの三つの明智を有する者でありえるような、そのような教えを、どうかわたしに説いてください」。

「ではバラモンよ、聞きなさい。よく考えなさい。わたしは説こう」。

「わかりました」とバラモンのジャーヌッソーニは世尊に答えた。世尊は次のようにいった。

「バラモンよ、ここに比丘が、欲望を離れ、〔不善のものを離れ、大まかな考察をともない、細かな考察をともなっているが、五つの蓋からの離脱によって生じた喜びと安楽とをそなえた、第一の瞑想に到達して住する。

第一の瞑想の大まかな考察と細かな考察とをやめることによって、こころのうちが平穏となり、こころが一点に集中し、大まかな考察と細かな考察とを離れたこころの統一から生じる喜びと安楽をそなえた第二の瞑想に到達して住する。

第二の瞑想の喜びを離脱することによって、中庸となっており、注意力と明瞭な意識とをもち、身体により安楽を感受し、聖なる人たちが『中庸となり、注意力をそなえた者は安楽である』というところの、第三の瞑想に到達して住する。

第三の瞑想の安楽をも断ち、苦をも断つことにより、またすでに先に第一と第三との瞑想において喜悦と苦悩とが消滅しているから、苦もなく、楽もなく、中庸さより生じた注意力がもっとも清浄になっている、〕第四の瞑想に到達して住する。

彼はこのようにこころが正しく統一され、清浄になり、浄化され、汚れがなくなり、〔こころに〕▼167付随する煩悩を離れ、柔軟になり、作業に専心することが可能であり、確立し、不動に達し、こころを過去の生存を思い起こす智慧に向かわせる。彼はさまざまな過去の生存を思い起こす。一つの生涯も、二つの生涯も、三つの生涯も、四つの生涯も、五つの生涯も、一〇の生涯も、二〇の生涯も、三〇の生涯も、四〇の生涯も、五〇の生涯も、一〇〇の生涯も、一〇〇〇の生涯も、百千の生涯も、幾多の消滅の劫も、幾多の生成の劫も、幾多の消滅と生成の劫も〔思い起こす〕。『わたしはそこではこういう名前であり、こういう家系であり、こういう階級であり、こういう食べ物を食べ、こういう楽と苦とを感受し、こういう寿命であった。そこから死没して、こういうところに生まれた。そこではこういう名前であり、こういう家系であり、こういう階級であり、こういう食べ物を食べ、こういう楽と苦とを感受し、こういう寿命であった。そこから死没して、この世に生まれた』と。このように種々の前世の生存を、様相と細かな状況とを合わせて、思い起こす。この者にはこの第一の明智が獲得されている。不放逸に、熱心に勤め、自ら専念して住んでいる者にそうであるのと同じように、〔彼には〕無明は去り、明智が生じ、闇は去り、光明が生じている。

彼はこのようにこころが正しく統一され、清浄になり、浄化され、汚れがなくなり、〔こころに〕付随する煩悩を離れ、柔軟になり、作業に専心することが可能であり、確立し、不動に達し、こころを生ける者の死と再生を知る智慧に向かわせる。彼は清浄であり人の能力を超えた天の眼によって、死につつあり再生しつつある生ける者を見る。劣っている者、優れている者、美しい者、醜い者、幸福な者、不幸な者、業に従っていく生ける者を知る。『貴いこれらの生ける者は身体による悪行をそなえ、ことばによる悪行をそなえ、こころによる悪行をそなえ、貴き人を誹謗し、邪な見解をいだき、邪な見解にもとづき業を行う。彼らは身体が壊れたあと、死後に、喪失の世界、悪い境涯、堕ちる世界、地獄に再生する。貴いこれらの生ける者は身体による善行をそなえ、ことばによる善行をそなえ、こころによる善行をそなえ、貴き人を誹謗せず、正しい見解をいだき、正しい見解にもとづき業を行う。彼らは身体が壊れたあと、死後に、よい境涯、天の世界に再生する』と。このように彼は清浄であり人の能力を超えた天の眼によって、死につつあり再生しつつある生ける者を見る。劣っている者、優れている者、美しい者、醜い者、幸福な者、不幸な者、業に従っていく生ける者を知る。この者にはこの第二の明智が獲得されている。不放逸に、熱心に勤め、自ら専念して住んでいる者にそうであるのと同じように、〔彼には〕無明は去り、明智が生じ、闇は去り、光明が生じている。

彼はこのようにこころが正しく統一され、清浄になり、浄化され、汚れがなくなり、〔こころに〕付随する煩悩を離れ、柔軟になり、作業に専心することが可能であり、確立し、不動に達し、こころを煩悩の漏出を消滅し尽くす智慧に向かわせる。彼は、これは苦であるとありのままに知り、これは苦の原因であると〔ありのままに知り〕、これは苦の消滅であると〔ありのままに知り〕、これは苦の消滅に導く実践であるとありのままに知る。これは煩悩の漏出であるとありのままに知り、これは煩悩の漏出の原因であると〔ありのままに知り〕、これは煩悩の漏出の消滅であると〔ありのままに知り〕、これは煩悩の漏出の消滅に導く実践であるとありのままに知る。彼はこのように知り、このように見て、欲に対する煩悩の漏出からこころが解脱し、生存に対する煩悩の漏出からこころが解脱し、無明に対する煩悩の漏出からこころが解脱する。解脱し終えて『わたしは解脱した』と知る。生存は尽き、清らかな行いは完成し、行うべきことは行い、再びこの状態に戻ることはないと知る。この者にはこの第三の明智が獲得されている。不放逸に、熱心に勤め、自ら専念して住んでいる者にそうであるのと同じように、〔彼には〕無明は去り、明智が生じ、闇は去り、光明が生じている。

戒律と禁制とをそなえて、自己を捨て、こころを統一した、
そ〔の人〕のこころは自在となって、一境によく集中しており、
彼は宿住を知り、天と苦処とを見て、
▼168 また生存の滅尽に到達し、智の究極に至った牟尼であり、
これら三つの明智のゆえに三つの明智を有するバラモンである。

わたしは彼を三つの明智を有する人と呼ぶ。その他の浮言で説かれた者を〔三つの明智を有する者と呼ば〕ない。バラモンよ、このように聖なる人の規律のなかに三つの明智を有する者はいる」。

「友ゴータマよ、バラモンたちのなかの三つの明智を有する者と聖なる人の規律のなかの三つの明智を有する者とは異なっています。友ゴータマよ、バラモンたちのなかの三つの明智を有する者は聖なる人の規律のなかの三つの明智を有する者の一六分の一にも値しません。

友ゴータマよ、すばらしい。〔友ゴータマよ、すばらしい。友ゴータマよ、たとえてみれば倒れた者を起こすようです。覆われたものの覆いを取り去るようです。迷った者に道を教えるようです。眼のある者に色を見なさいといって、闇の中に灯火を持ってくるようです。このように友ゴータマはさまざまな方法で教えを明らかにしました。わたしは尊師ゴータマに帰依します。教えと比丘の僧団とに帰依します。〕今日より後、尊師ゴータマはわたしを終生帰依した在家信者として受け入れてください」。

60㉔

そのときバラモンのサンガーラヴァは世尊のもとへ行った。〔礼拝してから世尊の〕かたわらにすわったバラモンのサンガーラヴァは世尊に次のようにいった。

「友ゴータマよ、わたしたちバラモンは〔自ら〕供犠を行うこともし、また〔他人に〕供犠を行わせることもします。友ゴータマよ、このとき、供犠を行う者も、供犠を行わせる者も、すべてが、多くの人がかかわる福の道を実践しています。これが供犠の実行です。しかし、友ゴータマよ、どのような家からでも、家のない状態へ出家した人は、自分ひとりだけを調御し、自分ひとりだけを静め、自分一人だけを寂静にします。このように彼は一人だけがかかわる福の道を実践します。これが出家の実行です」。

「それではバラモンよ、これについてわたしはあなたに尋ねよう。あなたは望むままにそれに答えなさい。バラモンよ、あなたはどう思うか。ここに如来が世に出現している。彼は[25]阿羅漢であり、[26]正しく真に覚った人であり、[27]明智と徳行をそなえた人であり、[28]よく逝ける人であり、[29]世間を知った人であり、[30]無上の人であり、[31]人を調練する人であり、[32]天と人との師であり、覚った人であり、世尊である。彼は次のように説いた。『これが道であり、これが実践である。それに従って実践して、わたしは無上の清らかな行いの堅固な根源を自ら知り、体現して説く。さあ、あなたも実践しなさい。実践して、あなたも無上の清らかな行いの堅固な根源を自ら知り、体現し、成就して住みなさい』と。師はこのように教えを説き、また他の人々は▼169そのとおりに実践する。またこれが幾百も、幾千も、幾百千もある。バラモンよ、あなたはどう思うか。このようであるなら、この出家の実践は一人にかかわる福の実践か、あるいは多くの人にかかわる〔福の実践〕か」。

「友ゴータマよ、このようであるなら、この出家の実践は多くの人にかかわる実践です」。

このようにいわれたとき、尊者アーナンダはバラモンのサンガーラヴァに次のようにいった。

「バラモンよ、これら二つの実践のうちで、あなたはどちらの実践を好むか。『(こちらが)一層労務が少なく、一層苦痛が少なく、一層果報が多く、一層利得が多い』と」。

このようにいわれたバラモンのサンガーラヴァは尊者アーナンダにいった。「尊者ゴータマや尊者アーナンダのような人は、わたしが尊敬し賞讃する人たちです」。

尊者アーナンダは二度目もバラモンのサンガーラヴァにいった。「バラモンよ、わたしはあなたが誰を尊敬し、誰を賞讃しているかということを、あなたに尋ねてはいない。バラモンよ、わたしは尋ねている。バラモンよ、これら二つの実践のうちで、あなたはどちらの実践を好むか。『(こちらが)一層労務が少なく、一層苦痛が少なく、一層果報が多く、一層利得が多い』と」。

バラモンのサンガーラヴァは尊者アーナンダに二度目もいった。「尊者ゴータマや尊者アーナンダのような人は、わたしが尊敬し賞讃する人たちです」。

尊者アーナンダは三度目もバラモンのサンガーラヴァにいった。「バラモンよ、わたしはあなたが誰を尊敬し、誰を賞讃しているかということを、あなたに尋ねてはいない。バラモンよ、わたしは尋ねている。バラモンよ、これら二つの実践のうちで、あなたはどちらの実践を好むか。『(こちらが)一層労務が少なく、一層苦痛が少なく、一層果報が多く、一層利得が多い』と」。

バラモンのサンガーラヴァは尊者アーナンダに三度目もいった。「尊者[33]ゴータマや尊者アーナンダのような人は、わたしが尊敬し賞讃する人たちです」。

[▼170]そのとき世尊は次のように思った。バラモンのサンガーラヴァは三度までも、アーナンダから道理にかなった質問を問われて、沈黙し、答えなかった。わたしは彼を解き放ってやろう、と。

そこで世尊はバラモンのサンガーラヴァに次のようにいった。

「バラモンよ、今日、王宮で王の集会に集まってすわった人々の間でどのような話題があったか」。

「友ゴータマよ、今日、王宮で王の集会に集まってすわった人々の間で、このような話題がありました。すなわち、昔は本当に比丘が少なく、上人法[34]を有して神通力の示導(神変示導)を現わす人は多かった。今は比丘は多いが、上人法を有して神通力の示導を現わす人は少ない、と。友ゴータマよ、今日、王宮で王の集会に集まってすわった人々の間で、このような話題がありました」。

「バラモンよ、これら三つの示導[35]がある。三つとはどれらか。神通力の示導と説諭の示導(記心示導)と訓戒の示導(訓戒示導)とである。

ではバラモンよ、神通力の示導とはどのようであるか。

バラモンよ、ここに一部の人たちは多くの種類の種々の神変を享受する。一身であった者が多身となり、多身であった者が一身になり、姿を現わし、姿を消し、壁を通り抜け、城壁を通り抜け、山を通り抜け、あたかも空中を行くかのように、障害なく行く。あたかも水中であるかのように、地面から出没する。あたかも地上であるかのように、水上を沈まずに行く。あたかも鳥であるかのように、空中を結跏趺坐していく。このように大きな神変力があり大きな威力のある月と太陽に手で触れてさすり、梵界に至るまで、身で自在に行動する。バラモンよ、これが神通力の示導といわれる。

バラモンよ、説諭の示導とはどのようであるか。

バラモンよ、ここに一部の人たちは占[36]いによって言い当てる。あなたのこころはこのようである、あなたのこころはこのとおりである、あなたの考えはこのようである、と。仮に多人数であっても言い当てる。説かれたとおりで間違っていない。

バラモンよ、またある人たちは、占いで言▼171い当てないが、人の、あるいは人ならぬ者の、あるいは天たちの声を聞いて言い当てる。あなたのこころはこのようである、あなたのこころはこのとおりである、あなたの考えはこのようである、と。仮に多人数であっても言い当てる。説かれたとおりで間違っていない。

バラモンよ、またある人たちは、占いで言い当てず、人の、あるいは人ならぬ者の、あるいは天たちの声を聞いて言い当てないが、考察し伺察しつつある人の尋[37]の拡大による声を聞いて、言い当てる。あなたのこころはこのようである、あなたのこころはこのとおりである、あなたの考えはこのようである、と。仮に多人数であっても言い当てる。説かれたとおりで間違っていない。

バラモンよ、またある人たちは、占いで言い当てず、人の、あるいは人ならぬ者の、あるいは天たちの声を聞いて言い当てず、考察し伺察しつつある人の尋の拡大による声を聞いて、言い当てないが、大まかな考察と細かな考察と志向された、このこころの直後にこの尋が起こるであろう、と。彼は多人数であっても言い当てる。説かれたとおりで間違っていない。

バラモンよ、訓戒の示導とはどのようであるか。

バラモンよ、ここに一部の人たちは次のように教誡する。『あなたはこのように尋思しなさい。このように尋思してはいけない。このように思考しなさい。このように思考してはいけない。これを捨て去りなさい。これを身につけて住みなさい』と。バラモンよ、これが訓戒の示導といわれる。

バラモンよ、これら三つの示導がある。

バラモンよ、これら三つの示導のうちで、どの示導が一層勝っており、一層優れているとあなたは認めるか」。

「友ゴータマよ、一部の人たちが梵界にまで身体で自在に行動する〔に至るまでの〕、種々の神変を享受する示導があります。友ゴータマよ、この示導は、それを行う人のみがそれを享受し、それを行う人のためだけにあります。友ゴータマよ、この示導は幻術に等しいように思われます。

友ゴータマよ、一部の人たちが占いで言い当て、〔ある人たちは〕天たちの声を聞いて〔言い当て、ある人たちは〕尋の拡大による声を聞いて〔言い当て、ある人たちは自らの〕こころで〔他人の〕こころを熟知して知る、という示導があります。[▼172]友ゴータマよ、この示導も、それを行う人のみがそれを享受し、それを行う人のためだけにあります。友ゴータマよ、この示導も幻術に等しいように思われます。

また友ゴータマよ、一部の人たちが、〔『あなたはこのように尋思しなさい。このように尋思してはいけない。このように思考しなさい。このように思考してはいけない。これを捨て去りなさい〕。このように生活しなさい』と教誡する示導があります。友ゴータマよ、三つの示導のうちでこの示導が一層勝っており、一層優れていると、わたしには思われます。
友ゴータマよ、希有のことです。友ゴータマよ、未だかつてなかったことです。友ゴータマはよく説きました。友ゴータマはこれら三つの示導を身につけているとわたしたちは信じます。友ゴータマは、梵界にまで身体で自在に行動する〔に至るまでの〕、多くの種類の種々の神変を享受しています。友ゴータマは大[39]まかな考察と細かな考察とを離れたこころの統一に入ったこころで〔他人の〕こころを熟知して知ります。『この尊者の意行は志向された。このこころの直後にこの尋が生じるであろう』と。友ゴータマは教誡します。『あなたはこのように尋思しなさい。このように尋思してはいけない。このように思考しなさい。このように思考してはいけない。これを捨て去りなさい。これを身につけて住みなさい』と」。

「バラモンよ、〔先には〕あなたは確かに反対していたが、〔今はわたしに〕同意することばを説いた。わたしはあなたに明言しよう。バラモンよ、わたしは梵界にまで身体で自在に行動する〔神変に至るまでの〕、多くの種類の種々の神変を享受している。わたしは大まかな考察と細かな考察とを離れたこころの統一に入ったこころで〔他人の〕こころを熟知して知る。『この尊者の意行は志向された。このこころの直後にこの尋が生じるであろう』と。わたしは教誡する。『あなたはこのように尋思しなさい。このように尋思してはいけない。このように思考しなさい。このように思考してはいけない。これを捨て去りなさい。これを身につけて住みなさい』と」。

「友ゴータマよ、友ゴータマ以外に、これら三つの示導を身につけた比丘は一人でもいますか」。

「バラモンよ、これら三つの示導を身につけた者は一人だけではない。一〇〇人でもなく、二〇〇人でもなく、三〇〇人でもなく、四〇〇人でもなく、五〇〇人でもなく、さらに多くいる」。

▼173「友ゴータマよ、それらの比丘たちは、今、どこに住んでいますか」。

「バラモンよ、この比丘僧団のなかにいる」。

「友ゴータマよ、すばらしい。友ゴータマよ、すばらしい。友ゴータマよ、たとえてみれば倒れた者を起こすようです。覆われたものの覆いを取り去るようです。迷った者に道を教えるようです。眼のある者に色を見なさいといって、闇の中に灯火を持ってくるようです。このように友ゴータマはさまざまな方法で教えを明らかにしました。わたしは尊師ゴータマに帰依します。教えと比丘の僧団とに帰依します。今日より後、尊師ゴータマはわたしを終生帰依した在家信者として受け入れてください」。

〔以上が「バラモンの章」である。〕

第7章　大きな章

61(1)

「比丘たちよ、これら三つのことは外教の人たちのよりどころであり、賢者たちが〔何であるか〕と問い、〔原因を〕追求し、正しく諫めており、起源をたどっても創始者を特定できないものである。三つとはどれらか。

比丘たちよ、ある沙門・バラモンたちは、このような論を持ち、このような見解を持っている。すなわち誰かある人が楽または苦または苦でも楽でもない〔感受〕を感受すれば、そのどれもは前世で行われた因による、と。また比丘たちよ、ある沙門・バラモンたちは、このような論を持ち、このような見解を持っている。すなわち誰かある人が楽または苦または苦でも楽でもない〔感受〕を感受すれば、そのどれもは自在神の化作を因とする、と。また比丘たちよ、ある沙門・バラモンたちは、このような論を持ち、このような見解を持っている。すなわち誰かある人が楽または苦または苦でも楽でもない〔感受〕を感受すれば、そのどれもは因もなく縁もなしに〔生じる〕と。

そこで比丘たちよ、ある沙門・バラモンたちが、誰かある人が楽または苦または苦でも楽でもない〔感受〕を感受すれば、そのどれもは前世で行われた因による、とこのような論を持ち、このような見解を持っているなら、わたしは彼らのもとへ行って、このようにいうであろう。『あなたたち尊者は、誰かある人が楽または苦または苦でも楽でもない〔感受〕を感受すれば、そのどれもは前世で行われた因による、とこのような論を持ち、このような見解を持っている、と聞いたが、本当か』と。

彼らはわたしに尋ねられ、『そうです』と認める。

▼174わたしは彼らに次のようにいう。『それでは尊者たちは前世でつくられた因によって殺生者となるであろう。前世でつくられた因によって盗みを行う者（不与取者）となるであろう。前世でつくられた因によって不倫を行う者（非梵行者）となるであろう。前世でつくられた因によっていつわりを語る者（妄語者）となるであろう。前世でつくられた因によって中傷することばを語る者（離間語者）となるであろう。前世でつくられた因によって粗暴なことばをしゃべる者（麁悪語者）となるであろう。前世でつくられた因によって無益なおしゃべりをする者（綺語者）となるであろう。前世でつくられた因によって貪欲者となるであろう。前世でつくられた因によって瞋恚者となるであろう。前世でつくられた因によって邪見者となるであろう』と。

また比丘たちよ、前世でつくられた因を真実のものとして執着する者には、これは行うべきであり、これは行ってはならないという意欲も精進もない。さらにこのように行うべきことと行ってならないこととが真理として堅固なものとして獲得されていないとき、注意力（念）を忘失して、守るべきものもなしに、住んでいる人たちは、各自が正しい根拠を持って、沙門であるということはできない。

比丘たちよ、これが、そのような論を持ち、そのような見解を持つ沙門・バラモンに対する、わたしの正しい根拠のある第一の論破である。

そこで比丘たちよ、ある沙門・バラモンたちが、誰かある人が楽または苦または苦でも楽でもない〔感受〕を感受すれば、そのどれもは自在神の化作を因とする、とこのような論を持ち、このような見解を持っているなら、わたしは彼らのもとへ行って、このようにいうであろう。『あなたたち尊者は、誰かある人が楽または苦または苦でも楽でもない〔感受〕を感受すれば、そのどれもは自在神の化作を因とする、とこのような論を持ち、このような見解を持っている、と聞いたが、本当か』と。

彼らはわたしに尋ねられ、『そうです』と認める。

わたしは彼らに次のようにいう。『それでは尊者たちは自在神の化作を因として殺生者となるであろう。自在神の化作を因として盗みを行う者となるであろう。自在神の化作を因として不倫を行う者となるであろう。自在神の化作を因としていつわりを語る者となるであろう。自在神の化作を因として仲違いさせることばを語る者となるであろう。自在神の化作を因として粗暴なことばをしゃべる者となるであろう。自在神の化作を因として無益なおしゃべりをする者となるであろう。自在神の化作を因として貪欲者となるであろう。自在神の化作を因として瞋恚者となるであろう。自在神の化作を因として邪見者となるであろう』と。

また比丘たちよ、自在神の化作による因を真実のものとして執着する者には、これは行うべきであり、これは行ってはならないという意欲も精進もない。さらにこのように行うべきことと行ってならないことが真理として堅固なものとして獲得されていないとき、注意力を忘失して、守るべきものもなしに、住んでいる人たちは、各自が正しい根拠を持って、沙門であるということはできない。

比丘たちよ、これが、そのような論を持ち、そのような見解を持つ沙門・バラモンに対する、わたしの正しい根拠のある第二の論破である。

▼175 そこで比丘たちよ、ある沙門・バラモンたちが、誰かある人が楽または苦または苦でも楽でもない〔感受〕を感受すれば、そのどれもは因もなく縁もなしに〔生じる〕、とこのような論を持ち、このような見解を持っているなら、わたしは彼らのもとへ行って、このようにいうであろう。『あなたたち尊者は、誰かある人が楽または苦または苦でも楽でもない〔感受〕を感受すれば、そのどれもは因もなく縁もなしに〔生じる〕、とこのような論を持ち、このような見解を持っている、と聞いたが、本当か』と。

彼らはわたしに尋ねられ、『そうです』と認める。

わたしは彼らに次のようにいう。『それでは尊者たちは因もなく縁もなしに殺生者となるであろう。因もなく縁もなしに盗みを行う者となるであろう。因もなく縁もなしに不倫を行う者となるであろう。因もなく縁もなしにいつわりを語る者となるであろう。因もなく縁もなしに仲違いさせることばを語る者となるであろう。因もなく縁もなしに粗暴なことばをしゃべる者となるであろう。因もなく縁もなしに無益なおしゃべりをする者となるであろう。因もなく縁もなしに貪欲者となるであろう。因もなく縁もなしに瞋恚者となるであろう。因もなく縁もなしに邪見者となるであろう』と。

また比丘たちよ、因もなく縁もなしに〔生じる〕ことを真実のものとして執着する者には、これは行うべきであり、これは行ってはならないという意欲も精進もない。さらにこのように行うべきことと行ってならないこととが真理として堅固なものとして獲得されていないとき、注意力を忘失して、守るべきものもなしに、住んでいる人たちは、各自が正しい根拠を持って、沙門であるということはできない。

比丘たちよ、これが、そのような論を持ち、そのような見解を持つ沙門・バラモンに対する、わたしの正しい根拠のある第三の論破である。

しかし比丘たちよ、わたしが説いた教え（法）は沙門・バラモンや智者たちに論破されず、汚されず、非難されず、叱責されない。比丘たちよ、わたしが説いたどの教えが沙門・バラモンや智者たちに論破されず、汚されず、非難されず、叱責されないのか。

比丘たちよ、『これらが六つの要素（界）である』と、このようにわたしが説いた教えは沙門・バラモンや智者たちに論破されず、汚されず、非難されず、叱責されない。

比丘たちよ、『これらが六つの接触の生じる場（触処）である』と、このようにわたしが説いた教えは沙門・バラモンや智者たちに論破されず、汚されず、非難されず、叱責されない。

比丘たちよ、『これらが一八の意の接近である』と、このようにわたしが説いた教えは沙門・バラモンや智者たちに論破されず、汚されず、非難されず、叱責されない。

比丘たちよ、『これらが四つの聖なる真理（四聖諦）である』と、このようにわたしが説いた教えは沙門・バラモンや智者たちに論破されず、汚されず、非難されず、叱責されない。

『比丘たちよ、これらが六つの要素であると、このようにわたしが説いた教えは沙門・バラモンや智者たちに論破されず、汚されず、非難されず、叱責されない』、とこのように説かれたが、ではこれは何にもとづいて説かれたのか。『比丘たちよ、▼[176]これらが六つの要素である。〔すなわち〕地の要素（地界）と水の要素（水界）と火の要素（火界）と風の要素（風界）と空間の要素（空界）と意識の要素（識界）とである。比丘たちよ、これら六つの要素であると、わたしが説いた教えは沙門・バラモンや智者たちに論破されず、汚されず、非難されず、叱責されない』とこのように説かれたそれは、これにもとづいて説かれた。

『比丘たちよ、これらが六つの接触の生じる場であると、このようにわたしが説いた教えは沙門・バラモンや智者たちに論破されず、汚されず、非難されず、叱責されない』とこのように説かれたが、ではこれは何にもとづいて説かれたのか。『比丘たちよ、これらが六つの接触の生じる場である。すなわち眼という接触の生じる場と耳という接触の生じる場と鼻という接触の生じる場と舌という接触の生じる場と身体という接触の生じる場と意識という接触の生じる場とである。比丘たちよ、これらが六つの接触の生じる場であると、わたしが説いた教えは沙門・バラモンや智者たちに論破されず、汚されず、非難されず、叱責されない』とこのように説かれたそれは、これにもとづいて説かれた。

『比丘たちよ、これらが一八の意の接近であると、このようにわたしが説いた教えは沙門・バラモンや智者たちに論破されず、汚されず、非難されず、叱責されない』とこのように説かれたが、ではこれは何にもとづいて説かれたのか。

『眼によって色を見て、〔こころは〕喜悦の原因となる色に接近し、憂いの原因となる色に接近し、中庸さの原因となる色に接近する。

耳によって声を聞いて、〔こころは〕喜悦の原因となる声に接近し、憂いの原因となる声に接近し、中庸さの原因となる声に接近する。

鼻によって香を嗅いで、〔こころは〕喜悦の原因となる香に接近し、憂いの原因となる香に接近し、中庸さの原因となる香に接近する。

舌によって味を味わって、〔こころは〕喜悦の原因となる味に接近し、憂いの原因となる味に接近し、中庸さの原因となる味に接近する。

身体によって触れられるものに触れて、〔こころは〕喜悦の原因となる触れられるものに接近し、憂いの原因となる触れられるものに接近し、中庸さの原因となる触れられるものに接近する。

こころによって知られるものを知って、〔こころは〕喜悦の原因となる知られるものに接近し、憂いの原因となる知られるものに接近し、中庸さの原因となる知られるものに接近する。

比丘たちよ、これらが一八の意の接近であると、わたしが説いた教えは沙門・バラモンや智者たちに論破されず、汚されず、非難されず、叱責されない』とこのように説かれたそれは、これにもとづいて説かれた。

『比丘たちよ、これらが四つの聖なる真理であると、このようにわたしが説いた教えは沙門・バラモンや智者たちに論破されず、汚されず、非難されず、叱責されない』とこのように説かれたが、ではこれは何にもとづいて説かれたのか。

『比丘たちよ、六つの要素に依存して母胎に入ること（受胎）がある。〔母胎に〕入ることがあるとき、精神的要素と物質的要素（名色）がある。精神的要素と物質的要素を縁として六つの〔接触の〕生じる場がある。生じる場を縁として接触（触）がある。接触を縁として感受（受）がある。また比丘たちよ、感受しつつある者に、これは苦であるとわたしは知らしめ、これは苦の原因であるとわたしは知らしめ、これは苦の消滅であるとわたしは知らしめ、これは苦の消滅へ導く実践であるとわたしは知らしめる。

では比丘たちよ、苦であるという聖なる真理とは何か。

生まれること（生）も苦である。老いること（老）も苦である。病気も苦である。死も苦であり、悲しみ・嘆き・苦しみ・憂い・悩みも苦であり、求めて得られないことも苦であり、要約していえば、五つの執着された構成要素の集まりは苦である。比丘たちよ、これが苦であるという聖なる真理である。

では比丘たちよ、苦の原因〔である〕という聖なる真理とは何か。

無明によって形成力[2]（行）があり、形成力によって意識（識）があり、意識によって精神的要素と物質的要素があり、精神的要素と物質的要素によって六つの生じる場（六処）があり、六つの生じる場によって接触があり、接触によって感受があり、感受によって渇愛があり、渇愛によって執着（取）があり、執着によって生存（有）があり、生存によって生まれることがあり、生まれることによって老いることと死ぬことと悲しみ・嘆き・苦しみ・憂い・悩みが発生する。比丘たちよ、これが苦の原因〔である〕という聖なる真理である。

では比丘たちよ、苦の消滅であるという聖なる真理とは何か。

無明の残るところのない消滅により、形成力の消滅がある。形成力の消滅により、意識の消滅がある。意識の消滅により、精神的要素と物質的要素の消滅がある。精神的要素と物質的要素の消滅により、六つの生じる場の消滅がある。六つの生じる場の消滅により、接触の消滅がある。接触の消滅により、感受の消滅がある。感受の消滅により、渇愛の消滅がある。渇愛の消滅により、執着の消滅がある。執着の消滅により、生存の消滅がある。生存の消滅により、生まれることの消滅がある。生まれることの消滅により、老いることと死ぬことと悲しみ・嘆き・苦しみ・憂い・悩みが消滅する。このようにしてすべての苦の集まりの消滅がある。比丘たちよ、これが苦の消滅があるという聖なる真理である。

比丘たちよ、苦の消滅へ導く実践であるという聖なる真理とは何か。

それは聖なる八支からなる道である。すなわち、正しい見解（正見）、正しい考え（正思惟）、正しいことば（正語）、正しい行為（正業）、正しい生活（正命）、正しい努力（正精進）、正しい注意力（正念）、正しいこころの統一（正定）である。比丘たちよ、これが苦の消滅へ導く実践であるという聖なる真理である。

比丘たちよ、これらが四つの聖なる真理であると、このようにわたしが説いた教えは沙門・バラモンや智者たちに論破されず、汚されず、非難されず、叱責されない』とこのように説かれたそれは、これにもとづいて説かれた」。

62③

「▼178比丘たちよ、教えを聞いていない凡夫は、これら三つの母も子もない怖畏があると説く。三つとはどれらか。

比丘たちよ、大きな火災が起こるときがある。比丘たちよ、大きな火災が起こったとき、それによって村も焼かれ、町も焼かれ、都城も焼かれる。村が焼かれているときも、町が焼かれているときも、都城が焼かれているときも、そこでは母も子を顧みることができず、子も母を顧みることができない。比丘たちよ、教えを聞いていない凡夫は、これを第一の母も子もない怖畏であると説く。

比丘たちよ、またそのほかに、大雨が降るときがある。比丘たちよ、大雨が降ったとき、大きな氾濫が起こる。大きな氾濫が起こったとき、村も流され、町も流され、都城も流される。村が流されているときも、町が流されているときも、都城が流されているときも、そこでは母も子を顧みることができず、子も母を顧みることができない。比丘たちよ、教えを聞いていない凡夫は、これを第二の母も子もない怖畏であると説く。

比丘たちよ、またそのほかに、林に巣くう盗賊が跳梁するという怖畏があるとき、地方の人たちは車に〔家財を〕載せて流浪する。比丘たちよ、林に巣くう盗賊が跳梁するという怖畏があり、地方の人たちが車に〔家財を〕載せて流浪するとき、そこでは母も子を顧みることができず、子も母を顧みることができない。比丘たちよ、教えを聞いていない凡夫は、これを第三の母も子もない怖畏であると説く。

比丘たちよ、教えを聞いていない凡夫は、これら三つの母も子もある怖畏を母も子もない怖畏であると説く。三つとはどれらか。

比丘たちよ、大きな火災が起こるときがある。比丘たちよ、大きな火災が起こったとき、それによって村も焼かれ、町も焼かれ、都城も焼かれる。▼179 村が焼かれているときでも、町が焼かれているときでも、都城が焼かれているときでも、時を見て、折りを見て、母も子を顧みることができ、子も母を顧みることができるような、そのようなときがある。比丘たちよ、教えを聞いていない凡夫が、母も子もある怖畏を母も子もない怖畏であると説く、これが第一のものである。

比丘たちよ、またそのほかに、大雨が降るときがある。〔比丘たちよ、大雨が降ったとき、大きな氾濫が起こる。

大きな氾濫が起こったとき、村も流され、町も流され、都城も流される。村が流されているときでも、町が流されているときでも、〕都城が流されているときでも、時を見て、折りを見て、母も子を顧みることができ、子も母を顧みることができるような、そのようなときがある。比丘たちよ、教えを聞いていない凡夫が、母も子もある怖畏を母も子もない怖畏であると説く、これが第二のものである。

比丘たちよ、またそのほかに、林に巣くう盗賊が跳梁するという怖畏があるとき、地方の人たちは車に〔家財を〕載せて流浪する。比丘たちよ、林に巣くう盗賊が跳梁するという怖畏があり、地方の人たちが車に〔家財を〕載せて流浪するときでも、時を見て、折りを見て、母も子を顧みることができ、子も母を顧みることができるような、そのようなときがある。比丘たちよ、教えを聞いていない凡夫が、母も子もある怖畏を母も子もない怖畏であると説く、これが第三のものである。

比丘たちよ、これら三つの母も子もない怖畏がある。三つとはどれらか。老いる怖畏と病気の怖畏と死の怖畏とである。

比丘たちよ、老いていく子に母は『わたしは老いていくが、わたしの子は老いてはならない』ということはできない。子もまた老いていく母に『わたしは老いていくが、わたしの母は老いてはならない』ということはできない。

比丘たちよ、病んでいる子に母は『わたしは病んでもよいが、わたしの子は病んではならない』ということはできない。子もまた病んでいる母に『わたしは病んでもよいが、わたしの母は病んではならない』ということはできない。

比丘たちよ、死んでいく子に母は『わたしは死んでいくが、わたしの子は死んではならない』ということはできない。子もまた死んでいく母に『わたしは死んでいくが、わたしの母は死んではならない』ということはできない。

▼180 比丘たちよ、これら三つが母も子もない怖畏である。

比丘たちよ、これら三つの母も子もある怖畏とこれら三つの母も子もない怖畏を断ち、乗り越えていくための道があり、実践がある。比丘たちよ、これら三つの母も子もある怖畏とこれら三つの母も子もない怖畏を断ち、乗り越えていくための道と実践とはどれらか。

その道は聖なる八支からなる道である。すなわち、正しい見解、正しい考え、正しいことば、正しい行為、正しい生活、正しい努力、正しい注意力、正しいこころの統一である。

比丘たちよ、これがこれら三つの母も子もある怖畏とこれら三つの母も子もない怖畏を断ち、乗り越えていくための道であり、実践である」。

63[4]

あるとき世尊は大勢の比丘の集団と一緒に[5]コーサラ国を遊行し、ヴェーナーガプラという名前のコーサラ国のバラモンの村に至った。ヴェーナーガプラに住むバラモンの戸主たちは次のように聞いた。「シャカ族の子であり、シャカ族から出家した沙門のゴータマがヴェーナーガプラに着いた。その世尊ゴータマには次のようなよい名声が広がっている。『この理由で、かの世尊は阿羅漢であり、正しく真に覚った人であり、明智と徳行をそなえた人であり、よく逝ける人であり、世間を知った人であり、無上の人であり、人を調練する人であり、天と人との師であり、覚った人であり、世尊である』と。彼は天を含めた、魔を含めた、梵天を含めた、沙門・バラモンを含めた、天と人とを含めたこの世界を、自ら知り、自らの眼で見て、教導する。彼は初めがよく、中間がよく、最後がよく、意味が深く、字句の整った教えを説き、完全に備わった清浄で清らかな行い（梵行）を明らかにする。このようなすがたの阿羅漢に会うことは本当に幸せなことだ」と。

そこでヴェーナーガプラに住むバラモンの戸主たちは世尊のもとへ行った。行って、世尊にあいさつをして、かたわらにすわった人たちもいた。世尊とあいさつを交わし、親愛と敬意に満ちたことば▼181を述べてから、かたわらにすわった人たちもいた。世尊に合掌して、かたわらにすわった人たちもいた。世尊の前で姓名を名乗って、かたわらにすわった人たちもいた。黙ってかたわらにすわった人たちもいた。かたわらにすわったヴェーナーガプラに住むバラモンの戸主たちは世尊に次のようにいった。

「友ゴータマよ、希有のことです。友ゴータマよ、未だかつてなかったことです。友ゴータマのもろもろの感覚器官は澄みわたっており、皮膚の色は清浄で清らかです。友ゴータマよ、たとえてみれば秋の黄色く色づいた棗が清浄で清らかであるように、友ゴータマのもろもろの感覚器官は澄みわたっており、皮膚の色は清浄で清らかです。友ゴータマよ、たとえてみれば枝から落ちたばかりのターラ樹のよく熟した果実が清浄で清らかであるように、友ゴータマのもろもろの感覚器官は澄みわたっており、皮膚の色は清浄で清らかです。友ゴータマよ、たとえてみればジャンボーナダ金[6]が熟練した金工によってよく選別され、巧みに精錬され、黄色の布の上に置かれ、光り輝ききらめくように、友ゴータマのもろもろの感覚器官は澄みわたっており、皮膚の色は清浄で清らかです。

友ゴータマよ、〔さまざまな〕大きな臥し床[7]・きれいな臥し床[8]があります。たとえば、長椅子や寝椅子、長毛氈[9]、彩色もの、白羊毛布、羊毛布、厚いマットレス（厚褥子）、刺繍もの、両縁飾りのもの、縁飾りのもの、宝石絹、絹覆布、毛の敷物、象用の敷物、馬用の敷物、車用の敷物、羚羊皮覆、カダリ鹿の最上の敷物、有天蓋、両端の赤い枕という、このような大きな臥し床・きれいな臥し床を、友ゴータマは望みのままに得られ、容易に得られ、困難なく得られます」と。

「しかしバラモンよ、たとえば長椅子や〔寝椅子、長毛氈、彩色もの、白羊毛布、羊毛布、厚いマットレス、刺繍もの、両縁飾りのもの、縁飾りのもの、宝石絹、絹覆布、毛の敷物、象用の敷物、馬用の敷物、車用の敷物、羚羊皮覆、カダリ鹿の最上の敷物、有天蓋、〕両端の赤い枕という、そのような大きな臥し床・きれいな臥し床は、出家者には得がたく、またふさわしくない。

バラモンよ、これら三つの大きな臥し床・きれいな臥し床は、わたしが今、望みのままに得られ、容易に得られ、困難なく得られる。三つとはどれらか。

▼182 天の大きな臥し床・きれいな臥し床と、清らかな大きな臥し床・きれいな臥し床と、聖なる大きな臥し床・きれいな臥し床とである。バラモンよ、これら三つが、わたしが今、望みのままに得られ、容易に得られ、困難なく得られる大きな臥し床・きれいな臥し床である」。

「友ゴータマよ、友ゴータマが今、望みのままに得られ、容易に得られ、困難なく得られる天の大きな臥し床・きれいな臥し床とは何ですか」。

「バラモンよ、わたしはどのような村や町の近くにとどまっているときも、午前中に着衣して、衣鉢を取って、その村や町に行乞のために入る。わたしは食事の後、行乞から帰り、近くの林に行く。そのわたしはそこにある草や木の葉を一ヶ所に集めてすわり、結跏趺坐して、身体をまっすぐに保ち、注意力を明瞭に維持させつつ、欲望を離れ、不善のものを離れ、大まかな考察（尋）をともない、細かな考察（伺）をともなっているが、〔五つの蓋からの〕離脱によって生じた喜びと安楽とをそなえた、第一の瞑想（初禅）に到達して住する。

〔第一の瞑想の〕大まかな考察と細かな考察とをやめることによって、こころのうちが平穏となり、こころが一点に集中し、大まかな考察と細かな考察とを離れたこころの統一から生じる喜びと安楽をそなえた第二の瞑想（第二禅）に到達して住する。

〔第二の瞑想の〕喜びを離脱することによって、中庸（捨）となっており、注意力と明瞭な意識とをもち、身体により安楽を感受し、聖なる人たちが『中庸となり、注意力をそなえた者は安楽である』というところの、第三の瞑想（第三禅）に到達して住する。

〔第三の瞑想の〕安楽をも断ち、苦をも断つことにより、またすでに先に第一と第三との瞑想において喜悦と苦悩とが消滅しているから、苦もなく、楽もなく、中庸さより生じた注意力がもっとも清浄になっている、第四の瞑想（第四禅）に到達して住する。

　バラモンよ、このわたしがこのようになって経行するなら、わたしにはそのとき天の経行がある。バラモンよ、わたしがそのようになって静止するなら、わたしにはそのとき天の静止がある。バラモンよ、わたしがそのようになってすわるなら、わたしにはそのとき天の座がある。バラモンよ、わたしがそのようになって臥すなら、わたしにはそのとき天の大きな臥し床・きれいな臥し床がある。バラモンよ、これが、▼[183]わたしが今、望みのままに得られ、容易に得られ、困難なく得られる天の大きな臥し床・きれいな臥し床である」。

「友ゴータマよ、希有のことです。友ゴータマよ、未だかつてなかったことです。友ゴータマ以外に、誰がこのような天の大きな臥し床・きれいな臥し床を望みのままに得られ、容易に得られ、困難なく得られましょうか。

友ゴータマよ、では友ゴータマが今、望みのままに得られ、容易に得られ、困難なく得られる清らかな大きな臥し床・きれいな臥し床とは何ですか」。

「バラモンよ、わたしはどのような村や町の近くにとどまっているときも、午前中に着衣して、衣鉢を取って、その村や町に行乞のために入る。わたしは食事の後、行乞から帰り、近くの林に行く。そのわたしはそこにある草や木の葉を一ヶ所に集めてすわり、結跏趺坐して、身体をまっすぐに保ち、注意力を明瞭に維持させつつ、

[10]慈愛に満ちたこころを一つの方向に広げる。同じように第二、第三、第四の〔方向に広げる〕。このように、上に、下に、横に、あらゆるところに、すべての場所に、世界中くまなく、慈愛に満ちた、広く、大きく、無量の、怨みのない、怒りのないこころを広げる。

　悲しみに満ちたこころを一つの方向に〔広げる。同じように第二、第三、第四の方向に広げる。このように、上に、下に、横に、あらゆるところに、すべての場所に、世界中くまなく、悲しみに満ちた、広く、大きく、無量の、怨み

のない、怒りのないこころを広げる」。

喜びに満ちたこころを一つの方向に〔広げる。同じように第二、第三、第四の方向に広げる。このように、上に、下に、横に、あらゆるところに、すべての場所に、世界中くまなく、喜びに満ちた、広く、大きく、無量の、怨みのない、怒りのないこころを広げる〕」。

中庸なこころを一つの方向に広げる。同じように第二、第三、第四の〔方向に広げる〕。このように、上に、下に、横に、あらゆるところに、すべての場所に、世界中くまなく、中庸な、広く、大きく、無量の、怨みのない、怒りのないこころを広げる。

バラモンよ、このわたしがこのようになって経行するなら、わたしにはそのとき清らかな経行がある。バラモンよ、わたしがそのようになって静止するなら、わたしにはそのとき清らかな静止がある。バラモンよ、わたしがそのようになってすわるなら、わたしにはそのとき清らかな座がある。バラモンよ、わたしがそのようになって臥すなら、わたしにはそのとき清らかな大きな臥し床・きれいな臥し床がある。バラモンよ、これが、わたしが今、望みのままに得られ、容易に得られ、困難なく得られる清らかな大きな臥し床・きれいな臥し床である」。

▼184「友ゴータマよ、希有のことです。友ゴータマよ、未だかつてなかったことです。友ゴータマ以外に、誰がこのような清らかな大きな臥し床・きれいな臥し床を望みのままに得られ、容易に得られ、困難なく得られましょうか。友ゴータマよ、では友ゴータマが今、望みのままに得られ、容易に得られ、困難なく得られる聖なる大きな臥し床・きれいな臥し床とは何ですか」。

「バラモンよ、わたしはどのような村や町の近くにとどまっているときも、午前中に着衣して、衣鉢を取って、その村や町に行乞のために入る。わたしは食事の後、行乞から帰り、近くの林に行く。そのわたしはそこにある草や木の葉を一ヶ所に集めてすわり、結跏趺坐して、身体をまっすぐに保ち、注意力を明瞭に維持させつつ、わたしは次のように知る。わたしの貪りは断たれ、根絶された。ターラ樹の根元がなくされたように、存在しないものとなり、将来に生じないものとされた。わたしの怒りは断たれ、根絶された。ターラ樹の根元がなくされたように、存在しないものとなり、将来に生じないものとされた。わたしの愚かさは断たれ、根絶された。ターラ樹の根元がなくされたように、存在しないものとなり、将来に生じないものとされた。

バラモンよ、このわたしがこのようになって経行するなら、わたしにはそのとき聖なる経行がある。バラモンよ、わたしがそのようになって静止するなら、わたしにはそのとき聖なる静止がある。バラモンよ、わたしがそのようになってすわるなら、わたしにはそのとき聖なる座がある。バラモンよ、わたしがそのようになって臥すなら、わたしにはそのとき聖なる大きな臥し床・きれいな臥し床がある。バラモンよ、これが、わたしが今、望みのままに得られ、容易に得られ、困難なく得られる聖なる大きな臥し床・きれいな臥し床である」。

「友ゴータマよ、希有のことです。友ゴータマよ、未だかつてなかったことです。友ゴータマ以外に、誰がこのような聖なる大きな臥し床・きれいな臥し床を望みのままに得られ、容易に得られ、困難なく得られましょうか。友ゴータマよ、すばらしい。友ゴータマよ、すばらしい。友ゴータマよ、たとえてみれば倒れた者を起こすようです。覆われたものの覆いを取り去るようです。迷った者に道を教えるようです。眼のある者に色を見なさいといって、闇の中に灯火を持ってくるようです。このように友ゴータマはさまざまな方法で教えを明らかにしました。わたしは尊師ゴータマに帰▼185依します。教えと比丘の僧団とに帰依します。今日より後、尊師ゴータマはわたしを終生帰依した在家信者として受け入れてください」。

64[11]

わたしはこのように聞いた。あるとき世尊は[12]ラージャガハの鷲[13]の峰（ギッジャクータ）に滞在していた。

そのときはサラバという名前の遍歴行者がこの教えと規律[14]（律）とから去って間もないときであった。彼はラージャガハにおいて人々に「わたしはシャカ族の子である沙門の教えを理解した。しかしわたしはシャカ族の子である沙門の教えを理解して、その教えと規律とから去った」と語っていた。

さて、多くの比丘たちが午前中に着衣して、衣鉢を取って、乞食のためにラージャガハに入った。

彼らは遍歴行者のサラバがラージャガハで人々に「わたしはシャカ族の子である沙門の教えを理解した。しかしわたしはシャカ族の子である沙門の教えを理解して、その教えと規律とから去った」と語っているのを聞いた。

そこで彼ら比丘たちは、乞食を終え、食事の後、行乞から帰って、世尊のもとへ行った。行って世尊に挨拶し、かたわらにすわった。かたわらにすわった彼ら比丘たちは世尊に次のようにいった。

「尊師よ、サラバという名前の遍歴行者がこの教えと規律とから去って、まだ間がありません。彼はラージャガハで人々に『わたしはシャカ族の子である沙門の教えを理解した。しかしわたしはシャカ族の子である沙門の教えを理解して、その教えと規律とから去った』と語っています。尊師よ、願わくは、憐愍をもって、遍歴行者のサラバのいるサッピニカー川の岸の遍歴行者の園へ行かれますように」。世尊は沈黙によって承諾を表した。

そこで世尊は、夕方、独座より立って、遍歴行者のサラバのいるサッピニカー川の岸の遍歴行者の園へ行った。行って、用意された座にすわった。▼186 すわって世尊は遍歴行者のサラバに次のようにいった。

「サラバよ、あなたは『わたしはシャカ族の子である沙門の教えを理解した。しかしわたしはシャカ族の子である沙門の教えを理解して、その教えと規律とから去った』と語っているということだが、本当か」と。このようにいわれて遍歴行者のサラバは沈黙していた。

二度目に世尊は遍歴行者のサラバにいった。「サラバよ、話しなさい。あなたはシャカ族の子である沙門の教えをどのように理解したのか。もしあなたが完全に理解していないなら、わたしが完全なものにしよう。もしあなたの理解が完全なものであるなら、わたしは一緒に喜ぼう」。二度目も遍歴行者のサラバは沈黙していた。

三度目に、世尊は遍歴行者のサラバにいった。「サラバよ、わたしはシャカ族の子である沙門の教えを説いた。サラバよ、話しなさい。あなたはシャカ族の子である沙門の教えをどのように理解したのか。もしあなたが完全に理解していないなら、わたしが完全なものにしよう。もしあなたの理解が完全なものであるなら、わたしは一緒に喜ぼう」。三度目も遍歴行者のサラバは沈黙していた。

そのときラージャガハにいた遍歴行者たちはサラバにいった。「友よ、あなたは沙門ゴータマにお願いしなさい。沙門ゴータマは誘ってくれています。友サラバよ、話しなさい。あなたがシャカ族の子である沙門の教えをどのように理解したのかを。もしあなたが完全に理解していないなら、沙門ゴータマが完全なものにしてくれます。もしあなたの理解が完全なものであるなら、沙門ゴータマは一緒に喜んでくれます」と。

このようにいわれて、遍歴行者のサラバは沈黙し、当惑し、肩を落とし、うつむき、悄然とし、答えることができずにすわっていた。

世尊は、遍歴行者のサラバが沈黙し、当惑し、肩を落とし、うつむき、悄然とし、答えることができずにすわっているのを知って、遍歴行者たちに次のようにいった。

「遍歴行者たちよ、〔だれかが〕わたしにいうとしよう。『あなたは等正覚であると自称しているが、これらのことがら（法）をただしく明らかに覚知していない』と。わたしはその者にそれら▼187〔のことがら〕について、充分に一緒に専心して〔考察し〕、繰り返し〔考察する〕であろう。このわたしが充分に一緒に専心して〔考察し〕、究明し、繰り返し〔考察す〕れば、彼がこの三つの状態のどれかに至るということは、ある道理がなく、ある余地がない。すなわち他のことを持ち出して、他へ答えをそらし、話題を他へ転じること、怒りと瞋恚と不機嫌を露わにすること、たとえば遍歴行者のサラバのように、沈黙し、当惑し、肩を落とし、うつむき、悄然とし、答えることができずにすわっていることである。

遍歴行者たちよ、〔だれかが〕わたしにいうとしよう。『あなたは〔煩悩の〕漏出（漏）を消滅し尽くした者（漏尽者）であると自称しているが、これらの〔煩悩の〕漏出を消滅し尽くしていない』と。わたしはその者にそれら〔のことがら〕について、充分に一緒に専心して〔考察し〕、究明し、繰り返し〔考察する〕であろう。このわたしが充分に一緒に専心して〔考察し〕、究明し、繰り返し〔考察す〕れば、彼がこの三つの状態のどれかに至るということは、ある道理がなく、ある余地がない。すなわち他のことを持ち出して、他へ答えをそらし、話題を他へ転じること、怒りと瞋恚と不機嫌を露わにすること、たとえば遍歴行者のサラバのように、沈黙し、当惑し、肩を落とし、うつむき、悄然とし、答えることができずにすわっていることである。

遍歴行者たちよ、〔だれかが〕わたしにいうとしよう。『あなたがその人を利益しようとして説いた教えは、それを実行する人の苦を正しく消滅させるのに役に立っていない』と。わたしはその者にそれら〔のことがら〕について、充分に一緒に専心して〔考察し〕、究明し、繰り返し〔考察する〕であろう。このわたしが充分に一緒に専心して〔考察し〕、究明し、繰り返し〔考察す〕れば、彼がこの三つの状態のどれかに至るということは、ある道理がなく、ある余地がない。すなわち他のことを持ち出して、他へ答えをそらし、話題を他へ転じること、怒りと瞋恚と不機嫌を露わにすること、たとえば遍歴行者のサラバのように、沈黙し、当惑し、肩を落とし、うつむき、悄然とし、答えることができずにすわっていることである」。

このように世尊はサッピニカー川の岸の遍歴行者の園で、三度獅子吼[15]して、虚空に上って去った。

さて彼ら遍歴行者たちは世尊が去ってまもなく、遍歴行者のサラバを取り囲んで、ことばの針で繰り返し刺した。

「友サラバよ、たとえてみれば、広い林のなかで老いたジャッカルが『ライオンの叫び声をあげてやろう』と思って、ただジャッカルの鳴き声をあげているだけのように、ただベーランダ（ジャッカルの別名）の鳴き声をあげているだけのように、友サラバよ、まさにそのように、あなたは沙門ゴータマがいないところで『ライオンの叫び声をあげて[▼188]やろう』と思って、ただジャッカルの鳴き声をあげているだけであり、ただベーランダの鳴き声をあげているだけである。

友サラバよ、たとえてみれば、雌鳥が『雄鳥の鳴き声をあげてやろう』と思って、ただ雌鳥の鳴き声をあげているだけのように、友サラバよ、まさにそのように、あなたは沙門ゴータマのいないところで、『雄鳥の鳴き声をあげてやろう』と思って、ただ雌鳥の鳴き声をあげているだけである。

友サラバよ、たとえてみれば空っぽの牛舎のなかで雄牛が重々しい鳴き声を出そうと思っているように、友サラバよ、まさにそのように、あなたは沙門ゴータマのいないところで、重々しい鳴き声を出そうと思っているようである」。

そのとき彼ら遍歴行者たちは遍歴行者のサラバを取り囲んで、ことばの針で繰り返し刺した。

65⑯

あるとき世尊は大勢の比丘の集団と一緒にコーサラ国を遊行し、ケーサプッタという名前のカーラーマ族の町に至った。ケーサプッタに住むカーラーマの人たちは次のように聞いた。「シャカ族の子であり、シャカ族から出家した沙門のゴータマがヴェーナーガプラに着いた。その世尊ゴータマには次のようなよい名声が広がっている。『この理由で、かの世尊は阿羅漢であり、正しく真に覚った人であり、明智と徳行をそなえた人であり、よく逝ける人であり、世間を知った人であり、無上の人であり、人を調練する人であり、天と人との師であり、覚った人であり、世尊である』と。彼は天を含めた、魔を含めた、梵天を含めた、沙門・バラモンを含めた、天と人とを含めたこの世界を、自ら知り、自らの眼で見て、教導する。彼は初めがよく、中間がよく、最後がよく、意味が深く、字句の整った教えを説き、完全に備わった清浄で清らかな行いを明らかにする。このようなすがたの阿羅漢に会うことは本当に幸せなことだ」と。

そこでケーサプッタに住むカーラーマの人たちは世尊のもとへ行った。行って、世尊にあいさつをして、かたわらにすわった人たちもいた。世尊とあいさつを交わし、親愛と敬意に満ちたことばを述べてから、かたわらにすわった人たちもいた。世尊に合掌して、かたわらにすわった人たちもいた。世尊の前で姓名を名乗って、かたわらにすわった人たちもいた。黙ってかたわらにすわった人たちもいた。かたわらにすわったケーサプッタに住むカーラーマの人たちは世尊に次のようにいった。

「尊師よ、ある沙門・バラモンたちがケーサプッタ〔の町〕にやってきます。彼らは自らの論を語り、説明しますが、他者の論を攻撃し、そしり、軽蔑し、否定します。尊師よ、また他の沙門・バラモンたちもケーサプッタ〔の町〕▼189にやってきます。彼らもまた自らの論を語り、説明しますが、他者の論を攻撃し、そしり、軽蔑し、否定します。尊師よ、わたしたちには疑問があり疑念があります。これら尊師・沙門たちのうちで誰が真実を説き、誰が偽りを説いているのですか」と。

「カーラーマの人たちよ、あなたたちが疑問を持つのは当然であり、疑念を持つのは当然である。疑問のあるところに疑念は生じる。

さあ、あなたたちは風説にもとづいて〔信じて〕はいけない。伝説にもとづいて〔信じて〕はいけない。聞き伝えにもとづいて〔信じて〕はいけない。〔三〕蔵の伝承によるからと〔信じて〕はいけない。思考にもとづいて〔信じて〕はいけない。理論にもとづいて〔信じて〕はいけない。外に現れたすがたから推理して〔信じて〕はいけない。〔自分たちの〕審慮して許容した見解にもとづいて〔信じて〕はいけない。〔説く人の〕有能そうなすがたにもとづいて『この人は沙門であり先生である』と〔信じて〕はいけない。

カーラーマの人たちよ、あなたたちが『これらの教えは不善であり、これらの教えは罪がある。これらの教えは識者たちが非難しており、これらの教えを完全に満たし、身につけると、不利益と苦とをもたらす』と自分で知るとき、カーラーマの人たちよ、あなたたちはそれを捨てるべきである。

カーラーマの人たちよ、あなたたちはどう思うか。人のうちに生じ[17]ようとしている貪（貪り）が生じるとき、利益になるか、不利益になるか」。

「尊師よ、不利益になります」。

「カーラーマの人たちよ、この貪った人は、貪に征服され、こころが占拠されて、生き物を殺し、与えられないものを取り、他人の妻と通じ、偽って語り、他人にも同じことをすすめる。これは長い間にわたって不利益と苦をもたらす」。

「尊師よ、その通りです」。

「カーラーマの人たちよ、あなたたちはどう思うか。人のうちに生じようとしている瞋（怒り）が生じるとき、利益になるか、不利益になるか」。

「尊師よ、不利益になります」。

「カーラーマの人たちよ、この怒った人は、瞋に征服され、こころが占拠されて、生き物を殺し、与えられないものを取り、他人の妻と通じ、偽って語り、他人にも同じことをすすめる。これは長い間にわたって不利益と苦をもたらす」。

「尊師よ、その通りです」。

「カーラーマの人たちよ、あなたたちはどう思うか。人のうちに生じようとしている癡（愚かさ）が生じるとき、利益になるか、不利益になるか」。

「尊師よ、不利益になります」。

▼190「カーラーマの人たちよ、この愚昧になった人は、愚かさに征服され、こころが占拠されて、生き物を殺し、与えられないものを取り、他人の妻と通じ、偽って語り、他人にも同じことをすすめる。これは長い間にわたって不利益と苦をもたらす」。

「尊師よ、その通りです」。

「カーラーマの人たちよ、これらのことがらは善であるか、不善であるか」。

「尊師よ、不善です」。

「罪のあるものか、罪のないものか」。

「尊師よ、罪のあるものです」。

「識者たちが非難するものか、識者たちが称賛するものか」。

「尊師よ、識者たちが非難するものです」。

「完全に満たし身につけると、不利益と苦をもたらすか、あるいは〔もたらさ〕ないか。あるいはどのようにしてここに〔不利益と苦は〕あるのか」。

「尊師よ、完全に満たし身につけると、不利益と苦をもたらします。このようにしてわたしたちの〔不利益と苦は〕はここにあります」。

「カーラーマの人たちよ、それゆえわたしは説いたのである。『あなたたちは風説にもとづいて〔信じて〕はいけない。伝説にもとづいて〔信じて〕はいけない。聞き伝えにもとづいて〔信じて〕はいけない。〔三〕蔵の伝承によるからと〔信じて〕はいけない。思考にもとづいて〔信じて〕はいけない。理論にもとづいて〔信じて〕はいけない。外に現れたすがたから推理して〔信じて〕はいけない。〔自分たちの〕審慮して許容した見解にもとづいて〔信じて〕

はいけない。〔説く人の〕有能そうなすがたにもとづいて「この人は沙門であり先生である」と〔信じて〕はいけない。

カーラーマの人たちよ、あなたたちが「これらの教えは不善であり、これらの教えは罪がある。これらの教えは識者たちが非難しており、これらの教えを完全に満たし、身につけると、不利益と苦とをもたらす」と自分で知るとき、カーラーマの人たちよ、あなたたちはそれを捨てるべきである』と、このように〔先に〕説いたのは、これにもとづいて説いたのである。

さあ、あなたたちは風説にもとづいて〔信じて〕はいけない。伝説にもとづいて〔信じて〕はいけない。聞き伝えにもとづいて〔信じて〕はいけない。〔三〕蔵の伝承によるからと〔信じて〕はいけない。思考にもとづいて〔信じて〕はいけない。理論にもとづいて〔信じて〕はいけない。外に現れたすがたから推理して〔信じて〕はいけない。〔自分たちの〕審慮して許容した見解にもとづいて〔信じて〕はいけない。〔説く人の〕有能そうなすがたにもとづいて『この人は沙門であり先生である』と〔信じて〕はいけない。

カーラーマの人たちよ、あなたたちが『これらの教えは善であり、これらの教えは罪がない。これらの教えは識者たちが称賛しており、これらの教えを完全に満たし、身につけると、利益と安楽とをもたらす』と自分で知るとき、カーラーマの人たちよ、あなたたちはそれを身につけて住むべきである。

カーラーマの人たちよ、あなたたちはどう思うか。人のうちに生じようとしている無貪[18]が生じるとき、利益になるか、不利益になるか」。

「尊師よ、利益になります」。

「カーラーマの人たちよ、この貪りのない人は、貪りに征服されず、こころ▼191が占拠されず、生き物を殺さず、与えられないものを取らず、他人の妻と通じず、偽って語らず、他人にも同じことをすすめる。これは長い間にわたって利益と安楽をもたらす」。

「尊師よ、その通りです」。

「カーラーマの人たちよ、あなたたちはどう思うか。人のうちに生じようとしている無瞋が生じるとき、利益になるか、不利益になるか」。

「尊師よ、利益になります」。

「カーラーマの人たちよ、この怒りのない人は、怒りに征服されず、こころが占拠されず、生き物を殺さず、与えられないものを取らず、他人の妻と通じず、偽って語らず、他人にも同じことをすすめる。これは長い間にわたって利益と安楽をもたらす」。

「尊師よ、その通りです」。

「カーラーマの人たちよ、あなたたちはどう思うか。人のうちに生じようとしている無癡が生じるとき、利益になるか、不利益になるか」。

「尊師よ、利益になります」。

「カーラーマの人たちよ、この愚かさのない人は、愚かさに征服されず、こころが占拠されず、生き物を殺さず、与えられないものを取らず、他人の妻と通じず、偽って語らず、他人にも同じことをすすめる。これは長い間にわたって利益と安楽をもたらす」。

「尊師よ、その通りです」。

「カーラーマの人たちよ、これらのことがらは善であるか、不善であるか」。

「尊師よ、善です」。

「罪のあるものか、罪のないものか」。

「尊師よ、罪のないものです」。

「識者たちが非難するものか、識者たちが称賛するものか」。

「尊師よ、識者たちが称賛するものです」。

「完全に満たし身につけると、利益と安楽をもたらすか、あるいは〔もたらさ〕ないか。あるいはどのようにしてここに〔利益と安楽は〕あるのか」。

「尊師よ、完全に満たし身につけると、利益と安楽をもたらします。このようにしてわたしたちの〔利益と安楽は〕はここにあります」。

「カーラーマの人たちよ、それゆえわたしは説いたのである。『あなたたちは風説にもとづいて〔信じて〕はいけない。伝説にもとづいて〔信じて〕はいけない。聞き伝えにもとづいて〔信じて〕はいけない。〔三〕蔵の伝承によるからと〔信じて〕はいけない。思考にもとづいて〔信じて〕はいけない。理論にもとづいて〔信じて〕はいけない。外に現れたすがたから推理して〔信じて〕はいけない。〔自分たちの〕審慮して許容した見解にもとづいて〔信じて〕はいけない。〔説く人の〕有能そうなすがたにもとづいて「この人は沙門であり先生である」と〔信じて〕はいけない。

　カーラーマの人たちよ、あなたたちが「これらの教えは善であり、これらの教えは罪がない。これらの教えは識者たちが称賛しており、これらの教えを完全に満たし、身につけると、利益と安楽をもたらす」と自分で知るとき、カーラーマの人たちよ、あなたたちはそれを身につけて▼192住むべきである』と。このように〔先に〕説いたのは、これにもとづいて説いたのである。

　カーラーマの人たちよ、このように貪りを離れ、怒りを離れ、愚かさを離れて、明瞭な意識（正知）を持ち、注意力（念）を持った聖なる弟子は、慈愛に満ちたこころを〔一つの方向に広げる〕。悲しみに満ちたこころを〔一つの方向に広げる〕。喜びに満ちたこころを〔一つの方向に広げる〕。中庸のこころを一つの方向に広げる。同じように第二、第三、第四の〔方向に広げる〕。このように、上に、下に、横に、あらゆるところに、すべての場所に、世界中くまなく、慈愛に満ちた、広く、大きく、無量の、怨みのない、怒りのないこころを広げる。

カーラーマの人たちよ、聖なる弟子はこのようにこころに怨みがなく、このようにこころに貪りがなく、このようにこころに汚れがなく、このようにこころが清浄になり、彼は現世で四つの安穏を体現している。

『もし後世があるなら、また善く行われ、悪く行われた業の果と熟果とがあるなら、わたしは身体が壊れた死後、善趣の天の世界へ再生するであろう』と。彼はこの第一の安穏を体現している。

『もし後世がないなら、また善く行われ、悪く行われた業の果と熟果とがないなら、わたしはこの現世で、怨みがなく、貪りがなく、苦悩がなく、安楽を有して、自らを守るであろう』と。彼はこの第二の安穏を体現している。

『もし〔悪を〕行う者に悪の報いがあるなら、わたしは誰に対しても悪意をいだかず、悪業を行っていないから、わたしにどうして苦が触れるであろうか』と。彼はこの第三の安穏を体現している。

『もし〔悪を〕行う者に悪の報いがないなら、わたしはこの世で〔悪を行わないことと悪報がないこととの〕両方によって清浄であると、自らを観察している』と。彼はこの第四の安穏を体現している。

カーラーマの人たちよ、聖なる弟子はこのようにこころに怨みがなく、このようにこころに貪りがなく、このようにこころに汚れがなく、このようにこころが清浄になり、彼は現世で四つの安穏を体現している」。

「世尊よ、そのとおりです。善く逝った人よ、そのとおりです。尊師よ、聖なる弟子はこのようにこころに怨みがなく、このようにこころに貪りがなく、このようにこころに汚れがなく、このようにこころが清浄になり、彼は現世▼193で四つの安穏を体現しています。

『もし後世があるなら、また善く行われ、悪く行われた業の果と熟果とがあるなら、わたしは身体が壊れた死後、善趣の天の世界へ再生するであろう』と。彼はこの第一の安穏を体現しています。『もし後世がないなら、また善く行われ、悪く行われた業の果と熟果とがないなら、わたしはこの現世で、怨みがなく、貪りがなく、苦悩がなく、安楽を有して、自らを守るであろう』と。彼はこの第二の安穏を体現しています。『もし〔悪を〕行う者に悪の報いがあるなら、わたしは誰に対しても悪意をいだかず、悪業を行っていないから、わたしにどうして苦が触れるであろうか』と。彼はこの第三の安穏を体現しています。『もし〔悪を〕行う者に悪の報いがないなら、わたしはこの世で〔悪を行わないことと悪報がないこととの〕両方によって清浄であると、自らを観察している』と。彼はこの第四の安穏を体現しています。

尊師よ、聖なる弟子はこのようにこころに怨みがなく、このようにこころに貪りがなく、このようにこころに汚れがなく、このようにこころが清浄になり、彼は現世で四つの安穏を体現しています。

尊師よ、すばらしい。尊師よ、すばらしい。尊師よ、たとえてみれば倒れた者を起こすようです。覆われたものの覆いを取り去るようです。迷った者に道を教えるようです。眼のある者に色を見なさいといって、闇の中に灯火を持ってくるようです。このように友ゴータマはさまざまな方法で教えを明らかにしました。わたしは尊師ゴータマに帰依します。教えと比丘の僧団とに帰依します。今日より後、世尊はわたしを終生帰依した在家信者として受け入れてください」。

66[19]

わたしはこのように聞いた。あるとき尊者ナンダカはサーヴァッティーの東園[20]にあるミガーラマートゥ講堂に滞在していた。

そのときミガーラの孫のサーラとペークニヤの孫のローハナは尊者ナンダカのもとへ行った。行って尊者ナンダカに礼拝し、かたわらにすわった。かたわらにすわったミガーラの孫のサーラに尊者ナンダカは次のようにいった。

「サーラたちよ、さあ、あなたたちは風説にもとづいて〔信じて〕はいけない。伝説にもとづいて〔信じて〕はいけない。聞き伝えにもとづいて〔信じて〕はいけない。〔三〕蔵の伝承によるからと〔信じて〕はいけない。思考にもとづいて〔信じて〕はいけない。理論にもとづいて〔信じて〕はいけない。外に現れたすがたから推理して〔信じて〕はいけない。〔自分たちの〕審慮して許容した見解にもとづいて〔信じて〕はいけない。〔説く人の〕有能そうなすがたにもとづいて『この人は沙門であり先生である』と〔信じて〕はいけない。

▼194サーラたちよ、あなたたちが『これらの教えは不善であり、これらの教えは罪がある。これらの教えは識者たちが非難しており、これらの教えを完全に満たし、身につけると、不利益と苦とをもたらす』と自分で知るとき、サーラたちよ、あなたたちはそれを捨てるべきである。

サーラたちよ、あなたたちはどう思うか。貪りは存在するか」。

「尊師よ、そのとおりです」。

「サーラたちよ、わたしはその意味を貪欲と説く。貪った人は貪欲にかられて生き物をも殺し、与えられないものをも取り、他人の妻とも通じ、偽っても語り、他人にも同じことをすすめる。これは長い間にわたって不利益と苦をもたらす」。

「尊師よ、その通りです」。

「サーラたちよ、あなたたちはどう思うか。怒りは存在するか」。

「尊師よ、そのとおりです」。

「サーラたちよ、わたしはその意味を瞋恚と説く。怒った人は瞋恚のこころを持って生き物をも殺し、与えられないものをも取り、他人の妻とも通じ、偽っても語り、他人にも同じことをすすめる。これは長い間にわたって不利益と苦をもたらす」。

「尊師よ、その通りです」。

「サーラたちよ、あなたたちはどう思うか。愚かさは存在するか」。

「尊師よ、そのとおりです」。

「サーラたちよ、わたしはその意味を無明と説く。愚かな人は無明に陥って生き物をも殺し、与えられないものをも取り、他人の妻とも通じ、偽っても語り、他人にも同じことをすすめる。これは長い間にわたって不利益と苦をもたらす」。

「尊師よ、その通りです」。

「サーラたちよ、これらのことがらは善であるか、不善であるか」。

「尊師よ、不善です」。

「罪のあるものか、罪のないものか」。

「尊師よ、罪のあるものです」。

「識者たちが非難するものか、識者たちが称賛するものか」。

「尊師よ、識者たちが非難するものです」。

「完全に満たし、身につけると、不利益と苦をもたらすか、あるいは〔もたらさ〕ないか。あるいはどのようにしてここに〔不利益と苦は〕あるのか」。
▼195「尊師よ、完全に満たし、身につけると、不利益と苦をもたらします。このようにしてわたしたちの〔不利益と苦は〕はここにあります」。
「サーラたちよ、それゆえわたしは説いたのである。『あなたたちは風説にもとづいて〔信じて〕はいけない。伝説

にもとづいて〔信じて〕はいけない。聞き伝えにもとづいて〔信じて〕はいけない。〔三〕蔵の伝承によるからと〔信じて〕はいけない。思考にもとづいて〔信じて〕はいけない。理論にもとづいて〔信じて〕はいけない。外に現れたすがたから推理して〔信じて〕はいけない。〔自分たちの〕審慮して許容した見解にもとづいて〔信じて〕はいけない。〔説く人の〕有能そうなすがたにもとづいて「この人は沙門であり先生である」と〔信じて〕はいけない。

サーラたちよ、あなたたちが「これらの教えは不善であり、これらの教えは罪がある。これらの教えは識者たちが非難しており、これらの教えを完全に満たし、身につけると、不利益と苦とをもたらす」と自分で知るとき、サーラたちよ、あなたたちはそれを捨てるべきである』と。このように〔先に〕説いたのは、これにもとづいて説いたのである。

さあ、あなたたちは風説にもとづいて〔信じて〕はいけない。伝説にもとづいて〔信じて〕はいけない。聞き伝えにもとづいて〔信じて〕はいけない。〔三〕蔵の伝承によるからと〔信じて〕はいけない。思考にもとづいて〔信じて〕はいけない。理論にもとづいて〔信じて〕はいけない。外に現れたすがたから推理して〔信じて〕はいけない。〔自分たちの〕審慮して許容した見解にもとづいて〔信じて〕はいけない。〔説く人の〕有能そうなすがたにもとづいて『この人は沙門であり先生である』と〔信じて〕はいけない。

サーラたちよ、あなたたちが『これらの教えは善であり、これらの教えは罪がない。これらの教えは識者たちが称賛しており、これらの教えを完全に満たし、身につけると、利益と安楽とをもたらす』と自分で知るとき、サーラたちよ、あなたたちはそれを身につけて住むべきである。

サーラたちよ、あなたたちはどう思うか。無貪は存在するか」。

「尊師よ、そのとおりです」。

「サーラたちよ、わたしはその意味を無貪欲と説く。貪りのない人は貪欲にかられず、生き物を殺さず、与えられないものを取らず、他人の妻と通じず、偽って語らず、他人にも同じことをすすめる。これは長い間にわたって利益と安楽をもたらす」。

「尊師よ、その通りです」。

「サーラたちよ、あなたたちはどう思うか。無瞋は存在するか」。

「尊師よ、そのとおりです」。

「サーラたちよ、わたしはその意味を無瞋恚と説く。怒りのない人は無瞋恚のこころを持ち、生き物をも殺さず、与えられないものをも取らず、他人の妻と通じず、偽って語らず、他人にも同じことをすすめる。これは長い間にわたって利益と安楽をもたらす」。

「尊師よ、その通りです」。

「サーラたちよ、あなたたちはどう思うか。無癡は存在するか」。

「尊師よ、そのとおりです」。

「サーラたちよ、わたしはその意味を明知と説く。愚かでない人は▼196明智を持ち、生き物をも殺さず、与えられないものを取らず、他人の妻と通じず、偽って語らず、他人にも同じことをすすめる。これは長い間にわたって利益と安楽をもたらす」。

「尊師よ、その通りです」。

「サーラたちよ、これらのことがらは善であるか、不善であるか」。

「尊師よ、善です」。

「罪のあるものか、罪のないものか」。

「尊師よ、罪のないものです」。

「識者たちが非難するものか、識者たちが称賛するものか」。

「尊師よ、識者たちが称賛するものです」。

「完全に満たし、身につけると、利益と安楽をもたらすか、あるいは〔もたらさ〕ないか。あるいはどのようにしてここに〔利益と安楽は〕あるのか」。

「尊師よ、完全に満たし、身につけると、利益と安楽をもたらします。このようにしてわたしたちの〔利益と安楽は〕はここにあります」。

「サーラたちよ、それゆえわたしは説いたのである。『あなたたちは風説にもとづいて〔信じて〕はいけない。伝説にもとづいて〔信じて〕はいけない。聞き伝えにもとづいて〔信じて〕はいけない。〔三〕蔵の伝承によるからと〔信じて〕はいけない。思考にもとづいて〔信じて〕はいけない。理論にもとづいて〔信じて〕はいけない。外に現れたすがたから推理して〔信じて〕はいけない。〔自分たちの〕審慮して許容した見解にもとづいて〔信じて〕はいけない。〔説く人の〕有能そうなすがたにもとづいて「この人は沙門であり先生である」と〔信じて〕はいけない。

サーラたちよ、あなたたちが「これらの教えは善であり、これらの教えは罪がない。これらの教えは識者たちが称賛しており、これらの教えを完全に満たし、身につけると、利益と安楽をもたらす」と自分で知るとき、サーラたちよ、あなたたちはそれを身につけて住むべきである』と。このように〔先に〕説いたのは、これにもとづいて説いたのである。

サーラたちよ、このように貪りを離れ、怒りを離れ、愚かさを離れて、明瞭な意識（正知）を持ち、注意力（念）を持った聖なる弟子は、慈愛に満ちたこころを〔一つの方向に広げる〕。悲しみに満ちたこころを〔一つの方向に広げる〕。喜びに満ちたこころを〔一つの方向に広げる〕。中庸のこころを一つの方向に広げる。同じように第二、第三、第四の〔方向に広げる〕。このように、上に、下に、横に、あらゆるところに、すべての場所に、世界中くまなく、慈愛に満ちた、広く、大きく、無量の、怨みのない、怒りのないこころを広げる。

彼は次のように知る。『これ[21]がある。劣ったものがある。すぐれたものがある。想いを越えた〔苦からの〕脱出がある』と。このように知り、このように見ている彼に、こころは欲望に対する〔煩悩の〕漏出から解脱し、こころは生存（有）に対する〔煩悩の〕漏出から解脱し、こころは無明▼197という〔煩悩の〕漏出から解脱する。解脱したとき、『〔わたしは〕解脱した』という覚知がある。『生存は尽きた。清らかな行いは成就された。行われるべきことは行われた。さらにこの〔もとの〕状態に戻ることはない』と知る。

彼はこのように知る。『以前には〔わたしには〕貪りがあった。それは不善のことであった。今はそれがない。それは善である。以前には〔わたしには〕怒りがあった。それは不善のことであった。今はそれがない。それは善である。以前には〔わたしには〕愚かさがあった。それは不善のことであった。今はそれがない。それは善である』と。このようにして彼は現世において欲望がなくなり、寂静になり、清涼になり、安楽を感受し、自ら最勝の状態になって住む」。

67[22]

「比丘たちよ、これら三つのことば[23]のよりどころがある。三つとはどれらか。比丘たちよ、人は過去世のことに関して『過去世はこのようであった』と話をする。比丘たちよ、人は未来世のことに関して『未来世はこのようであろう』と話をする。比丘たちよ、人は今、現世のことに関して『今、現世はこのようである』と話をする。

比丘たちよ、話の応答によって、その人が一緒に話をするのにふさわしい人か、一緒に話をするのにふさわしくない人かが知られる。

比丘たちよ、もしその人が、[24]断定的に答えるべき質問をたずねられて、断定的に答えないなら、[25]分析して答えるべき質問をたずねられて、分析して答えないなら、[26]反問して答えるべき質問をたずねられて、反問して答えないなら、[27]放置すべき質問を放置しないなら、比丘たちよ、この人は一緒に話すのにふさわしくない人である。

しかし比丘たちよ、もしその人が断定的に答えるべき質問をたずねられて、断定的に答えるなら、分析して答えるべき質問をたずねられて、分析して答えるなら、反問して答えるべき質問をたずねられて、反問して答えるなら、放置すべき質問を放置するなら、比丘たちよ、この人は一緒に話すのにふさわしい人である。

比丘たちよ、話の応答によって、その人が一緒に話をするのにふさわしい人か、一緒に話をするのにふさわしくない人かが知られる。

比丘たちよ、もしその人が[28]道理と非道理とに確信を持っていないなら、〔[29]話す〕こころの準備に確信を持っていないなら、[30]周知の説に確▼198信を持っていないなら、〔[31]たずねる〕作法に確信を持っていないなら、比丘たちよ、その人は一緒に話すのにふさわしくない人である。

しかし比丘たちよ、もしその人が道理と非道理とに確信を持っているなら、〔話す〕こころの準備に確信を持っているなら、周知の説に確信を持っているなら、〔たずねる〕作法に確信を持っているなら、比丘たちよ、この人は一緒に話すのにふさわしい人である。

比丘たちよ、話の応答によって、その人が一緒に話をするのにふさわしい人か、一緒に話をするのにふさわしくない人かが知られる。

比丘たちよ、もし問われた人が、〔問われたことと〕別なことを答え、話を外へそらせ、怒りと瞋恚と不機嫌を露わにするなら、比丘たちよ、その人は一緒に話すのにふさわしくない人である。

しかし比丘たちよ、その問われた人が、〔問われたことと〕別なことを答えず、話を外へそらさず、怒りと瞋恚と不機嫌を露わにしないなら、比丘たちよ、その人は一緒に話すのにふさわしい人である。

比丘たちよ、話の応答によって、その人が一緒に話をするのにふさわしい人か、一緒に話をするのにふさわしくない人かが知られる。

比丘たちよ、もし問われた人が典拠を枚挙し、〔典拠によって〕否定し、嘲笑し、ことばじりを捉えるなら、その人は一緒に話すのにふさわしくない人である。

しかし比丘たちよ、その問われた人が典拠を枚挙せず、〔典拠によって〕否定せず、嘲笑せず、ことばじりを捉えないなら、その人は一緒に話すのにふさわしい人である。

比丘たちよ、話の応答によって、その人が機縁のある人か、機縁のない人かが知られる。

比丘たちよ、耳を傾けない人には機縁はない。耳を傾ける人には機縁がある。機縁のあるその人は一つのことを明らかに知り、一つのことを完全に知り、一つのことを完全に捨て、一つのことを体現する。彼は一つのことを明らかに知り、一つのことを完全に知り、一つのことを完全に捨て、一つのことを体現して、完全な解脱に触れる。比丘たちよ、話をすることはこれを目的にしている。比丘たちよ、対話はこれを目的にしている。比丘たちよ、機縁はこれを目的にしている。比丘たちよ、耳を傾けることはこれを目的にしている。それはすなわち執着を離れて解脱することである」。

▼199 敵意を持ち、深く執着し、高慢な者たちは、
聖ならざる者の徳に近づいて、欠点を求めつつ、共に語り、
間違った話とわずかな言い間違いとをおおいに喜び、勝ち誇り、
互いに喜ぶ。聖なる者はこのように話さない。
賢者が語るとき、時を知り、彼の話は
真理の根源に相応して、聖なる人の行動と一致する。

賢者は敵意がなく、高慢にならず、執着のないこころで、
〔他を〕悩害せず、粗暴にならず、この話を話せ。
〔賢者は〕嫉妬心がなく、正しく語られたことを共に喜び、
間違って語られても叱責せず、正しく知って語る。
〔賢者は〕難詰〔の仕方〕を学ぶな。失敗を取りあげるな。
悪口をいうな。〔相手を〕打ち砕くな。でまかせをいうな。
知る目的で、浄信する目的で、善き人たちとの対話を求めよ。
聖なる人たちはこのように対話する。聖なる人との対話を求めよ。
これを知って、賢者たちは高慢になってはならない。

68[32]

「比丘たちよ、もし外教の遍歴行者たちが次のように尋ねたら、すなわち、『友よ、これら三つのことがら〔法〕がある。三つとはどれらか。染着と怒りと愚かさとである。これらが三つのことがらである。友よ、これら三つのことがらの特徴は何か。意趣は何か。差異は何か』と尋ねられたら、比丘たちよ、あなたたちはこのように尋ねられたら、それら外教の遍歴行者たちにどのように答えるか」。

「尊師よ、わたしたちの教えは世尊を根源とし、世尊を教導者とし、世尊を帰趣所としています。尊師よ、そのお説きになった意味は世尊のみに明らかです。比丘たちは世尊からお聞きして記憶いたします」。

「それでは比丘たちよ、聞きなさい。こころでよく考えなさい。わたしは説こう」。「かしこまりました」と、比丘たちは世尊に答えた。世尊は次のようにいった。

「比丘たちよ、もし外教の遍歴行者たちが次のように尋ねたら、すなわち、『友よ、これら三つのことがらがある。三つとはどれらか。染着と怒りと愚かさとである。これらが三つのことがらである。友よ、これら▼200三つのことがらの特徴は何か。意趣は何か。差異は何か』と尋ねられたら、比丘たちよ、あなたたちはこのように尋ねられたら、それら外教の遍歴行者たちに次のように答えなさい。『友よ、染着は罪は小さいが、離れるのに時間がかかる。怒りは罪は大きいが、離れるのに時間はかからない。愚かさは罪が大きく、離れるのに時間がかかる。

では友よ、それによって未だ生じていない染着が生じ、すでに生じている染着がさらに大きくなり、広大になるところの、その原因は何か。縁は何か。

それについては、清らかであるという想いであるといわれるべきである。清らかであるという想いを不正にこころに思い描いているこの者に、未だ生じていない染着が生じ、すでに生じている染着がさらに大きくなり、広大になる。友よ、これを原因とし、これを縁として未だ生じていない染着は生じ、すでに生じている染着はさらに大きくなり、広大になる。

では友よ、それによって未だ生じていない怒りが生じ、すでに生じている怒りがさらに大きくなり、広大になるところの、その原因は何か。縁は何か。

それについては、反感の想いであるといわれるべきである。反感の想いを不正にこころに思い描いているこの者に、未だ生じていない怒りが生じ、すでに生じている怒りがさらに大きくなり、広大になる。友よ、これを原因とし、これを縁として未だ生じていない怒りは生じ、すでに生じている怒りはさらに大きくなり、広大になる。

では友よ、それによって未だ生じていない愚かさが生じ、すでに生じている愚かさがさらに大きくなり、広大になるところの、その原因は何か。縁は何か。

それについては、不正なこころの思いであるといわれるべきである。不正なこころの思いのあるこの者に、未だ生じていない愚かさが生じ、すでに生じている愚かさがさらに大きくなり、広大になる。友よ、これを原因とし、これを縁として未だ生じていない愚かさは生じ、すでに生じている愚かさはさらに大きくなり、広大になる。

　では友よ、それによって未だ生じていない染着が生じず、すでに生じている染着が捨断されるところの、その原因は何か。縁は何か。

　それについては、不浄であるという想いであるといわれるべきである。不浄であるという想いを正しくこころに思い描いているこの者に、未だ生じていない染着が生じず、▼201すでに生じている染着が捨断される。友よ、これを原因とし、これを縁として未だ生じていない染着は生じず、すでに生じている染着は捨断される。

　では友よ、それによって未だ生じていない怒りが生じず、すでに生じている怒りが捨断されるところの、その原因は何か。縁は何か。

　それについては、慈愛によるこころの解脱であるといわれるべきである。慈愛によるこころの解脱を正しくこころに思い描いているこの者に、未だ生じていない怒りが生じず、すでに生じている怒りが捨断される。友よ、これを原因とし、これを縁として未だ生じていない怒りは生じず、すでに生じている怒りは捨断される。

　では友よ、それによって未だ生じていない愚かさが生じず、すでに生じている愚かさが捨断されるところの、その原因は何か。縁は何か。

　それについては、正しいこころの思いであるといわれるべきである。正しいこころの思いのあるこの者に、未だ生じていない愚かさが生じず、すでに生じている愚かさが捨断される。友よ、これを原因とし、これを縁として未だ生じていない愚かさは生じず、すでに生じている愚かさは捨断される』と」。

69㉝

「比丘たちよ、これら三つが不善の根元である。三つとはどれらか。貪りは不善の根元であり、怒りは不善の根元であり、愚かさは不善の根元である。

比丘たちよ、貪りも不善である。貪った人が身体とことばとこころとで行動するとき、それも不善である。貪った人が欲望に征服され、こころを占拠され、『わたしは権勢を有し、権勢の地位にある』と考えて、不実にもかかわらず、傷つけ、拘束し、強奪し、叱責し、追放して、他の人に苦を与える。これも不善である。このようにこの者には貪りを生因とし、貪りを因とし、貪りを原因とし、貪りを縁として、多くの悪と不善のことがらが発生する。

比丘たちよ、怒りも不善である。怒った人が身体とことばとこころとで行動するとき、それも不善である。怒った人が怒りに征服され、こころを占拠され、『わたしは権勢を有し、権勢の地位にある』と考えて、不実にもかかわらず、傷つけ、拘束し、強奪し、叱責し、追放して、他の人に苦を与える。▼202これも不善である。このようにこの者には怒りを生因とし、怒りを因とし、怒りを原因とし、怒りを縁として、多くの悪と不善のことがらが発生する。

比丘たちよ、愚かさも不善である。愚かな人が身体とことばとこころとで行動するとき、それも不善である。愚かな人が愚かさに征服され、こころを占拠され、『わたしは権勢を有し、権勢の地位にある』と考えて、不実にもかかわらず、傷つけ、拘束し、強奪し、叱責し、追放して、他の人に苦を与える。これも不善である。このようにこの者には愚かさを生因とし、愚かさを因とし、愚かさを原因とし、愚かさを縁として、多くの悪と不善のことがらが発生する。

比丘たちよ、このような人は〔話すべき〕ときに話さない人、真実を話さない人、利益のあることを話さない人、正しいことを話さない人、規律を話さない人ともいわれる。比丘たちよ、なにゆえこのような人は〔話すべき〕ときに話さない人、真実を話さない人、利益のあることを話さない人、正しいことを話さない人、規律を話さない人ともいわれるのか。比丘たちよ、このような人は、『わたしは権勢を有し、権勢の地位にある』と考えて、不実にもかかわらず、傷つけ、拘束し、強奪し、叱責し、追放して、他の人に苦を与える。

『このようである』と真実にもとづいていわれても、否定し、認めない。不実にもとづいていわれても、『これも真実でない、これも不実である』と彼について真実を明らかにすることに熱心につとめない。それゆえこのような人は〔話すべき〕ときに話さない人、真実を話さない人、利益のあることを話さない人、正しいことを話さない人、規律を話さない人ともいわれる。

比丘たちよ、このような人は貪りから生じる悪で不善のことがらに征服され、こころを占拠され、現世において苦しみ、困惑を持ち、悩みを持ち、苦悩を持って生活し、身体が滅んだ死後、悪趣に堕ちる。怒りから生じる〔悪で不善のことがらに征服され、こころを占拠され、現世において苦しみ、困惑を持ち、悩みを持ち、苦悩を持って生活し、身体が滅んだ死後、悪趣に堕ちる〕。愚かさから生じる悪で不善のことがらに征服され、こころを占拠され、現世において苦しみ、困惑を持ち、悩みを持ち、苦悩を持って生活し、身体が滅んだ死後、悪趣に堕ちる。

比丘たちよ、たとえばサーラ樹やダヴァ樹やパンダナ樹が、三つの蔓のつるで、上方が枯れ、全体が覆われ、困難に陥り、厄難に陥り、不幸と厄難に陥っている。比丘たちよ、これと同じように、このような人は貪から生じる悪で不善のこと▼203がらに征服され、こころを占拠され、現世において苦しみ、困惑を持ち、悩みを持ち、苦悩を持って生活し、身体が滅んだ死後、悪趣に堕ちる。怒りから生じる〔悪で不善のことがらに征服され、こころを占拠され、現世において苦しみ、困惑を持ち、悩みを持ち、苦悩を持って生活し、身体が滅んだ死後、悪趣に堕ちる〕。愚かさから生じる悪で不善のことがらに征服され、こころを占拠され、現世において苦しみ、困惑を持ち、悩みを持ち、苦悩を持って生活し、身体が滅んだ死後、悪趣に堕ちる。

比丘たちよ、これら三つが不善の根元である。

比丘たちよ、これら三つが善の根元である。三つとはどれらか。無貪（貪りのないこと）は善の根元であり、無瞋（怒りのないこと）は善の根元であり、無癡（愚かさのないこと）は善の根元である。

比丘たちよ、無貪も善である。貪りのない人が身体とことばとこころとで行動するとき、それも善である。貪りのない人は欲望に征服されず、こころを占拠されず、『わたしは権勢を有し、権勢の地位にある』と考えて、不実にもかかわらず、傷つけ、拘束し、強奪し、叱責し、追放して、他の人に苦を与えることはない。これも善である。このようにこの者には無貪を生因とし、無貪を因とし、無貪を原因とし、無貪を縁として、多くの善のことがらが発生する。

比丘たちよ、無瞋も善である。怒りのない人が身体とことばとこころとで行動するとき、それも善である。怒りのない人は欲望に征服されず、こころを占拠されず、『わたしは権勢を有し、権勢の地位にある』と考えて、不実にもかかわらず、傷つけ、拘束し、強奪し、叱責し、追放して、他の人に苦を与えることはない。これも善である。このようにこの者には無瞋を生因とし、無瞋を因とし、無瞋を原因とし、無瞋を縁として、多くの善のことがらが発生する。

比丘たちよ、無癡も善である。愚かさのない人が身体とことばとこころとで行動するとき、それも善である。愚かさのない人は欲望に征服されず、こころを占拠されず、『わたしは権勢を有し、権勢の地位にある』と考えて、不実にもかかわらず、傷つけ、拘束し、強奪し、叱責し、追放して、他の人に苦を与えることはない。これも善である。このようにこの者には無癡を生因とし、▼204無癡を因とし、無癡を原因とし、無癡を縁として、多くの善のことがらが発生する。

比丘たちよ、このような人は〔話すべき〕ときに話す人、真実を話す人、利益のあることを話す人、正しいことを話す人、規律を話す人ともいわれる。比丘たちよ、なにゆえこのような人は〔話すべき〕ときに話す人、真実を話す人、利益のあることを話す人、正しいことを話す人、規律を話す人ともいわれるのか。比丘たちよ、このような人は、『わたしは権勢を有し、権勢の地位にある』と考えて、不実にもかかわらず、傷つけ、拘束し、強奪し、叱責し、追放して、他の人に苦を与えるということがない。

『このようである』と真実にもとづいていわれて、認め、否定しない。不実にもとづいていわれても、『これも真実でない、これも不実である』と彼について不実を明らかにすることに熱心につとめる。それゆえこのような人は〔話すべき〕ときに話す人、真実を話す人、利益のあることを話す人、正しいことを話す人、規律を話す人ともいわれる。

比丘たちよ、このような人には貪りより生じる悪で不善のことがらは断たれ、根を切断され、樹頂を切られ、基がなくなったターラ樹のように、非存在とされ、将来に生じないものとされ、現世において安楽に住み、困惑がなく、悩みがなく、苦悩がなく、現世において涅槃に達する。怒りより生じる〔悪で不善のことがらは断たれ、根を切断され、樹頂を切られ、基がなくなったターラ樹のように、非存在とされ、将来に生じないものとされ、現世において安楽に住み、困惑がなく、悩みがなく、苦悩がなく、現世において涅槃に達する〕。愚かさより生じる悪で不善のことがらは断たれ、根を切断され、樹頂を切られ、基がなくなったターラ樹のように、非存在とされ、将来に生じないものとされ、現世において安楽に住み、困惑がなく、悩みがなく、苦悩がなく、現世において涅槃に達する。

比丘たちよ、たとえばサーラ樹やダヴァ樹やパンダナ樹が、三つの蔓のつるで、上方が枯れ、全体が覆われているとしよう。そこへある人が鉈と籠を持ってやってきたとしよう。彼はその蔓を根元から切断するとしよう。根元から切断して、〔根を〕掘りさげるとしよう。掘りさげて、ウシーラ草の茎ほど〔の毛細根〕に至るまで、掘り起こすとしよう。彼はその蔓を切り刻むとしよう。切り刻んで、砕くとしよう。砕いて、粉々にするとしよう。粉々にして、風と日光にさらすとしよう。風と日光にさらして、火で焼くとしよう。火で焼いて、▼205灰にするとしよう。灰にして、大風に吹きさらすとしよう。あるいは川の急流に流れ去らすとしよう。比丘たちよ、このようにして、その蔓は、基がなくなったターラ樹のように、非存在とされ、将来に生じないものとされる。比丘たちよ、これと同じように、このような人には、貪りより生じる悪で不善のことがらは断たれ、根を切断され、樹頂を切られ、基がなくなったターラ樹のように、非存在とされ、将来に生じないものとされ、現世において安楽に住み、困惑がなく、悩みがなく、苦悩がなく、現世において涅槃に達する。怒りより生じる〔悪で不善のことがらは断たれ、根を切断され、樹頂を切られ、基がなくなったターラ樹のように、非存在とされ、将来に生じないものとされ、現世において安楽に住み、困惑がなく、悩みがなく、苦悩がなく、現世において涅槃に達する〕。愚かさより生じる悪で不善のことがらは断たれ、根を切断され、樹頂を切られ、基がなくなったターラ樹のように、非存在とされ、将来に生じないものとされ、現世において安楽に住み、困惑がなく、悩みがなく、苦悩がなく、現世において涅槃に達する。

比丘たちよ、これら三つが善の根元である」。

70[34]

あるとき世尊はサーヴァッティーの東園にあるミガーラマートゥ講堂に滞在していた。そのときミガーラマーターであるヴィサーカーが布薩の日に、世尊のもとへ行った。行って世尊に礼拝して、かたわらにすわった。かたわらにすわったミガーラマーターであるヴィサーカーに世尊は次のようにいった。

「さて、ヴィサーカーよ、あなたは、日中に何のためにやってきたのか」。

「尊師よ、わたしは今日、布薩を行おうと思います」。

「ヴィサーカーよ、布薩には三種類がある。三種類とはどれらか。牧牛者の布薩とニガンタ派の布薩と聖なる布薩とである。

ヴィサーカーよ、牧牛者の布薩とはどのようであるか。

ヴィサーカーよ、たとえば牧牛者が、夕方、牛たちを持ち主に返して、このように考える。『今日、牛たちはこれこれの場所へ行き、これこれの場所で水を飲んだ。明日はこれこれの場所へ行き、これこれの場所で水を飲むであろう』と。ヴィサーカーよ、これと同じように、ある一部の布薩者は次のように考える。『今日、わたしはこれこれの硬い食べ物を食べた。ヴィサーカーよ、これこれの柔らかい食べ物を食▼206べた。明日、わたしはこれこれの硬い食べ物を食べよう。これこれの柔らかい食べ物を食べよう』と。彼はこの貪りにより、貪欲と一緒にはたらくこころにより、その一日を過ごす。ヴィサーカーよ、牧牛者の布薩とはこのようである。ヴィサーカーよ、このように実習された牧牛者の布薩には大きな果はなく、大きな利益はなく、大きな威光はなく、大きな発展はない。

ではヴィサーカーよ、ニガンタ派の布薩とはどのようであるか。

ヴィサーカーよ、ニガンタ派という一類の沙門の人たちがいる。彼らは弟子に次のように勧める。『さあ、子よ、来なさい。あなたは東方の一ヨージャナを越えて住んでいる生き物に対して棒を捨てなさい。あなたは西方の一ヨージャナを越えて住んでいる生き物に対して棒を捨てなさい。あなたは北方の一ヨージャナを越えて住んでいる生き物に対して棒を捨てなさい。あなたは南方の一ヨージャナを越えて住んでいる生き物に対して棒を捨てなさい』と。このように一部の生き物に対して憐愍と悲愍とを勧めるが、一部の生き物に対しては憐愍と悲愍とを勧めない。彼らはその布薩の日に弟子に次のように勧める。『さあ、子よ、来なさい。あなたはすべての衣服を捨てて、このようにいなさい。わたしはどこにおいても、他の誰のものでもなく、誰かにとっての何ものでもない』と。

しかしこの者の父母は、この者が自分たちの子であることを知っており、彼もまた彼らが自分の父母であることを知っている。またこの者の妻子はこの者が夫であることを知っており、この者もまた、これが自分の妻子であることを知っている。またこの者の奴僕も下僕も、この者が自分たちの主人であることを知っており、彼もまたこの者たちが自分の奴僕や下僕であることを知っている。

このようにして、真実〔を語ること〕が勧められるべきときに、妄語を勧めている。これは彼の妄語に属するとわたしは説く。彼はその夜を過ぎて、〔寝具や食べ物などの〕受用物を与えられていないのに受用する。これは彼の盗み（不与取）に属するとわたしは説く。

ヴィサーカーよ、ニガンタ派の布薩とはこのようである。ヴィサーカーよ、このように実習されたニガンタ派の布薩には大きな果はなく、大きな利益はなく、大きな威光はなく、大きな発展はない。

ではヴィサーカーよ、聖なる布薩とはどのようであるか。

▼207 ヴィサーカーよ、汚れたこころは対処法によって浄化される。ではヴィサーカーよ、汚れたこころはどのようにして対処法によって浄化されるのか。

ヴィサーカーよ、ここに貴い弟子は如来を憶念する。『この理由で、かの世尊は阿羅漢であり、正覚者であり、明智と徳行とをそなえた人であり、善く逝った人であり、世間を知った人であり、無上の人であり、人を調練する人であり、天と人間との師であり、覚った人（ブッダ）であり、世尊である』と。如来を憶念する彼のこころは清まり、歓喜が生じ、こころの汚れは捨てられる。ヴィサーカーよ、たとえば汚れた頭が対処法によって浄化されるようにである。

ではヴィサーカーよ、汚れた頭は対処法によってどのように浄化されるのか。練り粉によって、浴用粘土によって、水によって、人の適切な作業によって、ヴィサーカーよ、このようにして、対処法によって汚れた頭は浄化される。ヴィサーカーよ、これと同じように、汚れたこころは対処法によって浄化される。

ではヴィサーカーよ、どのようにして対処法によって汚れたこころは浄化されるのか。

ヴィサーカーよ、ここに貴い弟子は如来を憶念する。『この理由で、かの世尊は阿羅漢であり、正覚者であり、明智と徳行とをそなえた人であり、善く逝った人であり、世間を知った人であり、無上の人であり、人を調練する人であり、天と人間との師であり、覚った人であり、世尊である』と。如来を憶念する彼のこころは清まり、歓喜が生じ、こころの汚れは捨てられる。ヴィサーカーよ、この貴い弟子は梵である〔尊貴な〕布薩を実習し、尊貴な人と一緒に住み、彼のこころは尊貴な人を対象にして清まり、歓喜が生じ、こころの汚れは捨てられる。ヴィサーカーよ、このようにして、汚れたこころは対処法によって浄化される。

ヴィサーカーよ、汚れたこころは対処法によって浄化される。ではヴィサーカーよ、汚れたこころはどのようにして対処法によって浄化されるのか。

ヴィサーカーよ、ここに貴い弟子は教え（法）を憶念する。『世尊の教えはよく説かれており、自ら見るべきものであり、時をえらばぬものであり、「来て、見よ」と招くものであり、引導するものであり、識者が各自で知るべきものである』と。教えを憶念している者のこころは清まり、歓喜が生じ、こころの汚れは捨▼208てられる。ヴィサーカーよ、たとえば汚れた体が対処法によって浄化されるようにである。

ではヴィサーカーよ、汚れた体は対処法によってどのように浄化されるのか。浴用石抹によって、洗い粉によって、水によって、人の適切な作業によって、ヴィサーカーよ、このようにして、対処法によって汚れた体は浄化される。

ヴィサーカーよ、これと同じように、汚れたこころは対処法によって浄化される。

ではヴィサーカーよ、汚れたこころはどのようにして対処法によって浄化されるのか。

ヴィサーカーよ、ここに貴い弟子は教えを憶念する。『世尊の教えはよく説かれており、自ら見るべきものであり、時をえらばぬものであり、「来て、見よ」と招くものであり、引導するものであり、識者が各自で知るべきものである』と。教えを憶念している者のこころは清まり、歓喜が生じ、こころの汚れは捨てられる。ヴィサーカーよ、この貴い弟子は教えの布薩を実習し、教えと一緒に住み、彼のこころは教えを対象にして清まり、歓喜が生じ、こころの汚れは捨てられる。ヴィサーカーよ、このようにして、汚れたこころは対処法によって浄化される。

ヴィサーカーよ、汚れたこころは対処法によって浄化される。ではヴィサーカーよ、汚れたこころはどのようにして対処法によって浄化されるのか。

ヴィサーカーよ、ここに貴い弟子は僧団を憶念する。『世尊の弟子の僧団はよく実践した。世尊の弟子の僧団は正しく実践した。世尊の弟子の僧団は理に従って実践した。世尊の弟子の僧団は敬意を持って実践した。〔彼らは〕四対で八人の人たちである。これら世尊の弟子の僧団は供養されるべきであり、饗応されるべきであり、施与に価し、合掌に価し、世間の人たちにとって無上の福田である』と。僧団を憶念している者のこころは清まり、歓喜が生じ、こころの汚れは捨てられる。ヴィサーカーよ、たとえば汚れた衣服が対処法によって浄化されるようにである。

ではヴィサーカーよ、汚れた衣服は対処法によってどのように浄化されるのか。熱[▼209]によって、灰汁によって、牛糞によって、水によって、人の適切な作業によって、ヴィサーカーよ、このようにして、対処法によって汚れた衣服は浄化される。ヴィサーカーよ、これと同じように、汚れたこころは対処法によって浄化される。

ではヴィサーカーよ、汚れたこころはどのようにして対処法によって浄化されるのか。

ヴィサーカーよ、ここに貴い弟子は僧団を憶念する。『世尊の弟子の僧団はよく実践した。世尊の弟子の僧団は正しく実践した。世尊の弟子の僧団は理に従って実践した。世尊の弟子の僧団は敬意を持って実践した。〔彼らは〕四対で八人の人たちである。これら世尊の弟子の僧団は供養されるべきであり、饗応されるべきであり、施与に価し、合掌に価し、世間の人たちにとって無上の福田である』と。僧団を憶念している者のこころは清まり、歓喜が生じ、こころの汚れは捨てられる。ヴィサーカーよ、この貴い弟子は僧団の布薩を実習し、僧団と一緒に住み、彼のこころは僧団を対象にして清まり、歓喜が生じ、こころの汚れは捨てられる。ヴィサーカーよ、このようにして、汚れたこころは対処法によって浄化される。

ヴィサーカーよ、汚れたこころは対処法によって浄化される。ではヴィサーカーよ、汚れたこころはどのようにして対処法によって浄化されるのか。

ヴィサーカーよ、ここに貴い弟子は自らの戒律（戒）を憶念する。『〔わたしの戒律は〕毀壊がなく、切断がなく、斑紋がなく、雑色がなく、浄白であり、識者たちに称賛され、執着されておらず、こころの統一（定）に資する』と。戒律を憶念している者のこころは清まり、歓喜が生じ、こころの汚れは捨てられる。ヴィサーカーよ、たとえば汚れた鏡が対処法によって浄化されるようにである。

ではヴィサーカーよ、汚れた鏡は対処法によってどのように浄化されるのか。油によって、灰によって、毛払いによって、人の適切な作業によって、ヴィサーカーよ、このようにして、対処法によって汚れた鏡は浄化される。ヴィサーカーよ、これと同じように、汚れたこころは対処法によって浄化される。

ではヴィサーカーよ、汚れたこころはどのようにして対処法によって浄化されるのか。

▼210 ヴィサーカーよ、ここに貴い弟子は自らの戒律を憶念する。『〔わたしの戒律は〕毀壊がなく、切断がなく、斑紋がなく、雑色がなく、浄白であり、識者たちに称賛され、執着されておらず、こころの統一に資する』と。戒律を憶念している者のこころは清まり、歓喜が生じ、こころの汚れは捨てられる。ヴィサーカーよ、この貴い弟子は戒律の布薩を実習し、戒律と一緒に住み、彼のこころは戒律を対象にして清まり、歓喜が生じ、こころの汚れは捨てられる。ヴィサーカーよ、このようにして、汚れたこころは対処法によって浄化される。

ヴィサーカーよ、汚れたこころは対処法によって浄化される。ではヴィサーカーよ、汚れたこころはどのようにして対処法によって浄化されるのか。

ヴィサーカーよ、ここに貴い弟子は天を憶念する。『四[35]大王天がいる。三十三天がいる。ヤマ天がいる。トソツ天がいる。楽変化天がいる。他化自在天がいる。梵衆天がいる。それよりも上位の天がいる。彼ら諸天が信をそなえていたから、この世から死没して、そ〔の天界〕に再生したところの、その同じ信をわたしもそなえている。〔貴い弟子は天を憶念する。彼ら諸天がそなえていた〕同じ戒律を〔わたしもそなえている〕。同じ〔教えを〕聞くこと（聞）を〔わたしもそなえている〕。同じ施捨を〔わたしもそなえている〕。同じ智慧（慧）をわたしもそなえている』と。このように自己と彼ら諸天との信と戒律と〔教えを〕聞くことと施捨と智慧とを憶念している者のこころは清まり、歓喜が生じ、こころの汚れは捨てられる。ヴィサーカーよ、たとえば不純物を含む金[36]が対処法によって浄化されるようにである。

ではヴィサーカーよ、不純物を含む金は対処法によってどのように浄化されるのか。炉によって、塩によって、赤土によって、管によって、毛抜きによって、人の適切な作業によって、ヴィサーカーよ、このようにして、対処法によって不純物を含む金は浄化される。ヴィサーカーよ、これと同じように、汚れたこころは対処法によって浄化される。

▼211 ではヴィサーカーよ、汚れたこころはどのようにして対処法によって浄化されるのか。

ヴィサーカーよ、ここに貴い弟子は天を憶念する。『四大王天がいる。三十三天がいる。ヤマ天がいる。トソツ天がいる。楽変化天がいる。他化自在天がいる。梵衆天がいる。それよりも上位の天がいる。彼ら諸天が信をそなえていたから、この世から死没して、そ〔の天界〕に再生したところの、その同じ信をわたしもそなえている。〔貴い弟子は天を憶念する。彼ら諸天がそなえていた〕同じ戒律を〔わたしもそなえている〕。同じ〔教えを〕聞くことを〔わたしもそなえている〕。同じ施捨を〔わたしもそなえている〕。同じ智慧をわたしもそなえている』と。このように自己と彼ら諸天との信と戒律と〔教えを〕聞くことと施捨と智慧とを憶念している者のこころは清まり、歓喜が生じ、こころの汚れは捨てられる。ヴィサーカーよ、この貴い弟子は天の布薩を実習し、天と一緒に住み、彼のこころは天を対象にして清まり、歓喜が生じ、こころの汚れは捨てられる。ヴィサーカーよ、このようにして、汚れたこころは対処法によって浄化される。

ヴィサーカーよ、彼ら貴い弟子たちは次のように考える。『阿羅漢は寿命のある限り、殺生を断じ、殺生を離れ、棒を放棄し、刀を放棄し、恥を知り、憐愍のこころを持ち、すべての生き物を利益し、憐れんで生活する。わたしもまた、今日一日を、この一夜を、このひと昼を、殺生を断じ、殺生を離れ、棒を放棄し、刀を放棄し、恥を知り、憐愍のこころを持ち、すべての生き物を利益し、憐れんで生活しよう。この〔戒律の〕条項に従ってわたしは阿羅漢に倣って、布薩を実行しよう。

阿羅漢は寿命のある限り、盗みを断じ、盗みを離れ、与えられたものだけを取り、与えられてものだけを望み、自ら盗みをせず、清浄になって生活する。わたしもまた、今日一日を、この一夜を、このひと昼を、盗みを断じ、盗みを離れ、与えられたものだけを取り、与えられたものだけを望み、自ら盗みをせず、清浄になって生活しよう。この〔戒律の〕条項に従ってわたしは阿羅漢に倣って、布薩を実行しよう。

阿羅漢は寿命のある限り、不梵行を断ち、不梵行を離れ、村の人の習慣である性交を離れている。わたしもまた、今日一日を、この一夜を、このひと昼を、不梵行を断ち、不梵行を離れ、村の人の習慣である性交を離れて生活しよう。この〔戒律の〕条項に従ってわたしは阿羅漢に倣って、布薩を実行しよう。

▼212 阿羅漢は寿命のある限り、妄語（うそ）を断じ、妄語を離れ、真実を語り、真実に従い、正直であり、信頼すべきであり、世間の人々を欺すことがない。わたしもまた、今日一日を、この一夜を、このひと昼を、妄語を断じ、妄語を離れ、真実を語り、真実に従い、正直であり、信頼すべきであり、世間の人々を欺すことなく生活しよう。この〔戒律の〕条項に従ってわたしは阿羅漢に倣って、布薩を実行しよう。

阿羅漢は寿命のある限り、スラー・メーラヤ酒[37]という放逸の原因を断じ、スラー・メーラヤ酒という放逸の原因を離れている。わたしもまた、今日一日を、この一夜を、このひと昼を、スラー・メーラヤ酒という放逸の原因を断じ、スラー・メーラヤ酒という放逸の原因を離れて生活しよう。この〔戒律の〕条項に従ってわたしは阿羅漢に倣って、布薩を実行しよう。

阿羅漢は寿命のある限り、一[38]つの時間帯だけに食事を取り、夜の食事をやめ、時ならぬときの食事を離れている。わたしもまた、今日一日を、この一夜を、このひと昼を、一つの時間帯だけに食事を取り、夜の食事をやめ、時ならぬときの食事を離れて生活しよう。この〔戒律の〕条項に従ってわたしは阿羅漢に倣って、布薩を実行しよう。

阿羅漢は寿命のある限り、踊[39]りと歌と器楽との観覧と、華鬘と芳香と塗油の装着とふりかけることと塗り飾ることとの原因を離れている。わたしもまた、今日一日を、この一夜を、このひと昼を、踊りと歌と器楽との観覧と、華鬘と芳香と塗油の装着とふりかけることと塗り飾ることとの原因を離れて生活しよう。この〔戒律の〕条項に従ってわたしは阿羅漢に倣って、布薩を実行しよう。

阿羅漢は寿命のある限り、大きな座具と寝具と華美な座具と寝具とを断じ、大きな座具と寝具と華美な座具と寝具とを離れ、低[40]い臥し床や草の敷物という粗末な臥し床を用いる。わたしもまた、今日一日を、この一夜を、このひと昼を、大きな座具と寝具と華美な座具と寝具とを断じ、大きな座具と寝具と華美な座具と寝具とを離れ、低い臥し床や草の敷物という粗末な臥し床を用いて生活しよう。この〔戒律の〕条項に従ってわたしは阿羅漢に倣って、布薩を実行しよう』と。

ヴィサーカーよ、聖なる布薩とはこのようであり、ヴィサーカーよ、このように実行された聖なる布薩には大きな果があり、大きな利益があり、大きな威光があり、大きな発展がある。

どのような大きな果があり、どのような大きな利益があり、どのような大きな威光があり、どのような大きな発展があるか。

ヴィサーカーよ、たとえば大きな七宝を多く有するこれら十[41]六の大王国の主権者となって▼213王国を治めるとしよう。

すなわちアンガ国、マガダ国、カーシ国、コーサラ国、ヴァッジ国、マッラ国、チェーティ国、ヴァンガ国、クル国、パンチャーラ国、マッチャ国、スラセーナ国、アッサカ国、アヴァンティ国、ガンダーラ国、カンボージャ国の〔主権者となって王国を治めるとしよう〕。それは八つの条項をそなえた布薩の一六分の一にも価しない。それはなぜか。ヴィサーカーよ、人間の王権は天の安楽に比べてみすぼらしいからである。

ヴィサーカーよ、人間の五〇年は四大王天の一昼夜である。この〔長さの〕夜の三〇夜がひと月である。この月の一二ヶ月が一年である。その一年〔の長さ〕の五〇〇年が四大王天の寿命の長さである。ヴィサーカーよ、ある一部の女性あるいは男性が、八つの条項をそなえた布薩を実行して、身体が壊れた死後、四大王天の仲間として〔天界に〕生まれるという、この道理はある。ヴィサーカーよ、これを意図して、人間の王権は天の安楽に比べてみすぼらしい、と説かれたのである。

ヴィサーカーよ、人間の一〇〇年は三十三天の一昼夜である。この〔長さの〕夜の三〇夜がひと月である。この月の一二ヶ月が一年である。その一年〔の長さ〕の千年が三十三天の寿命の長さである。ヴィサーカーよ、ある一部の女性あるいは男性が、八つの条項をそなえた布薩を実行して、身体が壊れた死後、三十三天の仲間として〔天界に〕生まれるという、この道理はある。ヴィサーカーよ、これを意図して、人間の王権は天の安楽に比べてみすぼらしい、と説かれたのである。

ヴィサーカーよ、人間の二〇〇年はヤマ天の一昼夜である。この〔長さの〕夜の三〇夜がひと月である。この月の一二ヶ月が一年である。その一年〔の長さ〕の二千年がヤマ天の寿命の長さである。ヴィサーカーよ、ある一部の女性あるいは男性が、八つの条項をそなえた布薩を実行して、身体が壊れた死後、ヤマ天の仲間として〔天界に〕生まれるという、この道理はある。ヴィサーカーよ、これを意図して、[▼214]人間の王権は天の安楽に比べてみすぼらしい、と説かれたのである。

ヴィサーカーよ、人間の四〇〇年はトソツ天の一昼夜である。この〔長さの〕夜の三〇夜がひと月である。この月の一二ヶ月が一年である。その一年〔の長さ〕の四千年がトソツ天の寿命の長さである。ヴィサーカーよ、ある一部の女性あるいは男性が、八つの条項をそなえた布薩を実行して、身体が壊れた死後、トソツ天の仲間として〔天界に〕生まれるという、この道理はある。ヴィサーカーよ、これを意図して、人間の王権は天の安楽に比べてみすぼらしい、と説かれたのである。

ヴィサーカーよ、人間の八〇〇年は楽変化天の一昼夜である。この〔長さの〕夜の三〇夜がひと月である。この月の一二ヶ月が一年である。その一年〔の長さ〕の八千年が楽変化天の寿命の長さである。ヴィサーカーよ、ある一部の女性あるいは男性が、八つの条項をそなえた布薩を実行して、身体が壊れた死後、楽変化天の仲間として〔天界に〕生まれるという、この道理はある。ヴィサーカーよ、これを意図して、人間の王権は天の安楽に比べてみすぼらしい、と説かれたのである。

ヴィサーカーよ、人間の一六〇〇年は他化自在天の一昼夜である。この〔長さの〕夜の三〇夜がひと月である。この月の一二ヶ月が一年である。その一年〔の長さ〕の一万六千年が化自在天の寿命の長さである。ヴィサーカーよ、ある一部の女性あるいは男性が、八つの条項をそなえた布薩を実行して、身体が壊れた死後、他化自在天の仲間として〔天界に〕生まれるという、この道理はある。ヴィサーカーよ、これを意図して、人間の王権は天の安楽に比べてみすぼらしい、と説かれたのである」。

生き物を殺してはならない。与えられていないものを取るな。
偽って語るな。酒を飲むな。
▼215 非梵行である性交を離れよ。
夜に時ならぬときの食事を取るな。

華鬘を着けるな。香料を用いるな。
低い臥し床の上に、地面に、草の敷物の上に臥せ。
これらが八つの条項をそなえた布薩といわれ、
苦しみの終わりに達したブッダによって明らかにされた。
月と太陽との両者は美しく、
〔照らす〕場所がある限り照らしながら運行する。
それらは闇を破って空中を行き、
四方を照らしながら、天空に輝く。
その中に財は収まる。
名高い、真珠やマニ珠やヴェールリ珠や
シンギー金(42)や、あるいはカンチャナ金や、
ジャータルーパ金やハータカ金といわれる〔財〕が。
八つの条項をそなえた布薩に比べれば、
それらは一六分の一にも価しない。
月の光も、星の集まりも、すべて〔同じである〕。
それゆえ女性も男性も、戒を保持して、
八つの条項をそなえた布薩を実習せよ。
安楽を生じさせる福を行って、
非難されることのない、天の住居へ至れよ。

〔「大きな章」は終わった。〕

第８章　アーナンダの章

71[1]

〔あるとき、世尊はサーヴァッティーのジェータの林の中にあるアナータピンディカの園に滞在していた。〕そのとき遍歴行者のチャンナは尊者アーナンダのもとへ行った。行って、アーナンダと挨拶を交わし、信愛と敬意に満ちたことばを述べてから、かたわらにすわった。かたわらにすわった遍歴行者のチャンナは尊者アーナンダにいった。[2]

「友アーナンダよ、あなたは貪りの捨断を説きますか。怒りの捨断を説きますか。愚かさの捨断を説きますか」。

「友よ、わたしたちは貪りの捨断を説きます。怒りの捨▼216断を説きます。愚かさの捨断を説きます」。

「ではあなたたちは貪りの過患を見て、貪りの捨断を説きますか。怒りの過患を見て、怒りの捨断を説きますか。愚かさの過患を見て、愚かさの捨断を説きますか」。

「友よ、貪った人は貪りに征服され、こころが占拠され、自らを損なうことを志向し、他者を損なうことを志向し、〔自他の〕両者を損なうことを志向し、こころの苦しみと憂いとを感受します。貪りが捨断されたとき、自らを損なうことを志向せず、他を損なうことを志向せず、〔自他の〕両方を損なうことを志向せず、こころの苦しみと憂いとを感受しません。

友よ、貪った人は貪りに征服され、こころが占拠され、身体によって悪行を行い、ことばによって悪行を行い、こころによって悪行を行います。貪りが捨断されたとき、身体によって悪行を行わず、ことばによって悪行を行わず、こころによって悪行を行いません。

友よ、貪った人は貪りに征服され、こころが占拠され、自らの利益を如実に知らず、他者の利益を如実に知らず、〔自他の〕両者の利益を如実に知りません。貪りが捨断されたとき、自らの利益を如実に知り、他者の利益を如実に知り、〔自他の〕両者の利益を如実に知ります。

友よ、貪りは闇を作り出し、盲目を作り出し、無知を作り出し、智慧を消滅させ、苦難を伴い、涅槃の障害となります。

友よ、怒った人は怒りに征服され、こころが占拠され、自らを損なうことを志向し、他者を損なうことを志向し、〔自他の〕両者を損なうことを志向し、こころの苦しみと憂いとを感受します。怒りが捨断されたとき、自らを損なうことを志向せず、他を損なうことを志向せず、〔自他の〕両方を損なうことを志向せず、こころの苦しみと憂いとを感受しません。

友よ、怒った人は怒りに征服され、こころが占拠され、身体によって悪行を行い、ことばによって悪行を行い、こころによって悪行を行います。怒りが捨断されたとき、身体によって悪行を行わず、ことばによって悪行を行わず、こころによって悪行を行いません。

友よ、怒った人は怒りに征服され、こころが占拠され、自らの利益を如実に知らず、他者の利益を如実に知らず、〔自他の〕両者の利益を如実に知りません。怒りが捨断されたとき、自らの利益を如実に知り、他者の利益を如実に知り、〔自他の〕両者の利益を如実に知ります。

友よ、怒りは闇を作り出し、盲目を作り出し、無知を作り出し、智慧を消滅させ、苦難を伴い、涅槃の障害となります。

友よ、愚昧な人は愚かさに征服され、こころが占拠され、自らを損なうことを志向し、他者を損なうことを志向し、〔自他の〕両者を損なうことを志向し、こころの苦しみと憂いとを感受します。愚かさが捨断されたとき、自らを損なうことを志向せず、他を損なうことを志向せず、〔自他の〕両方を損なうことを志向せず、こころの苦しみと憂いとを感受しません。

友よ、愚昧な人は愚かさに征服され、こころが占拠され、身体によって悪行を行い、ことばによって悪行を行い、こころによって悪行を行います。愚かさが捨断されたとき、身体によって悪行を行わず、ことばによって悪行を行わず、こころによって悪行を行いません。

友よ、愚昧な人は愚かさに征服され、こころが占拠され、自らの利益を如実に知らず、他者の利益を如実に知らず、〔自他の〕両者の利益を如実に知りません。愚かさが▼217捨断されたとき、自らの利益を如実に知り、他者の利益を如実に知り、〔自他の〕両者の利益を如実に知ります。

友よ、愚かさは闇を作り出し、盲目を作り出し、無知を作り出し、智慧を消滅させ、苦難を伴い、涅槃の障害となります。

友よ、わたしたちは貪りのなかにこの過患を見て、貪りの捨断を説きます。怒りのなかにこの過患を見て、怒りの捨断を説きます。愚かさのなかにこの過患を見て、愚かさの捨断を説きます」。

「では友よ、この貪りと怒りと愚かさを捨断するための道はありますか。実践はありますか」。

「友よ、この貪りと怒りと愚かさを捨断するための道はあります。実践はあります」。

「では友よ、道とはどれらですか。実践とはどれらですか」。

「友よ、聖なる八支道です。すなわち正しい見解（正見）、〔正しい考え（正思惟）、正しいことば（正語）、正しい行為（正業）、正しい生活（正命）、正しい精進（正精進）、正しい注意力（正念）、〕正しいこころ（正定）です」。

「友よ、貪りと怒りと愚かさの捨断のために、この道はよい。この実践はよい。それゆえアーナンダよ、不放逸であれ」。

72[3]

あるときアーナンダはコーサンビー[4]のゴーシタ園に滞在していた。

そのとき、あるアージーヴィカ[5]派の弟子である戸主がアーナンダのもとへやってきた。やってきて、アーナンダに礼拝し、かたわらにすわった。かたわらにすわった邪命外道の弟子である戸主はアーナンダに次のようにいった。

「尊師アーナンダよ、誰の教え（法）がよく説かれた〔教え〕ですか。世間で、誰がよく実践していますか。誰がよく逝ける者ですか」。

「戸主よ、それではわたしはあなたに尋ねましょう。あなたはできる限りを答えてください。戸主よ、あなたはどう思いますか。貪りを捨断するために教えを説き、怒りを捨断するために教えを説き、愚かさを捨断するために教えを説く人たちの、その教えはよく説かれたものですか、そうではないものですか。これについてあなたはどのように思いますか」。

「尊▼218師よ、貪りを捨断するために教えを説き、怒りを〔捨断するために教えを説き、〕愚かさを捨断するために教えを説く人たちの、その教えはよく説かれたものです。わたしはこれについてこのように思います」。

「戸主よ、あなたはこれをどう思いますか。貪りを捨断するために実践し、怒りを〔捨断するために実践し〕、愚かさを捨断するために実践した人たちは、この世間においてよく実践した人たちですか、そうではない〔人たち〕ですか。これについてあなたはどのように思いますか」。

「尊師よ、貪りを捨断するために実践し、愚かさを捨断するために実践した人たちは、この世間においてよく実践した人たちです。わたしはこれについてこのように思います」。

「戸主よ、あなたはこれをどう思いますか。その人たちの貪りが捨断されて、根を断たれ、樹頂を切断されたターラ樹のように、存在しないものとなり、将来に生じることのないものとなったとき、その人たちの怒りが捨断されて、〔根を断たれ、樹頂を切断されたターラ樹のように、存在しないものとなり、将来に生じることのないものとなったとき、〕その人たちの愚かさが捨断されて、根を断たれ、樹頂を切断されたターラ樹のように、存在しないものとなり、将来に生じることのないものとなったとき、その人たちは、世間では、よく逝った人たちですか、そうではない〔人たち〕ですか。これについてあなたはどのように思いますか」。

「尊師よ、その人たちの貪りが捨断されて、根を断たれ、樹頂を切断されたターラ樹のように、存在しないものとなり、将来に生じることのないものとなったとき、またその人たちの怒りが捨断されて、〔根を断たれ、樹頂を切断されたターラ樹のように、存在しないものとなり、将来に生じることのないものとなったとき、〕その人たちの愚かさが捨断されて、根を断たれ、樹頂を切断されたターラ樹のように、存在しないものとなり、将来に生じることのないものとなったとき、その人たちは、世間では、よく逝った人たちです。わたしはこれについてこのように思います」。

「このようにして、あなたはこれを答えました。すなわち『尊師よ、貪りを捨断するために教えを説き、怒りを〔捨断するために教えを説き〕、愚かさを捨断するために教えを説く人たちの、その教えはよく説かれたものです』と。

またあなたはこれを答えました。すなわち『尊師よ、貪りを捨断するために実践し、怒りを〔捨断するために実践し〕、愚かさを捨断するために実践した人たちは、この世間においてよく実践した人たちです』と。

またあなたはこれを答えました。すなわち『尊師よ、その人たちの貪りが捨断されて、根を断たれ、樹頂を切断されたターラ樹のように、存在しないものとなり、将来に生じることのないものとなったとき、その人たちの怒りが捨断されて、〔根を断たれ、樹頂を切断されたターラ樹のように、存在しないものとなり、将来に生じることのないものとなったとき、〕その人たちの愚かさが捨断されて、根を断たれ、樹頂を切断されたターラ樹のように、存在しないものとなり、将来に生じることのないものとなったとき、その人たちは、世間では、よく逝った人たちです』と」。

「尊師よ、希有のことです。尊師よ、未だかつてなかったことです。自らの教えを称賛することがなく、他者の教えを非難することがなく、道理にもとづいて教えを説き、〔質問された〕意味を明らかにし、また〔わたしたちはこのようであると〕自らを誇示することもありません。

尊師アーナンダよ、あなたたちは貪りを捨断するために教えを説き、怒りを捨断するために〔教えを説き〕、愚かさを捨断するために教▼219えを説きます。あなたたちの教えはよく説かれたものです。尊師アーナンダよ、あなたたちは貪りを捨断するために実践し、怒りを〔捨断するために実践し〕、愚かさを捨断するために実践しました。あなたたちは、この世間においてよく実践した人たちです。尊師アーナンダよ、あなたたちの貪りは捨断されて、根を断たれ、樹頂を切断されたターラ樹のように、存在しないものとなり、将来に生じることのないものとなっています。あなたたちの怒りは〔捨断されて、根を断たれ、樹頂を切断されたターラ樹のように、存在しないものとなり、将来に生じることのないものとなっています〕。あなたたちの愚かさは捨断されて、根を断たれ、樹頂を切断されたターラ樹のように、存在しないものとなり、将来に生じることのないものとなっています。あなたたちは世間では、よく逝った人たちです。

尊師よ、すばらしい。尊師よ、すばらしい。尊師よ、たとえてみれば倒れた者を起こすようです。覆われたものの覆いを取り去るようです。迷った者に道を教えるようです。眼のある者に色を見なさいといって、闇の中に灯火を持ってくるようです。このように聖者アーナンダはさまざまな方法で教えを明らかにしました。聖者アーナンダよ、わたしは尊師ゴータマに帰依します。教えと比丘の僧団とに帰依します。今日より後、聖者アーナンダはわたしを終生帰依した在家信者として受け入れてください」。

73[6]

あるとき世尊はシャカ族の地であるカピラヴァットゥ[7]〔城外〕のニグローダ樹[8]の園に滞在していた。そのころ世尊は病気から回復したばかりで、病気から回復して時間がたっていないときであった。そのときシャカ族のマハーナーマは世尊のもとへ行った。行って世尊に礼拝し、かたわらにすわった。かたわらにすわったシャカ族のマハーナーマは世尊に次のようにいった。

「尊師よ、わたしは尊師が長い間、こころの統一（定）を修習した者に智慧（慧）があり、こころの統一を修習していない者には〔智慧が〕ない、という教えを説いてこられたのを知っています。尊師よ、こころの統一が先になり、智慧は後になるのですか。それとも智慧が先になり、こころの統一は後になるのですか」。

そのとき尊者アーナンダは次のように思った。「世尊は病気から回復したばかりで、病気から回復して時間がたっていない。このシャカ族のマハーナーマはあまりに深い質問を尋ねる。わたしがシャカ族のマハーナーマをかたわらに連れていき、教えを説いたらどうであろうか」と。

そこで尊者アーナンダはシャカ族のマハーナーマの腕をとり、かたわらに連れていき、次のようにいった。

「マハーナーマよ、尊師は学ぶべき人[9]（有学）のための戒律（戒）もお説きになりました。学び終えた人（無学）のための戒律もお説きになりました。尊師は学ぶべき▼220人のためのこころの統一もお説きになりました。学び終えた人のためのこころの統一もお説きになりました。尊師は学ぶべき人のための智慧もお説きになりました。学び終えた人のための智慧もお説きになりました。

ではマハーナーマよ、学ぶべき人のための戒律とはどのようなものでしょうか。マハーナーマよ、ここに比丘が戒律をそなえ、戒条[10]による制御（別解脱律儀）を〔守ってふるまい、正しい行いと行動[11]の範囲とをそなえ、微細な罪にも怖畏を見て〕、学ぶべき基礎[12]（学処）を学んでいます。マハーナーマよ、これが学ぶべき人のための戒律です。

〔ではマハーナーマよ、学ぶべき人のためのこころの統一とはどのようなものでしょうか。〕

マハーナーマよ、ここに比丘が、欲望を離れ、〔不善のものを離れ、大まかな考察（尋）をともない、細かな考察（伺）をともなっているが、五つの蓋からの離脱によって生じた喜びと安楽とをそなえた、第一の瞑想（初禅）に到達して住します。

第一の瞑想の大まかな考察と細かな考察とをやめることによって、こころのうちが平穏となり、こころが一点に集中し、大まかな考察と細かな考察とを離れたこころの統一から生じる喜びと安楽をそなえた第二の瞑想（第二禅）に到達して住します。

第二の瞑想の喜びを離脱することによって、中庸（捨）となっており、注意力と明瞭な意識とをもち、身体により安楽を感受し、聖なる人たちが『中庸となり、注意力をそなえた者は安楽である』というところの、第三の瞑想（第三禅）に到達して住します。

第三の瞑想の安楽をも断ち、苦をも断つことにより、またすでに先に第一と第三との瞑想において喜悦と苦悩とが消滅しているから、苦もなく、楽もなく、中庸さより生じた注意力がもっとも清浄になっている〕第四の瞑想（第四禅）に到達して住します。

マハーナーマよ、これが学ぶべき人のためのこころの統一です。

ではマハーナーマよ、学ぶべき人のための智慧とはどのようなものでしょうか。

マハーナーマよ、ここに比丘が『これは苦である』と如実に知り、〔『これは苦の原因である』と如実に知り、『これは苦の消滅である』と如実に知り、〕『これは苦の消滅へ導く実践である』と如実に知ります。マハーナーマよ、これが学ぶべき人のための智慧です。

マハーナーマよ、聖なる弟子はこのように戒律をそなえ、このようにこころの統一をそなえ、このように智慧をそなえています。彼は〔煩悩の〕漏出を消滅し尽くして、〔煩悩の〕漏出のない[13]こころの解脱と智慧による解脱を現世において明らかに知り、体現し、身につけて住します。

マハーナーマよ、このように世尊によって、学ぶべき人のための戒律も説かれ、学び終えた人のための戒律も説かれています。世尊によって、学ぶべき人のためのこころの統一も説かれ、学び終えた人のためのこころの統一も説かれています。世尊によって、学ぶべき人のための智慧も説かれ、学び終えた人のための智慧も説かれています」。

74[14]

あるとき尊者アーナンダは[15]ヴェーサーリーの[16]マハーヴァナ（大林）のなかの重閣講堂に滞在していた。そのときリッチャヴィ族のアバヤとリッチャヴィ族のパンディタクマーラが尊者アーナンダのもとへやってきた。やってきて尊者アーナンダに礼拝して、かたわらにすわった。かたわらにすわったリッチャヴィ族のアバヤは尊者アーナンダに次のようにいった。

「尊師よ、[17]ニガンタ派の[18]ナータプッタは〔自らが〕一切を知る者であり、一切を見る者であり、理解と洞察には残るところがない、と自称しています。動いていても、とどまっていても、眠っていても、目覚めていても、常に、常時、理解と洞察が現れている、と。彼は苦行によって過去に行った業を終滅させると説きます。新しい業を行わずに、橋を▼221破壊する〔と説きます〕。このようにして業の滅尽により苦の滅尽があり、苦の滅尽により感受の滅尽があり、感受の滅尽によりすべての苦の滅尽があります。このように目の当たりにするこの止滅と浄化とがあるとき、〔輪廻の苦の〕超越がある〔と説きます〕。尊師よ、これについて世尊はどのように説きますか」。

「アバヤよ、これら三つの止滅と浄化とが、知る人であり、見る人であり、阿羅漢であり、等正覚である世尊によって、有情たちの浄化のために、悲しみと嘆きを越えるために、苦しみと憂いを消滅させるために、正理を獲得するために、涅槃を体現するために、正しく説かれた。三つとはどれらか。

アバヤよ、ここに比丘が戒をそなえ、戒条による制御を〔守ってふるまい、正しい行いと行動の範囲とをそなえ、微細な罪にも怖畏を見て〕、学ぶべき基礎（学処）を学んでいる。彼は新しい業をつくらず、先の業〔の果〕に繰返し触れて消滅させ、時をえらばぬものであり、『来て、見よ』と招くものであり、引導するものであり、識者が各自で知るべきものである止滅を、目の当たりにする。

アバヤよ、このように戒をそなえた比丘は、欲望を離れ、〔不善のものを離れ、大まかな考察をともない、細かな考察をともなっているが、五つの蓋からの離脱によって生じた喜びと安楽とをそなえた、第一の瞑想に到達して住する。

第一の瞑想の大まかな考察と細かな考察とをやめることによって、こころのうちが平穏となり、こころが一点に集中し、大まかな考察と細かな考察とを離れたこころの統一から生じる喜びと安楽をそなえた第二の瞑想に到達して住する。

第二の瞑想の喜びを離脱することによって、中庸となっており、注意力と明瞭な意識とをもち、身体により安楽を感受し、聖なる人たちが『中庸となり、注意力をそなえた者は安楽である』というところの、第三の瞑想に到達して住する。

第三の瞑想の安楽をも断ち、苦をも断つことにより、またすでに先に第一と第三との瞑想において喜悦と苦悩とが消滅しているから、苦もなく、楽もなく、中庸さより生じた注意力がもっとも清浄になっている〕第四の瞑想に到達して住する。

彼は新しい業をつくらず、先の業〔の果〕に繰り返し触れて消滅させ、時をえらばぬものであり、『来て、見よ』と招くものであり、引導するものであり、識者が各自で知るべきものである止滅を、目の当たりにする。

アバヤよ、このように戒律をそなえ、〔このようにこころの統一をそなえた比丘は、『これは苦である』と如実に知り、『これは苦の原因である』と如実に知り、『これは苦の消滅である』と如実に知り、『これは苦の消滅へ導く実践である』と如実に知る。アバヤよ、聖なる弟子はこのように戒をそなえ、このようにこころの統一をそなえ、このように智慧をそなえている〕。彼は〔煩悩の〕漏出を消滅し尽くして、〔煩悩の〕漏出のないこころの解脱と智慧による解脱を現世において明らかに知り、体現し、身につけて住する。

彼は新しい業をつくらず、先の業〔の果〕に繰り返し触れて消滅させ、時をえらばぬものであり、『来て、見よ』と招くものであり、引導するものであり、識者が各自で知るべきものである止滅を、目の当たりにする。

アバヤよ、これら三つの止滅と浄化とが、知る人であり、見る人であり、阿羅漢であり、等正覚である世尊によって、有情たちの浄化のために、悲しみと嘆きを越えるために、苦しみと憂いを消滅させるために、正理を獲得するために、涅槃を体現するために、正しく説かれた」。

このように説かれたとき、リッチャヴィ族のパンディタクマーラはリッチャヴィ族のアバヤにいった。

「友アバヤよ、あなたはなにゆえ、尊者アーナンダによってよく説かれたことをよく説かれたこととして共に喜ばないのですか」。

「友よ、わたしがどうして、尊者アーナンダによってよく説かれたことをよく説かれたこととして共▼222に喜ばないことがあろうか。尊者アーナンダによってよく説かれたことをよく説かれたこととして共に喜ばない人がいたら、その人の頭は粉砕されるでしょう」。

75[19]

そのとき尊者アーナンダは世尊のもとへ行った。行って世尊に礼拝し、かたわらにすわった。かたわらにすわった尊者アーナンダに世尊は次のようにいった。

「アーナンダよ、あなたたちが憐愍する人を、また教えを聞かねばならないと考えている人たちを、すなわち友と同僚と親族と血縁者とを、アーナンダよ、あなたは三つの場所へ勧誘し、入らせ、確立させなければならない。三つ〔の場所〕とはどれらか。

ブッダに対する強い[20]浄信に勧誘し、入らせ、確立させなければならない。すなわち『この理由で、かの世尊は阿羅漢であり、正覚者であり、明智と徳行とをそなえた人であり、善く逝った人であり、世間を知った人であり、無上の人であり、人を調練する人であり、天と人間との師であり、覚った人（ブッダ）であり、世尊である』と。

教えに対する強い浄信に勧誘し、入らせ、確立させなければならない。すなわち『世尊の教えはよく説かれており、自ら見るべきものであり、時をえらばぬものであり、来て、見よと招くものであり、引導するものであり、識者が各自で知るべきものである』と。

僧団に対する強い浄信に勧誘し、入らせ、確立させなければならない。すなわち『世尊の弟子の僧団はよく実践した。世尊の弟子の僧団は正しく実践した。世尊の弟子の僧団は理に従って実践した。世尊の弟子の僧団は敬意を持って実践した。〔彼らは〕[21]四対で八人の人たちである。これら世尊の弟子の僧団は供養されるべきであり、饗応されるべきであり、施与に価し、合掌に価し、世間の人たちにとって無上の福田である』と。

アーナンダよ、四つの大きな要素、すなわち地の要素（地界）と水の要素（水界）と火の要素（火界）と風の要素（風界）とは変化することがある。しかしブッダへの強い浄信をそなえた聖なる弟子には変化がない。それにはこの変化があるだけである。すなわちアーナンダよ、ブッダへの強い浄信をそなえた聖なる弟子が、地獄、または畜生界、または餓鬼の境遇に生まれるという、このことわりはない、と。

▼223 アーナンダよ、四つの大きな要素、[22] すなわち地の要素と水の要素と火の要素と風の要素とは変化することがある。しかし教えへの〔強い浄信をそなえた聖なる弟子には変化がない。それにはこの変化があるだけである。すなわちアーナンダよ、ブッダへの強い浄信をそなえた聖なる弟子が、地獄、または畜生界、または餓鬼の境遇に生まれるという、このことわりはない、と。

アーナンダよ、四つの大きな要素、すなわち地の要素と水の要素と火の要素と風の要素とは変化することがある。しかし〕僧団への強い浄信をそなえた聖なる弟子には変化がない。それにはこの変化があるだけである。すなわちアーナンダよ、ブッダへの強い浄信をそなえた聖なる弟子が、地獄、または畜生界、または餓鬼の境遇に生まれるという、このことわりはない、と。

アーナンダよ、あなたたちが憐愍する人を、また教えを聞かねばならないと考えている人たちを、すなわち友と同僚と親族と血縁者とを、アーナンダよ、あなたはこれら三つの場所へ勧誘し、入らせ、確立させなければならない」。

76

そのとき尊者アーナンダは世尊のもとへ行った。行って、世尊に礼拝し、かたわらにすわった。かたわらにすわった尊者アーナンダは世尊に次のようにいった。

「尊師よ、生存、生存といわれますが、尊師よ、どれだけの点で生存であるのですか」。

「アーナンダよ、欲[23]の領域（欲界）に異熟する業がなくても、欲の生存（欲有）はあると認められるか」。

「尊師よ、それはそうでありません」。

「アーナンダよ、それゆえ業は田であり、識は種子であり、渇愛は湿り気である。無明の蓋いに覆われて、渇愛の束縛に縛されている生ける者たちには、劣った領域において識[24]が確立する。このようにして将来に再生が起こる。アーナンダよ、このようにして生存はある。

またアーナンダよ、色の領域（色界）に異熟する業がなくても、色の生存（色有）はあると認められるか」。

「尊師よ、それはそうでありません」。

「アーナンダよ、それゆえ業は田であり、識は種子であり、渇愛は湿り気である。無明の蓋いに覆われて、渇愛の束縛に縛されている生ける者たちには、中位の領域において識が確立する。このようにして将来に再生が起こる。アーナンダよ、このようにして生存はある。

またアーナンダよ、無色の領域（無色界）に異熟する業がなくても、無色の生存（無色有）はあると認められるか」。

「尊[▼224]師よ、それはそうでありません」。

「アーナンダよ、それゆえ業は田であり、識は種子であり、渇愛は湿り気である。無明の蓋いに覆われて、渇愛の束縛に縛されている生ける者たちには、勝れた領域において識が確立する。このようにして将来に再生が起こる。アーナンダよ、このようにして生存はある」。

77

そのとき尊者アーナンダは世尊のもとへ行った。行って、世尊に礼拝し、かたわらにすわった。かたわらにすわった尊者アーナンダは世尊に次のようにいった。

「尊師よ、生存、生存といわれますが、尊師よ、どれだけの点で生存であるのですか」。

「アーナンダよ、欲の領域に異熟する業がなくても、欲の生存はあると認められるか」。

「尊師よ、それはそうでありません」。

「アーナンダよ、それゆえ業は田であり、識は種子であり、渇愛は湿り気である。無明の蓋いに覆われて、渇愛の束縛に縛されている生ける者たちには、劣った領域において意志（思）が確立し、希求が確立する。このようにして将来に再生が起こる。アーナンダよ、このようにして生存はある。

またアーナンダよ、色の領域に異熟する業がなくても、色の生存はあると認められるか」。

「尊師よ、それはそうでありません」。

「アーナンダよ、それゆえ業は田であり、識は種子であり、渇愛は湿り気である。無明の蓋いに覆われて、渇愛の束縛に縛されている生ける者たちには、中位の領域において意志が確立し、希求が確立する。このようにして将来に再生が起こる。アーナンダよ、このようにして生存はある。

またアーナンダよ、無色の領域に異熟する業がなくても、無色の生存はあると認められるか」。

「尊師よ、それはそうでありません」。

「アーナンダよ、それゆえ業は田であり、識は種子であり、渇愛は湿り気である。無明の蓋いに覆われて、渇愛の束縛に縛されている生ける者たちには、勝れた領域において意志が確立し、希求が確立する。このようにして将来に再生が起こる。アーナンダよ、このようにして生存はある」。

78

〔[25]そのとき、尊者アーナンダは世尊のもとへ近づいた。近づいて世尊に礼拝してかたわらにすわった。〕[▼225]かたわらにすわった尊者アーナンダに世尊は次のようにいった。

「アーナンダよ、戒律と禁制と難行の実践と梵行と最も優れた奉仕とは結果を持つか」。

「尊師よ、それについては一概にいうことはできません」。

「それではアーナンダよ、あなたは分析してみなさい」。

「尊師よ、戒律と禁制と難行の実践と梵行と最も優れた奉仕とに親しんでいる者に、不善のことがらが増大し、善のことがらが衰退するなら、そのような戒律と禁制と難行の実践と梵行と最も優れた奉仕とは結果を持っていません。しかし尊師よ、戒律と禁制と難行の実践と梵行と最も優れた奉仕とに親しんでいる者に、不善のことがらが衰退し、善のことがらが増大するなら、そのような戒律と禁制と難行の実践と梵行と最も優れた奉仕とは結果を持っています」。

尊者アーナンダはこのように説いた。師は〔それに〕同意した。

そのとき、尊者アーナンダは「師はわたしに同意された」と、座より立って、世尊に礼拝し、〔世尊のまわりを〕右回りにまわって、去った。

そのとき世尊は、尊者アーナンダが去ってから間もなく、比丘たちに話しかけた。「比丘たちよ、アーナンダは学ぶべき者である。しかし智慧に関して彼に匹敵する者は容易に得られない」と。

79㉖

あるとき尊者アーナンダは世尊のもとへ行った。行って、世尊に礼拝し、かたわらにすわった。かたわらにすわった尊者アーナンダは世尊に次のようにいった。

「尊師よ、これら三種の香は順風には香りますが、逆風には香りません。三種とはどれらでしょう。根の香と幹の香と花の香です。尊師よ、これら三種の香は順風には香りますが、逆風には香りません。尊師よ、順風にも香り、逆風にも香り、順風と逆風が混ざり合っているときにも香るような、そのような種類の香はありますか」。

「アーナンダよ、順風にも香り、▼226逆風にも香り、順風と逆風が混ざり合っているときにも香るような、そのような種類の香はある」。

「尊師よ、ではどのような種類の香が、順風にも香り、逆風にも香り、順風と逆風が混ざり合っているときにも香るのですか」。

「アーナンダよ、村において、あるいは町において、ある女性、あるいは男性がブッダに帰依し、教え（法）に帰依し、僧団に帰依し、殺生を離れ、盗みを離れ、邪な性行為を離れ、妄語を離れ、スラー・メーラヤ酒という放逸の原因を離れ、戒律をそなえ、善良な性質であり、〔貪などの〕垢と物惜しみとを離れたこころで家に住み、施与を行い、〔常に〕[27]手を洗浄しており、棄捨を喜ぶ者であり、〔乞食の〕求めに応じる者であり、施与と[28]分与とを喜んでいる。

この者を四方の沙門やバラモンたちは称賛して語る。これこれという名前の村に、あるいは町に、ある女性、あるいは男性がブッダに帰依し、教えに帰依し、僧団に帰依し、殺生を離れ、盗みを離れ、邪な性行為を離れ、妄語を離れ、スラー・メーラヤ酒という放逸の原因を離れ、戒律をそなえ、善良な性質であり、〔貪などの〕垢と物惜しみとを離れたこころで家に住み、施与を行い、〔常に〕手を洗浄しており、棄捨を喜ぶ者であり、〔乞食の〕求めに応じる者であり、施与と分与とを喜んでいる、と。

天たちもこの人を称賛して語る。これこれという名前の村に、あるいは町に、ある女性、あるいは男性がブッダに帰依し、教えに帰依し、僧団に帰依し、殺生を離れ、盗みを離れ、邪な性行為を離れ、妄語を離れ、スラー・メーラヤ酒という放逸の原因を離れ、戒律をそなえ、善良な性質であり、〔貪などの〕垢と物惜しみとを離れたこころで家に住み、施与を行い、〔常に〕手を洗浄しており、棄捨を喜ぶ者であり、〔乞食の〕求めに応じる者であり、施与と分与とを喜んでいる、と。

アーナンダよ、このような種類の香は、順風にも香り、逆風にも香り、順風と逆風が混ざり合っているときにも香る。

『栴檀もタガラの花もジャスミンも、花の香は逆風には香らない。
徳のある人の香は逆風にも香る。徳のある人はすべての方向に香る』」（Dhp.54）。

80[29]

あるとき尊者アーナンダは世尊のもとへ行った。行って、世尊に礼拝し、かたわらにす▼227わった。かたわらにすわった尊者アーナンダは世尊に次のようにいった。

「わたしは世尊より直接お聞きしました。世尊より直接うかがいました。『アーナンダよ、シキ仏[30]の弟子[31]のアビブーは梵天界[32]に立って、千の世界に声を聞こえさせた』と。では尊師よ、阿羅漢であり等正覚である世尊はどれほどまで、声を聞こえさせることができますか」。

「アーナンダよ、彼（アビブー）は弟子である。如来は無限である」。

再び尊者アーナンダは世尊にいった。「わたしは世尊より直接お聞きしました。世尊より直接うかがいました。『アーナンダよ、シキ仏の弟子のアビブーは梵天界に立って、千の世界に声を聞こえさせた』と。では尊師よ、阿羅漢であり等正覚である世尊はどれほどまで、声を聞こえさせることができますか」。

「アーナンダよ、彼は弟子である。如来は無限である」。

三度、尊者アーナンダは世尊にいった。「わたしは世尊より直接お聞きしました。世尊より直接うかがいました。『アーナンダよ、シキ仏の弟子のアビブーは梵天界に立って、千の世界に声を聞こえさせた』と。では尊師よ、阿羅漢であり等正覚である世尊はどれほどまで、声を聞こえさせることができますか」。

「アーナンダよ、あなたは小[33]なる千の世界について聞いたことがあるか」。

「世尊よ、いまがそのときです。善く逝ける人よ、いまがそのときです。世尊はお説きください。世尊からお聞きして、比丘たちは記憶するでしょう」。

「それではアーナンダよ、聞きなさい。よく考えなさい。わたしは解くことにしよう」。「かしこまりました」と尊者アーナンダは世尊に答えた。世尊は次のように説いた。

「アーナンダよ、月と太陽とが運行し、輝きながら、あらゆる方向を照らしているが、その千倍の世界がある。そこには千の月と、千の太陽と、千の山の王スメールと、千のジャンブ洲と、千の西ゴーヤーナ洲と、千の北クル洲と、千の東ヴィデーハ洲と、四千の大海と、四千の大王からなる千の四大王天と、千の三十三天と、▼228千のヤマ天と、千のトソツ天と、千の楽変化天と、千の他化自在天と、千の梵天界とがある。アーナンダよ、これが小なる千の世界（小千世界）である。

アーナンダよ、この小なる千の世界の千倍の世界がある。それは千の三乗である、中なる世界（中三千世界）といわれる。

アーナンダよ、この中なる千の世界の千倍の世界がある。それは千の三乗である、大なる千の世界（三千大千世界）といわれる。

アーナンダよ、如来はもし欲すれば、欲するままに千の三乗である、大なる千の世界（三千大千世界）に声を聞かせることができる」。

「では尊師よ、如来がもし欲すれば、どのようにして欲するままに千の三乗である、大なる千の世界に声を聞かせることができるのですか」。

「アーナンダよ、ここに如来は千の三乗である、大なる千の世界を光りで満たし、生ける者がその光りを感知するとき、如来は声を出し、声を聞かせることができる」。

このように説かれたとき、尊者アーナンダはいった。「ああ、わたしは得たものだ。わたしはよく得たものだ。このような偉大な神変を有し、このような偉大な威力を有する師を」と。

このようにいったとき、尊者ウダーイン[34]が尊者アーナンダにいった。「友アーナンダよ、仮に師がこのように偉大な神変を有し、このように偉大な威力を有していても、それがあなたに何になるのか」と。

このようにいったとき、世尊は尊者ウダーインにいった。「ウダーインよ、そのようにいってはいけない。[35]ウダーインよ、そのようにいってはいけない。ウダーインよ、仮にアーナンダが欲から離脱することなく死んだとしても、彼のこころは清浄であるから、天界において七度、天の王となり、このジャンブ洲において七度、大王となるであろう。しかしそうではなくて、ウダーインよ、アーナンダは現世において完全な涅槃に到達するであろう」。

〔以上が「アーナンダの章」である。〕

第9章　沙門の章

81[1]

「▼229比丘たちよ、これら三つが沙門[2]のための沙門の行である。三つとはどれらか。

[3]すぐれた戒律（戒）という修学すべきものを受持すること、すぐれたこころという修学すべきものを受持すること、すぐれた智慧（慧）という修学すべきものを受持することである。比丘たちよ、これら三つは沙門のための沙門の行である。それゆえ比丘たちよ、ここで学ぶべきである。すぐれた戒律という修学すべきものを受持しようというわた

しの意欲は力強いものであれ、すぐれたこころという修学すべきものを受持しようというわたしの意欲は力強いものであれ、すぐれた智慧という修学すべきものを受持しようというわたしの意欲は力強いものであれ、と。

比丘たちよ、たとえば、ろばが『わたしも雌牛である。わたしも雌牛である』と、牛たちの後へ後へとつき従っていくようなものである。そ〔のろば〕には牛たちのそれと同じ色はなく、牛たちのそれと同じ鳴き声はなく、牛たちと同じ足はない。しかしそ〔のろば〕は『わたしも雌牛である。わたしも雌牛である』と、牛たちの後へ後へとつき従っていく。

比丘たちよ、これと同じように、ここに、ある比丘は『わたしも比丘である。わたしも比丘である』と、比丘僧団の後へ後へとつき従っていく。彼には、すぐれた戒律という修学すべきものを受持することについて、他の比丘たちと同じような意欲はなく、すぐれたこころという修学すべきものを受持することについて、他の比丘たちと同じような意欲はなく、すぐれた智慧という修学すべきものを受持することについて、他の比丘たちと同じような意欲はない。しかも彼は、『わたしも比丘である。わたしも比丘である』と、比丘僧団の後へ後へとつき従っていく。

それゆえ比丘たちよ、ここで学ぶべきである。すぐれた戒律という修学すべきものを受持しようというわたしの意欲は力強いものであれ、すぐれたこころという修学すべきものを受持しようというわたしの意欲は力強いものであれ、すぐれた智慧という修学すべきものを受持しようというわたしの意欲は力強いものであれ、と」。

82④

「比丘たちよ、耕作者である戸主には前もってすべきことが三つある。三つとはどれらか。

比丘たちよ、ここに、耕作者である戸主は、あらかじめ田をよく耕し、よく平らにならす。あらかじめ田をよく耕し、よく平らにならしてから、ふさわしいときに種をまく。ふさわしいときに種をまいてから、時々、水を注入し、

▼230また排水する。比丘たちよ、これら三つが、耕作者である戸主が前もって行うべきことである。

比丘たちよ、これと同じように、比丘には前もってすべきことが三つある。三つとはどれらか。すぐれた戒律という修学すべきものを受持すること、すぐれたこころという修学すべきものを受持すること、すぐれた智慧という修学すべきものを受持することである。比丘たちよ、これら三つが、比丘が前もって行うべきことである。それゆえ比丘たちよ、ここで学ぶべきである。すぐれた戒律という修学すべきものを受持しようというわたしの意欲は力強いものであれ、すぐれたこころという修学すべきものを受持しようというわたしの意欲は力強いものであれ、すぐれた智慧という修学すべきものを受持しようというわたしの意欲は力強いものであれ、と」。

83

わたしはこのように聞いた。あるとき世尊はヴェーサーリーのマハーヴァナ（大林）のなかの重閣講堂に滞在していた。そのとき、あるヴァッジ族の子である比丘が世尊のもとへやってきた。［礼拝してから世尊の］かたわらにすわったヴァッジ族の子である比丘は世尊に次のようにいった。

「尊師よ、半月ごとに、一五〇を越える修学の基礎[5]が誦出されていますが、尊師よ、わたしはそれらを修学することができません」。

「では比丘よ、あなたは三つの学ぶべきものを修学できるか。すなわちすぐれた戒律という修学すべきものと、すぐれたこころという修学すべきものと、すぐれた智慧という修学すべきものとである」。

「尊師よ、わたしはすぐれた戒律という修学すべきものと、すぐれたこころという修学すべきものと、すぐれた智慧という修学すべきものという、三つの学ぶべきものを修学できます」。

「それならば、比丘よ、あなたはすぐれた戒律という修学すべきものと、すぐれたこころという修学すべきものと、すぐれた智慧という修学すべきものという、三つの学ぶべきものを修学しなさい。比丘よ、あなたがすぐれた戒律をも修学し、すぐれたこころをも修学し、すぐれた智慧をも修学すれば、比丘よ、すぐれた戒律をも修学し、すぐれたこころをも修学し、すぐれた智慧をも修学したあなたには、貪り（貪）は捨断され、怒り（瞋）は捨断され、愚かさ（癡）は捨断されるであろう。貪りが捨断され、怒りが捨断され、愚かさが捨断されたために、あなたは不善のものごとを行わず、あなたは悪に親しむことはないであろう」。

その比丘は、その後、すぐれた戒律をも修学し、すぐれたこころをも修学し、すぐれた智慧をも修学した。すぐれた戒律をも修学し、すぐれたこころをも修学し、すぐれた智慧をも修学したために、彼の貪りが捨断され、怒りが捨断され、愚かさが捨断された。貪りが捨断され、怒りが捨断され、愚かさが捨断されたために、彼は不善のものごとを行わず、彼は悪に親しまなかった。

84

あるとき一人の比丘が世尊のもとへやってきた。〔礼拝してから世尊の〕かたわらにすわったその比丘は世尊に次のようにいった。

「尊師よ、学ぶべき人（有学）、学ぶべき人といわれますが、尊師よ、どれだけの点で、学ぶべき人ですか」。

「比丘よ、彼は修学するから、それゆえ学ぶべき人といわれる」。

「彼は何を修学するのですか」。

「彼はすぐれた戒律をも修学し、すぐれたこころをも修学し、すぐれた智慧をも修学する。比丘よ、それゆえ彼は学ぶべき人といわれる」。

まっすぐな道に従って学びつつある学ぶべき人には、

滅についての第一の智慧があり、その直後に、完全な智慧がある。その後に、完全な智慧により解脱した者に、「わたしの解脱は不動である」と、生存の束縛の滅についての智慧がある。

85

「比丘たちよ、この一五〇を越える修学の基礎は半月ごとに誦出される。(6) 自らを利益しようと欲する良家の子はそれを学ぶ。比丘たちよ、このすべてはこれら三つの学のなかに収まる。三つとはどれらか。すぐれた戒律という修学すべきものと、すぐれたこころという修学すべきものと、すぐれた智慧という修学すべきものとである。この三つのなかにそのすべてが収まる。

比丘たちよ、ここに比丘が、戒律について完全に満たして実践し、こころの統一（定）について一部分を実践し、智慧について一部分を実践している。彼は小さな〔学処〕(7)とさらに小さな学処について違犯もし、出罪もする。それはなにゆえか。比丘たちよ、わたしはこれについてあり得ないこととは説いていない。清らかな行い(8)（梵行）の初歩であり、清らかな行いに従っていく修学の基礎について、彼は戒律を堅固に保ち、戒律に確立し、修学の基礎を受持して学んでいる。彼は三つの束縛(9)▼232を完全に滅しているから、〔さとりへの〕(10)流れに到達した者（預流者）となって、〔さとりへの流れから〕退転しない者となり、決定して、さとりの究極に到達する。

また比丘たちよ、ここに比丘が、戒律について完全に満たして実践し、こころの統一について一部分を実践し、智慧について一部分を実践している。彼は小さな〔学処〕とさらに小さな学処について違犯もし、出罪もする。それはなにゆえか。比丘たちよ、わたしはこれについてあり得ないこととは説いていない。清らかな行いの初歩であり、清らかな行いに従っていく修学の基礎について、彼は戒律を堅固に保ち、戒律に確立し、修学の基礎を受持して学んでいる。彼は三つの束縛を完全に滅して、貪りと怒りと愚かさとが微弱になっているから、一来者となって一度だけこの世界に戻ってきて、苦を消滅させる。

また比丘たちよ、ここに比丘が、戒律について完全に満たして実践し、こころの統一について完全に満たして実践し、智慧について一部分を実践している。彼は小さな〔学処〕とさらに小さな学処について違犯もし、出罪もする。それはなにゆえか。比丘たちよ、わたしはこれについてあり得ないこととは説いていない。清らかな行いの初歩であり、清らかな行いに従っていく修学の基礎について、彼は戒律を堅固に保ち、戒律に確立し、修学の基礎を受持して学んでいる。彼は〔人を〕[11]下の世界に結びつける五つの束縛（五下分結）を完全に消滅して、〔天界へ〕化生[12]する者となり、そこで完全な涅槃に入り、そこからこの世界に戻ってこない。

また比丘たちよ、ここに比丘が、戒律について完全に満たして実践し、こころの統一について完全に満たして実践し、智慧について完全に満たして実践している。彼は小さな〔学処〕とさらに小さな学処について違犯もし、出罪もする。それはなにゆえか。比丘たちよ、わたしはこれについてあり得ないこととは説いていない。清らかな行いの初歩であり、清らかな行いに従っていく修学の基礎について、彼は戒律を堅固に保ち、戒律に確立し、修学の基礎を受持して学んでいる。彼は煩悩の漏出を滅し尽くして、煩悩の漏出のないこころの解脱と智慧による解脱とを現世で完全に知り、体現し、身にそなえて生活している。

比丘たちよ、このように、一部分を実践する者は一部分を達成し、すべてを完全に実践する者はすべてを完全に達成する。比丘たちよ、修学の基礎は無駄でないとわたしは説く」。

86

「比丘たちよ、この一五〇を越える修学の基礎は半月ごとに誦出される。自らを利益しようと欲する良家の子はそ▼233

れを学ぶ。比丘たちよ、このすべてはこれら三つの学のなかに収まる。三つとはどれらか。すぐれた戒律という修学すべきものと、すぐれたこころという修学すべきものと、すぐれた智慧という修学すべきものとである。この三つのなかにそのすべてが収まる。

比丘たちよ、ここに比丘が、戒律について完全に満たして実践し、こころの統一について一部分を実践し、智慧について一部分を実践している。彼は小さな〔学処〕とさらに小さな学処について違犯もし、出罪もする。それはなにゆえか。比丘たちよ、わたしはこれについてあり得ないこととは説いていない。清らかな行いの初歩であり、清らかな行いに従っていく修学の基礎について、彼は戒律を堅固に保ち、戒律に確立し、修学の基礎を受持して学んでいる。彼は三つの束縛を完全に滅しているから、極七返生[13]となり、最多でも七回、天界と人界とに流転し輪廻して、苦を消滅させる。

彼は三つの束縛を完全に滅しているから、家々となり、二回または三回、家（生存）に流転し輪廻して、苦を消滅させる。

彼は三つの束縛を完全に滅しているから、一種となり、人の生存にのみ生じて、苦を消滅させる。

彼は三つの束縛を完全に滅しているから、貪りと怒りと愚かさとが微弱になっているから、一来者となって一度だけこの世界に戻ってきて、苦を消滅させる。

比丘たちよ、ここに比丘が、戒律について完全に満たして実践し、こころの統一について一部分を実践し、智慧について一部分を実践している。彼は小さな〔学処〕とさらに小さな学処について違犯もし、出罪もする。それはなにゆえか。比丘たちよ、わたしはこれについてあり得ないこととは説いていない。清らかな行いの初歩であり、清らかな行いに従っていく修学の基礎について、彼は戒律を堅固に保ち、戒律に確立し、修学の基礎を受持して学んでいる。彼は〔人を〕下の世界に結びつける五つの束縛を完全に滅しているから、上流[14]アカニッタ天へ行く者となる。

彼は〔人を〕下の世界に結びつける五つの束縛を完全に滅しているから、[15]有行般涅槃者となる。彼は〔人を〕下の世界に結びつける五つの束縛を完全に滅しているから、無行般涅槃者となる。彼は〔人を〕下の世界に結びつける五つの束縛を完全に滅しているから、[16]生般涅槃者となる。彼は〔人を〕下の世界に結びつける五つの束縛を完全に滅しているから、中般涅槃者となる。

また比丘たちよ、ここに比丘が、戒律について完全に満たして実践し、こころの統一について完全に満たして実践し、智慧について完全に満たして実践している。彼は小▼234さな〔学処〕とさらに小さな学処について違犯もし、出罪もする。それはなにゆえか。比丘たちよ、わたしはこれについてあり得ないこととは説いていない。清らかな行いの初歩であり、清らかな行いに従っていく修学の基礎について、彼は戒律を堅固に保ち、戒律に確立し、修学の基礎を受持して学んでいる。彼は煩悩の漏出を滅し尽くして、煩悩の漏出のないこころの解脱と智慧による解脱とを現世で完全に知り、体現し、身にそなえて生活している。

比丘たちよ、このように、一部分を実践する者は一部分を達成し、すべてを完全に実践する者はすべてを完全に達成する。比丘たちよ、修学の基礎は無駄でないとわたしは説く」。

87

「比丘たちよ、この一五〇を越える修学の基礎は半月ごとに誦出される。自らを利益しようと欲する良家の子はそれを学ぶ。比丘たちよ、このすべてはこれら三つの学のなかに収まる。三つとはどれらか。すぐれた戒律という修学すべきものと、すぐれたこころという修学すべきものと、すぐれた智慧という修学すべきものとである。この三つのなかにそのすべてが収まる。

比丘たちよ、ここに比丘が、戒律について完全に満たして実践し、こころの統一について完全に満たして実践し、智慧について完全に満たして実践している。彼は小さな〔学処〕とさらに小さな学処について違犯もし、出罪もする。それはなにゆえか。比丘たちよ、わたしはこれについてあり得ないこととは説いていない。清らかな行いの初歩であり、清らかな行いに従っていく修学の基礎について、彼は戒律を堅固に保ち、戒律に確立し、修学の基礎を受持して学んでいる。彼は煩悩の漏出を滅し尽くして、煩悩の漏出のないこころの解脱と智慧による解脱とを現世で完全に知り、体現し、身にそなえて生活している。

またそ〔の阿羅漢位〕がいまだ完全に満たされておらず、完全に洞察されていないが、〔人を〕下の世界に結びつける五つの束縛を完全に滅しているから、中般涅槃者となる。

またそ〔の阿羅漢位〕がいまだ完全に満たされておらず、完全に洞察されていないが、〔人を〕下の世界に結びつける五つの束縛を完全に滅しているから、生般涅槃者となる。

またそ〔の阿羅漢位〕がいまだ完全に満たされておらず、完全に洞察されていないが、〔人を〕下の世界に結びつける五つの束縛を完全に滅しているから、無行般涅槃者となる。

またそ〔の阿羅漢位〕がいまだ完全に満たされておらず、完全に洞察されていないが、〔人を〕下の世界に結びつける五つの束縛を完全に滅しているから、有行般涅槃者となる。

またそ〔の阿羅漢位〕がいまだ完全に満たされておらず、完全に洞察されていないが、〔人を〕下の世界に結びつける五つの束縛を完全に滅しているから、上流アカニッタ天へ行く者となる。

またそ〔の阿羅漢位〕がいまだ完全に満たされておらず、完全に洞察されていないが、▼[235]三つの束縛を完全に滅しているから、貪りと怒りと愚かさとが微弱になっているから、一来者となって一度だけこの世界に戻ってきて、苦を消滅させる。

またそ〔の阿羅漢位〕がいまだ完全に満たされておらず、完全に洞察されていないが、三つの束縛を完全に滅しているから、一種となり、人の生存にのみ生じて、苦を消滅させる。

またそ〔の阿羅漢位〕がいまだ完全に満たされておらず、完全に洞察されていないが、三つの束縛を完全に滅しているから、家々となり、二回または三回、家に流転し輪廻して、苦を消滅させる。

またそ〔の阿羅漢位〕がいまだ完全に満たされておらず、完全に洞察されていないが、三つの束縛を完全に滅しているから、極七返生となり、最多でも七回、天界と人界とに流転し輪廻して、苦を消滅させる。

比丘たちよ、このように、一部分を実践する者は一部分を達成し、すべてを完全に実践する者はすべてを完全に達成する。比丘たちよ、修学の基礎は無駄でないとわたしは説く」。

88

「比丘たちよ、これら三つが修学すべきものである。三つとはどれらか。すぐれた戒律という修学すべきものと、すぐれたこころという修学すべきものと、すぐれた智慧という修学すべきものとである。

では比丘たちよ、すぐれた戒律という修学すべきものとは何であるか。

比丘たちよ、ここに比丘が戒律をそなえ、〔戒条[17]による制御（別解脱律儀）を守ってふるまい、正しい行いと行動の範囲とをそなえ、微細な罪にも怖畏を見て、〕修学の基礎（学処）を学んでいる。比丘たちよ、これがすぐれた戒律という修学すべきものである。

では比丘たちよ、すぐれたこころという修学すべきものとは何であるか。

比丘たちよ、ここに比丘が、欲望を離れ、〔不善のものを離れ、大まかな考察（尋）をともない、細かな考察（伺）をともなっているが、五つの蓋からの離脱によって生じた喜びと安楽とをそなえた、第一の瞑想（初禅）に到達して住する。

第一の瞑想の大まかな考察と細かな考察とをやめることによって、こころのうちが平穏となり、こころが一点に集中し、大まかな考察と細かな考察とを離れたこころの統一（定）から生じる喜びと安楽をそなえた第二の瞑想（第二禅）に到達して住する。

第二の瞑想の喜びを離脱することによって、中庸（捨）となっており、注意力と明瞭な意識とをもち、身体により安楽を感受し、聖なる人たちが『中庸となり、注意力をそなえた者は安楽である』というところの、第三の瞑想（第三禅）に到達して住する。

第三の瞑想の安楽をも断ち、苦をも断つことにより、またすでに先に第一と第三との瞑想において喜悦と苦悩とが消滅しているから、苦もなく、楽もなく、中庸さより生じた注意力がもっとも清浄になっている」第四の瞑想（第四禅）に到達して住する。

比丘たちよ、これがすぐれたこころという修学すべきものである。

では比丘たちよ、すぐれた智慧という修学すべきものとは何であるか。

比丘たちよ、ここに比丘が『これは苦である』と如実に知り、「『これは苦の原因である』と如実に知り、『これは苦の消滅である』と如実に知り、」『これは苦の消滅へ導く実践である』と如実に知る。

比丘たちよ、これがすぐれた智慧という修学すべきものである。

比丘たちよ、これら三つが修学すべきものである」。

89

「比丘たちよ、これら三つが修学すべきものである。三つとはどれらか。

すぐれた戒律という修学すべきものと、すぐれたこころという修学すべきものと、すぐれた智慧という修学すべきものとである。

では比丘たちよ、すぐれた戒律という修学すべきものとは何であるか。

比丘たちよ、ここに比丘が戒律をそなえ、〔戒条による制御を守ってふるまい、正しい行いと行動の範囲とをそなえ、微細な罪にも怖畏を見て、〕修学の基礎を学んでいる。比丘たちよ、これがすぐれた戒律という修学すべきものである。

では比丘たちよ、すぐれたこころという修学すべきものとは何であるか。

比丘たちよ、ここに比丘が、欲望を離れ、〔不善のものを離れ、大まかな考察をともない、細かな考察をともなっているが、五つの蓋からの離脱によって生じた喜びと安楽とをそなえた、第一の瞑想に到達して住する。

第一の瞑想の大まかな考察と細かな考察とをやめることによって、こころのうちが平穏となり、こころが一点に集中し、大まかな考察と細かな考察とを離れたこころの統一から生じる喜びと安楽をそなえた第二の瞑想に到達して住する。

第二の瞑想の喜びを離脱することによって、中庸となっており、注意力と明瞭な意識とをもち、身体により安楽を感受し、聖なる人たちが『中庸となり、注意力をそなえた者は安楽である』というところの、第三の瞑想に到達して住する。

第三の瞑想の安楽をも断ち、苦をも断つことにより、またすでに先に第一と第三との瞑想において喜悦と苦悩とが消滅しているから、苦もなく、楽もなく、中庸さより生じた注意力がもっとも清浄になっている〕第▼236四の瞑想に到達して住する。

比丘たちよ、これがすぐれたこころという修学すべきものである。

では比丘たちよ、すぐれた智慧という修学すべきものとは何であるか。

比丘たちよ、ここに比丘が煩悩の漏出を滅し尽くして、煩悩の漏出のないこころの解脱と智慧による解脱とを現世で完全に知り、体現し、身にそなえて生活している。

比丘たちよ、これがすぐれた智慧という修学すべきものである。

比丘たちよ、これら三つが修学すべきものである」。

精進をそなえ、力をそなえ、〔こころが〕堅固で、瞑想を行い、注意力があり、

感官を守った者はすぐれた戒律とすぐれたこころとすぐれた智慧を実行せよ。

前[18]と同じように後を、後と同じように前を、

下[19]と同じように上を、上と同じように下を、

昼[20]と同じように夜に、夜と同じように昼に、

す[21]べての方向を、無[22]限のこころの統一によって克服せよ。

彼を、完全に清らかな行いを有し、実践を身につけた、修学すべき者といった。

彼を、堅固で、実践の究極に至った正覚者といった。

意識の消滅によって、渇愛の滅による解脱を身にそなえた者に、

灯火が消えるように、こころの解脱がある。

90[23]

あるとき世尊は大勢の比丘の集団と一緒に、コーサラ国を遊行し、パンカダーという名前のコーサラの町に至った。

そして世尊はパンカダーに滞在した。パンカダーというのはコーサラの一つの町である。

そのときあるカッサパ氏族の比丘がパンカダーに住んでいた。そのとき世尊は修学の基礎を含んだ説法によって比丘たちに教示し、教導し、策励し、喜ばせた。しかしカッサパ氏族の比丘は、世尊が修学の基礎の実践に関する説法によって比丘たちに教示し、教導し、策励し、喜ばせるのに同意せず、満足しなかった、「この沙門はあまりに禁欲的でありすぎる」と。

　さて世尊はパンカダーに望むだけ滞在し終わって、ラージャガハへ向かって遊行し、順次に遊行をかさねて、ラージャガハに至った。▼237 そこで世尊はラージャガハの鷲[24]の峰に滞在した。

　一方カッサパ氏族の比丘には、世尊が去ってからほどなく、後悔の念が生じ、悔恨の念が生じた。「ああ、このことはわたしの不利益である。ああ、わたしの利益でない。ああ、わたしの損失である。ああ、わたしの利得でない。世尊が修学の基礎を含んだ説法によって比丘たちに教示し、教導し、策励し、喜ばせたとき、わたしが『この沙門はあまりに禁欲的でありすぎる』と、同意せず、満足しなかったことは。わたしは世尊のもとへ行くべきでないか。行って、世尊の面前で罪を罪として、告白すべきでないか」と。

　そこでカッサパ氏族の比丘は坐臥具をしまって、鉢と外衣をたずさえて、ラージャガハへ向けて出発し、やがてラージャガハの鷲の峰の世尊のもとへ至った。至って、世尊に礼拝し、かたわらにすわった。かたわらにすわったカッサパ氏族の比丘は世尊に次のようにいった。

「尊師よ、あるとき世尊はパンカダーに滞在なさいました。パンカダーというのはコーサラの一つの町です。そのとき世尊は修学の基礎を含んだ説法によって比丘たちに教示し、教導し、策励し、喜ばせました。しかし尊師よ、世尊が修学の基礎を含んだ説法によって比丘たちに教示し、教導し、策励し、喜ばせたとき、わたしは『この沙門はあまりに禁欲的でありすぎる』と、同意せず、満足しませんでした。

世尊はパンカダーに望むだけ滞在し終わって、ラージャガハへ向かって出発なさいました。尊師よ、世尊が去ってからほどなく、わたしには後悔の念が生じ、悔恨の念が生じました。『ああ、このことはわたしの不利益である。ああ、わたしの利益でない。ああ、わたしの損失である。ああ、わたしの利得でない。世尊が修学の基礎を含んだ説法によって比丘たちに教示し、教導し、策励し、喜ばせたとき、わたしが、この沙門はあまりに禁欲的でありすぎると、同意せず、満足しなかったことは。わたしは世尊のもとへ行くべきでないか。行って、世尊の面前で罪を罪として、告白すべきでないか』と。

尊師よ、罪がわたしを征服[238]しました。世尊は修学の基礎を含んだ説法によって比丘たちに教示し、教導し、策励し、喜ばせたとき、『この沙門はあまりに禁欲的でありすぎる』と、同意せず、満足しないという、このように愚かで、このように暗愚で、このように不善であるわたしを〔罪が征服しました〕。尊師よ、将来の防護のために、世尊はこのようなわたしの罪を罪として、受け入れてください」。

「カッサパよ、確かに、罪があなたを征服した。わたしが修学の基礎を含んだ説法によって比丘たちに教示し、教導し、策励し、喜ばせたとき、『この沙門はあまりに禁欲的でありすぎる』と、同意せず、満足しないという、このように愚かで、このように暗愚で、このように不善であるあなたを〔罪が征服した〕。カッサパよ、それゆえあなたは罪を罪として見て、正しく謝罪しなさい。わたしはあなたを受け入れる。カッサパよ、罪を罪として見て、正しく謝罪し、将来の防護とする人のいることは、聖なる人の規律（律）において、増進を意味する。

カッサパよ、もし長老の比丘であって、修学することを望まず、修学を身にそなえることを称賛せず、修学することを望まない他の比丘たちに修学を身にそなえさせず、修学することを望む他の比丘たちへの称賛を、時に応じて真実のままに、あるがままに語らないなら、このような長老の比丘を、カッサパよ、わたしは称賛しない。それはなにゆえか。『師がその比丘を称賛している』として、他の人たちがその比丘に親近するであろう。彼に親近する人たちは、彼の見解に盲従することになるであろう。彼の見解に盲従する人たちには、それは長い期間にわたって不利益と苦とをもたらすであろう。カッサパよ、それゆえわたしはこのような長老の比丘を称賛しないのである。

カッサパよ、もし中堅の比丘であって、〔修学することを望まず、修学を身にそなえることを称賛せず、修学することを望まない他の比丘たちに修学を身にそなえさせず、修学することを望む他の比丘たちへの称賛を、時に応じて真実のままに、あるがままに語らないなら、このような中堅の比丘を、カッサパよ、わたしは称賛しない。それはなにゆえか。『師がその比丘を称賛している』として、他の人たちがその比丘に親近するであろう。彼に親近する人たちは、彼の見解に盲従することになるであろう。彼の見解に盲従する人たちには、それは長い期間にわたって不利益と苦とをもたらすであろう。カッサパよ、それゆえわたしはこのような中堅の比丘を称賛しないのである〕。

カッサパよ、もし新参の比丘であって、修学することを望まず、修学を身にそなえることを称賛せず、修学することを望まない他の比丘たちに修学を身にそなえさせず、修学することを望む他の比丘たちへの称賛を、時に応じて真実のままに、あるがままに語らないなら、このような新参の比丘を、カッサパよ、わたしは称賛しない。それはなにゆえか。『師がその比丘を称賛している』として、他の人たちがその比丘に親近するであろう。彼に親▼239近する人たちは、彼の見解に盲従することになるであろう。彼の見解に盲従する人たちには、それは長い期間にわたって不利益と苦とをもたらすであろう。カッサパよ、それゆえわたしはこのような新参の比丘を称賛しないのである。

カッサパよ、もし長老の比丘であって、修学することを望み、修学を身にそなえることを称賛し、修学することを望まない他の比丘たちに修学を身にそなえさせ、修学することを望む他の比丘たちへの称賛を、時に応じて真実のままに、あるがままに語るなら、このような長老の比丘を、カッサパよ、わたしは称賛する。それはなにゆえか。『師がその比丘を称賛している』として、他の人たちがその比丘に親近するであろう。彼に親近する人たちは、彼の見解に従うことになるであろう。彼の見解に従う人たちには、それは長い期間にわたって利益と安楽とをもたらすであろう。カッサパよ、それゆえわたしはこのような長老の比丘を称賛するのである。

もし中堅の比丘であって、〔修学することを望み、修学を身にそなえることを称賛し、修学することを望まない他の比丘たちに修学を身にそなえさせ、修学することを望む他の比丘たちへの称賛を、時に応じて真実のままに、あるがままに語るなら、このような中堅の比丘を、カッサパよ、わたしは称賛する。それはなにゆえか。『師がその比丘を称賛している』として、他の人たちがその比丘に親近するであろう。彼に親近する人たちは、彼の見解に従うことになるであろう。彼の見解に従う人たちには、それは長い期間にわたって利益と安楽とをもたらすであろう。カッサパよ、それゆえわたしはこのような中堅の比丘を称賛するのである〕。

カッサパよ、もし新参の比丘であって、修学することを望み、修学を身にそなえることを称賛し、修学することを望まない他の比丘たちに修学を身にそなえさせ、修学することを望む他の比丘たちへの称賛を、時に応じて真実のままに、あるがままに語るなら、このような新参の比丘を、カッサパよ、わたしは称賛する。それはなにゆえか。『師がその比丘を称賛している』として、他の人たちがその比丘に親近するであろう。彼に親近する人たちは、彼の見解に従うことになるであろう。彼の見解に従う人たちには、それは長い期間にわたって利益と安楽とをもたらすであろう。カッサパよ、それゆえわたしはこのような新参の比丘を称賛するのである」。

〔以上が「沙門の章」である。〕

第10章　塩のかたまりの章

91[1]

「比丘たちよ、これら三つのことは耕作者である戸主が早急に行うべきことである。三つとはどれらか。

比丘たちよ、ここで耕作者である戸主は迅速に田をよく耕し、よく平らにならしてから、迅速に種をまく。迅速に種をまいてから、迅速に、注水し、▼240また排水する。比丘たちよ、これら三つが、耕作者である戸主が早急に行うべきことである。

比丘たちよ、その耕作者である戸主には、『わたしの穀物は、今日、芽が出よ。明日、実を結べ。明後日、〔実は〕熟せよ』という、神変も威力もない。比丘たちよ、その耕作者である戸主には時間のみがあり、穀物は季節の変化のうちに芽を出し、実を結び、実が熟する。

比丘たちよ、これと同じように、これら三つのことは比丘が早急に行うべきことである。三つとはどれらか。

すぐれた戒律（戒）という修学すべきものと、すぐれたこころという修学すべきものと、すぐれた智慧（慧）という修学すべきものとである。比丘たちよ、これら三つが比丘が早急に行うべきことである。

比丘たちよ、その比丘には、『今日、あるいは明日、あるいは明後日に、わたしには執着がなくなり、煩悩の漏出からこころが解脱せよ』という、神変[2]も威力もない。比丘たちよ、比丘には時間のみがあり、彼がすぐれた戒律を修学し、すぐれたこころを修学し、すぐれた智慧を修学するうちに、執着がなくなり、煩悩の漏出からこころが解脱する。

比丘たちよ、それゆえここであなたたちは修学すべきである。『すぐれた戒律を身につけようというわたしたちの意欲は強固であれ、〔すぐれたこころを身につけようというわたしたちの意欲は強固であれ、〕すぐれた智慧を身につけようというわたしたちの意欲は強固であれ』と。比丘たちよ、あなたたちはこのように修学すべきである」。

92[3]

「比丘たちよ、異学の遍歴行者たちはこれら三つの離脱を説く。三つとはどれらか。

衣服〔への執着〕からの離脱、乞食〔への執着〕からの離脱、坐臥具〔への執着〕からの離脱である。

比丘たちよ、ここで、この異学の遍歴行者たちは衣服〔への執着〕からの離脱について次のように認める。彼らは麻の衣も着る。麻の混紡の衣も着る。屍衣も着る。糞掃衣も着る。ティリータ樹皮の衣も着る。羊皮も着る。羊皮の衣も着る。草の衣も着る。樹皮の衣も着る。木片の衣も着る。毛髪の布も着る。馬の毛の布▼241も着る。梟の羽の衣も着る。比丘たちよ、異学の遍歴行者たちは衣服〔への執着〕からの離脱について、このように認める。

比丘たちよ、ここで、この異学の遍歴行者たちは乞食〔への執着〕からの離脱について次のように認める。生の野菜を食べる者もいる。稗を食べる者もいる。生米を食べる者もいる。ダッドゥラ米を食べる者もいる。ハタ草を食べる者もいる。糠を食べる者もいる。炊飯時の重湯を食べる者もいる。胡麻粉を食べる者もいる。草を食べる者もいる。牛糞を食べる者もいる。林の樹根や果実を食べ物として生きる。落ちた果実を食べる者もいる。比丘たちよ、異学の遍歴行者たちは乞食〔への執着〕からの離脱についてこのように認める。

比丘たちよ、ここで、この異学の遍歴行者たちは坐臥具〔への執着〕からの離脱について次のものを認める。人の気配のない場所（林）、樹下、墓地、林道、露地、積みあげた藁、積みあげた籾殻を〔認める〕。比丘たちよ、異学の遍歴行者たちは坐臥具〔への執着〕からの離脱についてこのように認める。

比丘たちよ、異学の遍歴行者たちはこれら三つの離脱を説く。

比丘たちよ、この〔世尊の〕教え（法）と規律（律）のなかで、比丘たちには三つの離脱がある。三つとはどれらか。

比丘たちよ、ここに、比丘は戒律をそなえており、悪戒を捨断しており、それを離脱している。〔彼は〕正しい見解をそなえており、邪な見解を捨断しており、それを離脱している。〔彼は〕煩悩の漏出を捨断しており、それを離脱している。

比丘たちよ、その比丘は戒律をそなえており、悪戒を捨断しており、それを離脱しており、〔彼は〕正しい見解をそなえており、邪な見解を捨断しており、それを離脱しており、〔彼は〕煩悩の漏出を滅し尽くしており、煩悩の漏出を捨断しており、それを離脱しているから、比丘たちよ、この比丘は頂点に達し、真髄に達し、純粋で、真髄に確立したといわれる。

比丘たちよ、たとえば耕作者である戸主のよく実った稲田のようである。耕作者である戸主はそれを迅速に刈り取らせる。迅速に刈り取らせた後で、迅速に集めさせる。迅速に集めさせた後で、迅速に運ばせる。迅速に運ばせた後▼242で、迅速に積みあげさせる。迅速に積みあげさせた後で、迅速に打穀させる。迅速に打穀させた後で、〔迅速に脱穀させる。迅速に脱穀させた後で〕迅速に藁を取り除かせる。迅速に藁を取り除かせた後で、籾殻を取り除かせる（籾摺りをさせる）。迅速に籾殻を取り除かせた後で、迅速に実と殻とを選別させる。迅速に実と殻とを選別させた後で、迅速に貯蔵させる。迅速に貯蔵させた後で、迅速に〔玄米を〕搗かせる。迅速に搗かせた後で、迅速に糠を取り除かせる。比丘たちよ、このようにしてその耕作者である戸主のそれらの穀物は頂点に達し、真髄に達し、純粋で、真髄に確立したものとなる。

比丘たちよ、これと同じように、その比丘は戒律をそなえており、悪戒を捨断しており、それを離脱しており、〔彼は〕正しい見解をそなえており、邪な見解を捨断しており、それを離脱しており、〔彼は〕煩悩の漏出を滅し尽くしており、煩悩の漏出を捨断しており、それを離脱しているから、比丘たちよ、この比丘は頂点に達し、真髄に達し、純粋で、真髄に確立したといわれる。

比丘たちよ、たとえば秋のとき、晴れわたり、雲ひとつない天に、太陽が天空に高く昇り、空間のすべての闇を破って、輝き、熱し、照らす。比丘たちよ、これと同じように、聖なる弟子には塵を離れ垢から離脱した真理の眼が生じた。比丘たちよ、洞察力が生じるとともに、聖なる弟子には、自らの身体があるという見解（有身見）と〔真理に対する〕疑念と誤った戒律や禁制に対する執着（戒禁取）という三つの束縛は捨断される。そのうえ貪りと怒りという二つのことがらからも離脱する。彼は欲望を離れ、不善のことがらを離れ、大まかな考察（尋）をともない、細かな考察（伺）をともなっているが、〔五つの蓋からの離脱によって生じた喜びと安楽とをそなえた、第一の瞑想に到達して住する。

比丘たちよ、もしそのとき聖なる弟子が死んでも、彼には、その束縛に縛られた聖なる弟子なら再びこの世界に戻ってくるであろうところの、その束縛はない」。

93[4]

「比丘たちよ、これら三つの衆会がある。三つとはどれらか。

▼243 最上の衆会、不和の衆会、和合の衆会である。

比丘たちよ、最上の衆会とはどのようであるか。

比丘たちよ、ここに、その衆会に属する長老の比丘たちが〔必需品について〕贅沢でなく、〔修学について〕怠惰でなく、逸[5]脱から自由になり、離脱の先行者となり、いまだ獲得していないことを獲得し、いまだ覚っていないことを覚るために、いまだ体現していないことを体現するために精進に努めている。彼らの後に続く人たちも、〔彼らの〕見解に従い、彼らも〔必需品について〕贅沢でなく、〔修学について〕怠惰でなく、逸脱から自由になり、離脱の先行者となり、いまだ獲得していないことを獲得し、いまだ覚っていないことを覚るために、いまだ体現していないことを体現するために精進に努めている。比丘たちよ、これが最上の衆会といわれる。

比丘たちよ、不和の衆会とはどのようであるか。

比丘たちよ、ここに、その衆会に属する比丘たちが、口論を起こし、論争を起こし、言い争いになり、互いに口の剣で打ち合って過ごしている。比丘たちよ、これが不和の衆会といわれる。

比丘たちよ、和合の衆会とはどのようであるか。

比丘たちよ、ここに、その衆会に属する比丘たちが、和合し、一緒に喜び、言い争いをせず、牛乳と水とが混ざり合ったように、互いに親愛の眼で眺め合って生活している。比丘たちよ、これが和合の衆会といわれる。

比丘たちよ、比丘たちが和合し、一緒に喜び、言い争いをせず、牛乳と水とが混ざり合ったように、互いに親愛の眼で眺め合って生活しているとき、比丘たちよ、そのとき、比丘たちは多くの福を生みだす。比丘たちよ、そのとき比丘たちは清らかな住み方で生活する。すなわち喜びによるこころの解脱により喜悦のある人には喜びが生じ、こころに喜びのある人は身体が安息する。身体が安息した人は安楽を感受する。こころの安楽な人は〔こころが対境に〕集中する。

比丘たちよ、たとえば山の上部に大粒の雨が天より降るとき、その水は低地に向かって流れていき、峡谷や谷川を満たす。峡谷や谷川を満たした〔水〕は小さな沼を満たす。小さな沼を満たした〔水〕は大きな池を満たす。大きな池を満たした〔水〕は小さな河川を満たす。小さな河川を満たした〔水〕は大河を満たす。大河を満たした〔水〕は大海を満たす。比丘たちよ、これと同じように、比丘たちが和合し、一緒に喜び、言い争いをせず、牛乳と水とが混ざり合ったように、互いに親愛の眼で眺▼244め合って生活しているとき、比丘たちよ、そのとき、比丘たちは多くの福を生みだす。比丘たちよ、そのとき比丘たちは清らかな住み方で生活する。すなわち喜[6]びによるこころの解脱により喜悦のある人には喜びが生じ、こころに喜びのある人は身体が安息する。身体が安息した人は安楽を感受する。こころの安楽な人は［こころが対境に］集中する。

比丘たちよ、これら三つの衆会がある」。

94[7]

「比丘たちよ、三つの美質をそなえた王の駿馬は王にふさわしく、王の使用にかない、王の手足と呼ばれる。三つとはどれらか。

比丘たちよ、ここで、王の駿馬は毛色がよく、力をそなえ、速さをそなえている。比丘たちよ、これらの美質をそなえた王の駿馬は王にふさわしく、王の使用にかない、王の手足と呼ばれる。

比丘たちよ、これと同じように、これら三つの性質をそなえた比丘は供食されるべきであり、饗応されるべきであり、供養されるべきであり、世間の人々の無上の福田である。三つとはどれらか。

比丘たちよ、ここに比丘は毛色がよく、力をそなえ、速さをそなえている。

比丘たちよ、比丘の毛色がよいとはどのようであるか。

比丘たちよ、ここに比丘が戒律をそなえ、戒条による制御（別解脱律儀）を守ってふるまい、正しい行いと行動の範囲とをそなえ、微細な罪にも怖畏を見て、学ぶべき基礎（学処）を学んでいる。比丘たちよ、比丘の毛色がよいとはこのようである。

比丘たちよ、比丘が力をそなえているとはどのようであるか。

比丘たちよ、ここに比丘が精進に励んで生活している。不善のことがらを捨断するために、善のことがらを身にそなえるために、力強く、勇猛に努力し、善のことがらに対して責任を放棄しない。比丘たちよ、比丘が力をそなえているとはこのようである。

比丘たちよ、比丘が速さをそなえているとはどのようであるか。

比丘たちよ、ここに比丘が『これは苦である』と如実に知り、『これは苦の原因である』と如実に知り、『[245]これは苦の消滅である』と如実に知り、『これは苦の消滅へ導く実践である』と如実に知っている。比丘たちよ、比丘が速さ[8]をそなえているとはこのようである。

比丘たちよ、これら三つの性質をそなえた比丘は供食されるべきであり、饗応されるべきであり、供養されるべきであり、世間の人々の無上の福田である」。

95

「比丘たちよ、三つの美質をそなえた王の駿馬は王にふさわしく、王の使用にかない、王の手足と呼ばれる。三つとはどれらか。

比丘たちよ、ここで、王の駿馬は毛色がよく、力をそなえ、速さをそなえている。比丘たちよ、これらの美質をそなえた王の駿馬は王にふさわしく、王の使用にかない、王の手足と呼ばれる。

比丘たちよ、これと同じように、これら三つの性質をそなえた比丘は供食されるべきであり、饗応されるべきであり、供養されるべきであり、世間の人々の無上の福田である。三つとはどれらか。

比丘たちよ、ここに比丘は毛色がよく、力をそなえ、速さをそなえている。

比丘たちよ、比丘の毛色がよいとはどのようであるか。

比丘たちよ、ここに比丘が戒律をそなえ、戒条による制御を守ってふるまい、正しい行いと行動の範囲とをそなえ、微細な罪にも怖畏を見て、学ぶべき基礎を学んでいる。比丘たちよ、比丘の毛色がよいとはこのようである。

比丘たちよ、比丘が力をそなえているとはどのようであるか。

比丘たちよ、ここに比丘が精進に励んで生活している。不善のことがらを捨断するために、善のことがらを身にそなえるために、力強く、勇猛に努力し、善のことがらに対して責任を放棄しない。比丘たちよ、比丘が力をそなえているとはこのようである。

比丘たちよ、比丘が速さをそなえているとはどのようであるか。

比丘たちよ、ここに比丘が〔人を〕下の世界に結びつける五つの束縛（五下分結）を完全に消滅して、〔天界へ〕化生する者となり、そこで完全な涅槃に入り、そこからこの世界に戻ってこない。比丘たちよ、比丘が速[9]さをそなえているとはこのようである。

比丘たちよ、これら三つの性質をそなえた比丘は供食されるべきであり、饗応されるべきであり、供養されるべきであり、世間の人々の無上の福田である」。

96

「比丘たちよ、三つの美質をそなえた王の駿馬は王にふさわしく、王の使用にかない、王の手足と呼ばれる。三つとはどれらか。
▼246 比丘たちよ、ここで、王の駿馬は毛色がよく、力をそなえ、速さをそなえている。比丘たちよ、これらの美質をそなえた王の駿馬は王にふさわしく、王の使用にかない、王の手足と呼ばれる。

比丘たちよ、これと同じように、これら三つの性質をそなえた比丘は供食されるべきであり、〔饗応されるべきであり、供養されるべきであり、〕世間の人々の無上の福田である。三つとはどれらか。

比丘たちよ、ここに比丘は毛色がよく、力をそなえ、速さをそなえている。

比丘たちよ、比丘の毛色がよいとはどのようであるか。

比丘たちよ、ここに比丘が戒律をそなえ、戒条による制御を守ってふるまい、〔正しい行いと行動の範囲とをそなえ、微細な罪にも怖畏を見て、〕学ぶべき基礎を学んでいる。比丘たちよ、比丘の毛色がよいとはこのようである。

比丘たちよ、比丘が力をそなえているとはどのようであるか。

比丘たちよ、ここに比丘が精進に励んで生活している。〔不善のことがらを捨断するために、善のことがらを身にそなえるために、〕力強く、勇猛に努力し、善のことがらに対して責任を放棄しない。比丘たちよ、比丘が力をそなえているとはこのようである。

比丘たちよ、比丘が速さをそなえているとはどのようであるか。

比丘たちよ、ここに比丘が煩悩の漏出を滅し尽くして、煩悩の漏出のないこころの解脱と智慧による解脱とを現世で完全に知り、体現し、身にそなえて生活している。比丘たちよ、比丘が速さをそなえているとはこのようである。(10)

比丘たちよ、これら三つの性質をそなえた比丘は供食されるべきであり、〔饗応されるべきであり、供養されるべきであり、〕世間の人々の無上の福田である」。

97(11)

「比丘たちよ、樹皮の衣は新しいものでも、色が悪く、肌触りが悪く、価値が少ない。比丘たちよ、樹皮の衣は、使用中のものでも、色が悪く、肌触りが悪く、価値が少ない。比丘たちよ、樹皮の衣は、着古したものでも、色が悪く、肌触りが悪く、価値が少ない。比丘たちよ、着古した樹皮の衣を人々は鍋磨きに用い、あるいはゴミためにそれを捨てる。

比丘たちよ、これと同じように、新人の比丘であっても、悪戒の者であり、不善の性質であれば、このことをわたしは彼の色の悪さとして説く。▼247比丘たちよ、たとえば樹皮の衣は色が悪いが、比丘たちよ、わたしはこの人をそれにたとえて説く。

また彼と交わり、親近し、尊敬し、見解に従っている人々には、長い期間にわたって不利益と苦とがある。このことをわたしは彼の肌触りの悪さとして説く。比丘たちよ、たとえば樹皮の衣は肌触りが悪いが、比丘たちよ、わたしはこの人をそれにたとえて説く。

また彼は衣や乞食でえる食や坐臥具や病人の資具である薬という必需品を受け取るが、〔彼にそれらを与える〕人々にはそれは大きな果をもたらさず、大きな利益がない。このことをわたしは彼の価値の少なさとして説く。比丘たちよ、たとえば樹皮の衣は価値が少ないが、比丘たちよ、わたしはこの人をそれにたとえて説く。

比丘たちよ、中堅の比丘であっても、〔悪戒の者であり、不善の性質であれば、このことをわたしは彼の色の悪さとして説く。比丘たちよ、たとえば樹皮の衣は色が悪いが、比丘たちよ、わたしはこの人をそれにたとえて説く。

また彼と交わり、親近し、尊敬し、見解に従っている人々には、長い期間にわたって不利益と苦とがある。このことをわたしは彼の肌触りの悪さとして説く。比丘たちよ、たとえば樹皮の衣は肌触りが悪いが、比丘たちよ、わたしはこの人をそれにたとえて説く。

また彼は衣や乞食でえる食や坐臥具や病人の資具である薬という必需品を受け取るが、彼にそれらを与える人々にはそれは大きな果をもたらさず、大きな利益がない。このことをわたしは彼の価値の少なさとして説く。比丘たちよ、たとえば樹皮の衣は価値が少ないが、比丘たちよ、わたしはこの人をそれにたとえて説く〕。

比丘たちよ、長老の比丘であっても、悪戒の者であり、不善の性質であれば、このことをわたしは彼の色の悪さとして説く。比丘たちよ、たとえば樹皮の衣は色が悪いが、比丘たちよ、わたしはこの人をそれにたとえて説く。

また彼と交わり、親近し、尊敬し、見解に従っている人々には、長い期間にわたって不利益と苦とがある。このことをわたしは彼の肌触りの悪さとして説く。比丘たちよ、たとえば樹皮の衣は肌触りが悪いが、比丘たちよ、わたしはこの人をそれにたとえて説く。

また彼は衣や乞食でえる食や坐臥具や病人の資具である薬という必需品を受け取るが、〔彼にそれらを与える〕人々にはそれは大きな果をもたらさず、大きな利益がない。このことをわたしは彼の価値の少なさとして説く。比丘たちよ、たとえば樹皮の衣は価値が少ないが、比丘たちよ、わたしはこの人をそれにたとえて説く。

比丘たちよ、このような長老の比丘が僧団のまんなかで説く。彼に比丘たちは説いた。『愚かで、無能なあなたが話をすることが何になるのか。あなたにも話すべきことがあると、あなたは考えているのか』と。彼は怒り、快く思わず、ことばを発するが、どのようにいおうが、僧団はそれを捨て去る。あたかもその樹皮の衣をゴミために〔捨てるように〕」。

98[12]

▼248「比丘たちよ、カーシ布[13]は、新しいものも色が美しく、手ざわりがよく、大きな価値がある。比丘たちよ、使用中のカーシ布も色が美しく、手ざわりがよく、大きな価値がある。比丘たちよ、使い古したカーシ布も色が美しく、手ざわりがよく、大きな価値がある。比丘たちよ、使い古したカーシ布を人々は宝物を包むのに使い、あるいは香箱の中にしまっておく。

比丘たちよ、これと同じように、新人の比丘であっても、戒律をそなえ、善良な性質であれば、このことをわたしは彼の色の美しさとして説く。比丘たちよ、たとえばカーシ布は色が美しいが、比丘たちよ、わたしはこの人をそれにたとえて説く。

また彼と交わり、親近し、尊敬し、見解に従っている人々には、長い期間にわたって利益と安楽とがある。このことをわたしは彼の手ざわりのよさとして説く。比丘たちよ、たとえばカーシ布は手ざわりがよいが、比丘たちよ、わたしはこの人をそれにたとえて説く。

また彼は衣や乞食でえる食や坐臥具や病人の資具である薬という必需品を受け取るが、〔彼にそれらを与える〕人々にそれは大きな果をもたらし、大きな利益がある。このことをわたしは彼の価値の大きさとして説く。比丘たちよ、たとえばカーシ布は価値が大きいが、比丘たちよ、わたしはこの人をそれにたとえて説く。

比丘たちよ、中堅の比丘であっても、〔戒律をそなえ、善良な性質であれば、このことをわたしは彼の色の美しさとして説く。比丘たちよ、たとえばカーシ布は色が美しいが、比丘たちよ、わたしはこの人をそれにたとえて説く。

また彼と交わり、親近し、尊敬し、見解に従っている人々には、長い期間にわたって利益と安楽とがある。このことをわたしは彼の手ざわりのよさとして説く。比丘たちよ、たとえばカーシ布は手ざわりがよいが、比丘たちよ、わたしはこの人をそれにたとえて説く。

また彼は衣や乞食でえる食や坐臥具や病人の資具である薬という必需品を受け取るが、彼にそれらを与える人々にそれは大きな果をもたらし、大きな利益がある。このことをわたしは彼の価値の大きさとして説く。比丘たちよ、たとえばカーシ布は価値が大きいが、比丘たちよ、わたしはこの人をそれにたとえて説く〕。

比丘たちよ、長老の比丘であっても戒をそなえ、善良な性質であれば、このことをわたしは彼の色の美しさとして説く。比丘たちよ、たとえばカーシ布は色が美しいが、比丘たちよ、わたしはこの人をそれにたとえて説く。

また彼と交わり、親近し、尊敬し、見解に従っている人々には、長い期間にわたって利益と安楽とがある。このことをわたしは彼の手ざわりのよさとして説く。比丘たちよ、たとえばカーシ布は手ざわりがよいが、比丘たちよ、わたしはこの人をそれにたとえて説く。

また彼は衣や乞食でえる食や坐臥具や病人の資具である薬という必需品を受け取るが、〔彼にそれらを与える〕人々にそれは大きな果をもたらし、大きな利益がある。このことをわたしは彼の価値の大きさとして説く。比丘たちよ、たとえばカーシ布は価値が大きいが、比丘たちよ、わたしはこの人をそれにたとえて説く。

比丘たちよ、このような長老の比丘が僧団のまんなかで説▼[249]く。彼に比丘たちは説いた。『尊者たちよ、静粛にしなさい。長老が教えと規律とを説いています』と。〔彼のことばは記憶される。人々がカーシ布を香箱にしまうように。〕比丘たちよ、それゆえここであなたたちは学ぶべきである。『わたしたちはカーシ布のようになるべきである。樹皮の衣のようになってはならない』と。比丘たちよ、あなたたちはこのように学ぶべきである」。

99[14]

「比丘たちよ、〔ある人が〕次のように説くとしよう。すなわち、[15]それぞれの仕方でその人は業を行い、それぞれの仕方でそれ（業果）を感受する、と。比丘たちよ、このように〔説く〕なら、人は梵行に努めることはなく、苦を消滅させる機会も認められなくなる。

しかし比丘たちよ、〔ある人が〕次のように説くとしよう。すなわち、〔状[16]況に応じて〕それぞれの仕方で感受されるこの業を人は行い、それぞれの仕方でその熟果を感受する、と。比丘たちよ、このように〔説く〕なら、人が梵行に努めることがあり、苦を消滅させる機会も認められる。

比丘たちよ、ある一部の人の悪業は、わずかばかりが行われても、それはその人を地獄に導く。比丘たちよ、またある一部の人のわずかばかり行われたそれと同じ悪業は、現世でのみ〔果が〕感受され、〔来世では〕微のほども見られず、どうして多く〔の果〕が〔見られようか〕。

比丘たちよ、どのような人の悪業が、わずかばかりが行われても、それはその人を地獄へ導くのか。比丘たちよ、ここに、ある人は、身を修習しておらず、戒律を修習しておらず、こころを修習しておらず、智慧を修習しておらず、〔徳が〕薄く、身体が劣小で、わずかなことにも苦しんで生活している。比丘たちよ、このような人の悪業は、わずかばかりが行われても、それはその人を地獄へ導く。

比丘たちよ、どのような人のわずかばかり行われたそれと同じ悪業が、現世でのみ〔果が〕感受され、〔来世では〕微のほども見られず、どうして多く〔の果〕が〔見られようか〕。

比丘たちよ、ここに、ある人は、身を修習しており、戒を修習しており、こころを修習しており、智慧を修習しており、〔徳が〕篤く、身体が雄大で、〔煩悩の〕束縛なく生活している。比丘たちよ、このような人のわずかばかり行われたそれと同じ悪業は、現世でのみ〔果が〕感受され、〔来世では〕微のほども見られず、どうして多く〔の果〕が〔見られようか〕。
▼250 比丘たちよ、たとえばある人がひとかたまりの塩を小さな水の椀に入れるとしよう。比丘たちよ、あなたたちはどのように思うか。水の椀の中のわずかの水はそのひとかたまりの塩によって塩辛くなり、飲めなくなるのではないか」。
「尊師よ、そのとおりです」。

「それはなにゆえか」。

「水の椀の中のその水が少ないからです。それはそのひとかたまりの塩によって塩辛くなり、飲めなくなります」。

「比丘たちよ、たとえばある人がひとかたまりの塩をガンジス川の大きな水の集まりの中に入れるとしよう。ではガンジス川の水はその塩のかたまりによって塩辛くなり、飲めなくなるであろうか」。

「尊師よ、それはそうではありません」。

「それはなにゆえか」。

「尊師よ、ガンジス川の水の集まりが大きいからです。それはその塩のかたまりによって塩辛くならず、飲めなくなることはありません」。

「比丘たちよ、これと同じように、ある一部の人の悪業は、わずかばかりが行われても、それはその人を地獄に導く。比丘たちよ、またある一部の人のわずかばかり行われたそれと同じ悪業は、現世でのみ〔果が〕感受され、〔来世では〕微のほども見られず、どうして多く〔の果〕が〔見られようか〕。

比丘たちよ、どのような人の悪業が、わずかばかりが行われても、それはその人を地獄へ導くのか。

比丘たちよ、ここに、ある人は、身を修習しておらず、〔戒律を修習しておらず、こころを修習しておらず、智慧を修習しておらず、徳が薄く、〕身体が劣小で、わずかなことにも苦しんで生活している。比丘たちよ、このような人の悪業は、わずかばかりが行われても、それはその人を地獄へ導く。

比丘たちよ、どのような人のわずかばかり行われたそれと同じ悪業が、現世でのみ〔果が〕感受され、〔来世では〕微のほども見られず、どうして多く〔の果〕が〔見られようか〕。

比丘たちよ、ここに、ある人は、身を修習しており、〔戒律を修習しており、こころを修習しており、智慧を修習しており、徳が篤く、〕身体が雄大で、〔煩悩の〕束縛なく生活している。比丘たちよ、このような人のわずかばかり行われたそれと同じ悪業は、現世でのみ〔果が〕感受され、〔来世では〕微のほども見られず、どうして多く〔の果〕が〔見られようか〕。

比丘たちよ、ここに、ある一部の人は半カハーパナ銭によっても捕らえられ、一カハーパナ銭によっても捕らえられ、一▼251〇〇カハーパナ銭によっても捕らえられる。また比丘たちよ、ここに、ある一部の人は半カハーパナ銭によっても捕らえられず、一カハーパナ銭によっても捕らえられず、一〇〇カハーパナ銭によっても捕らえられない。

比丘たちよ、どのような人が半カハーパナ銭によっても捕らえられ、一カハーパナ銭によっても捕らえられ、一〇〇カハーパナ銭によっても捕らえられるのか。比丘たちよ、ここにある一部の人は貧しく、自分の所有物は少なく、財産が少ない。比丘たちよ、このような人は半カハーパナ銭によっても捕らえられ、一カハーパナ銭によっても捕らえられ、一〇〇カハーパナ銭によっても捕らえられる。

比丘たちよ、どのような人が半カハーパナ銭によっても捕らえられず、一カハーパナ銭によっても捕らえられず、一〇〇カハーパナ銭によっても捕らえられないのか。比丘たちよ、ここにある一部の人は、富み、大きな財を持ち、大きな財産を持っている。比丘たちよ、このような人は半カハーパナ銭によっても捕らえられず、一カハーパナ銭によっても捕らえられず、一〇〇カハーパナ銭によっても捕らえられない。

比丘たちよ、これと同じように、ある一部の人の悪業は、わずかばかりが行われても、それはその人を地獄に導く。比丘たちよ、またある一部の人のわずかばかり行われたそれと同じ悪業は、現世でのみ〔果が〕感受され、〔来世では〕微のほども見られず、どうして多く〔の果〕が〔見られようか〕。

比丘たちよ、どのような人の悪業が、わずかばかりが行われても、それはその人を地獄へ導くのか。

比丘たちよ、ここに、ある人は、身を修習しておらず、〔戒律を修習しておらず、こころを修習しておらず、智慧を修習しておらず、徳が薄く、〕身体が劣小で、わずかなことにも苦しんで生活している。比丘たちよ、このような人の悪業は、わずかばかりが行われても、それはその人を地獄へ導く。

比丘たちよ、どのような人のわずかばかり行われたそれと同じ悪業が、現世でのみ〔果が〕感受され、〔来世では〕微のほども見られず、どうして多く〔の果〕が〔見られようか〕。

比丘たちよ、ここに、ある人は、身を修習しており、〔戒律を修習しており、こころを修習しており、智慧を修習しており、徳が篤く、〕身体が雄大で、〔煩悩の〕束縛なく生活している。比丘たちよ、このような人のわずかばかり行われたそれと同じ悪業は、現世でのみ〔果が〕感受され、〔来世では〕微のほども見られず、どうして多く〔の果〕が〔見られようか〕。

比丘たちよ、たとえば、羊飼いや羊の屠殺者は、▼252またある一部の人が羊を盗もうとするとき、〔その者を〕殺害することも、あるいは縛ることも、あるいは財産を没収することも、あるいは望むままにすることもできる。またある一部の人が羊を盗もうとするとき、〔その者を〕殺害することも、あるいは縛ることも、あるいは財産を没収することも、あるいは望むままにすることもできない。

比丘たちよ、羊飼いや羊の屠殺者は、どのような人が羊を盗もうとするとき、〔その人を〕殺害することも、あるいは縛ることも、あるいは財産を没収することも、あるいは望むままにすることもできるのか。

比丘たちよ、ここに、ある一部の人は貧しく、自分の所有物は少なく、財産が少ない。比丘たちよ、このような人が羊を盗もうとするとき、羊飼いや羊の屠殺者は〔彼を〕殺害することも、あるいは縛ることも、あるいは財産を没収することも、あるいは望むままにすることもできる。

比丘たちよ、羊飼いや羊の屠殺者は、どのような人が羊を盗もうとするとき、〔その人を〕殺害することも、あるいは縛ることも、あるいは財産を没収することも、あるいは望むままにすることもできないのか。

比丘たちよ、ここに、ある一部の人は、富み、大きな財を持ち、大きな財産を持っており、王であり、あるいは王臣である。比丘たちよ、このような人が羊を盗もうとするとき、羊飼いや羊の屠殺者は〔彼を〕殺害することも、あるいは縛ることも、あるいは財産を没収することも、あるいは望むままにすることもできない。なにはともあれ、合掌して、『わが師よ、わたしに羊を与えてください。もしくは羊の代価を与えてください』と彼に懇願するのみである。

比丘たちよ、これと同じように、ある一部の人の悪業は、わずかばかりが行われても、それはその人を地獄に導く。比丘たちよ、またある一部の人のわずかばかり行われたそれと同じ悪業は、現世でのみ〔果が〕感受され、〔来世では〕微のほども見られず、どうして多く〔の果〕が〔見られようか〕。

比丘たちよ、どのような人の悪業が、わずかばかりが行われても、それはその人を地獄へ導くのか。

比丘たちよ、ここに、ある人は、身を修習しておらず、〔戒律を修習しておらず、こころを修習しておらず、智慧を修習しておらず、徳が薄く、〕身体が劣小で、わずかなことにも苦しんで生活している。比丘たちよ、このような人の悪業は、▼253わずかばかりが行われても、それはその人を地獄へ導く。

比丘たちよ、どのような人のわずかばかり行われたそれと同じ悪業が、現世でのみ〔果が〕感受され、〔来世では〕微のほども見られず、どうして多く〔の果〕が〔見られようか〕。

比丘たちよ、ここに、ある人は、身を修習しており、〔戒律を修習しており、こころを修習しており、智慧を修習しており、徳が篤く、〕身体が雄大で、〔煩悩の〕束縛なく生活している。比丘たちよ、このような人のわずかばかり行われたそれと同じ悪業は、〔現世でのみ果が感受され、来世では微のほども見られず、〕どうして多く〔の果〕が〔見られようか〕。

比丘たちよ、〔ある人が〕次のように説くとしよう。すなわち、それぞれの仕方でその人は業を行い、それぞれの仕方でそれ（業果）を感受する、と。比丘たちよ、このように〔説く〕なら、人は梵行に努めることはなく、苦を消滅させる機会も認められなくなる。

しかし比丘たちよ、〔ある人が〕次のように説くとしよう。すなわち、それぞれの仕方で知られるべきこの業を人は行い、それぞれの仕方でそれの熟果を感受する、と。比丘たちよ、このように〔説く〕なら、人が梵行に努めることがあり、苦を消滅させる機会も認められる」。

100[17]

「比丘たちよ、塵や砂が混ざり、砂礫が混ざった、粗雑で不純物を含む金鉱石があるとき、それを塵を除く職人が、あるいは塵を除く職人の弟子が、木の樽の中で分散させて洗い、洗浄し、浄化する。

それが捨断され、除去されたとき、金鉱石には細かな砂礫や粗い砂という中程度の大きさの不純物がある。それを塵を除く職人が、あるいは塵を除く職人の弟子が洗い、洗浄し、浄化する。

それが捨断され、除去されたとき、金鉱石には細かな砂や黒い粒という微細な不純物がある。それを塵を除く職人が、あるいは塵を除く職人の弟子が洗い、洗浄し、浄化する。

それが捨断され、除去されたとき、さらに金の垢が残っている。

金工が、あるいは金工の弟子がその金鉱石を坩堝の中に入れ、溶かし、充分に溶かし、溶解する[254]。金鉱石が溶かされ、充分に溶かされても、溶解されず、純化されずに、汚濁が除去されていないとき、それは柔軟でなく、使用に適さず、輝きがなく、壊れやすく、正しく製品にならない。

比丘たちよ、金工が、あるいは金工の弟子がその金鉱石を溶かし、充分に溶かし、溶解するとき、その金鉱石は溶かされ、充分に溶かされ、溶解され、純化され、汚濁が除去され、柔軟になり、使用に適し、輝きを持ち、壊れることがなく、正しく製品になる。それぞれの装飾品を希望すれば、金の板や、耳輪や、首飾りや、金の華鬘であれ、その目的にかなう。

比丘たちよ、これと同じように、すぐれたこころを修習しつつある比丘には、粗大な煩悩が、すなわち身の悪行やことばの悪行やこころの悪行がある。それを思慮深く善良な性質の比丘は捨断し、捨て去り、浄化し、除去して、消滅させる。

それが捨断され、除去されたとき、すぐれたこころを修習しつつある比丘には、細かな煩悩である、生まれについての思いや、地方についての思いや、〔わたしは〕軽蔑されていないという思いがある。それを思慮深く善良な性質の比丘は捨断し、捨て去り、浄化し、除去して、消滅させる。

それが捨断され、除去されたとき、さらに覚り[18]であるという思い込みが残る。

そのこころの統一[19]（定）は寂静でなく、すぐれたものでなく、軽安を得たものでなく、専一性を獲得したものでなく、自らの意図的な努力[20]（有行）によって〔煩悩を〕抑止し、防護したものである。比丘たちよ、彼がこころを自己のうちにのみ向け、確立させ、専注し、こころが統一されたとき、そのこころの統一は寂静であり、すぐれたものであり、軽安を得たものであり、専一性を獲得したものであり、自らの意図的な努力[21]によらずに〔煩悩を〕抑止し、防護したものである。洞察し体現されるべきそれぞれの教え（法）に対してこころを向けさせ、[▼255]洞察と体現とによって、原因があるときごとに、それぞれについて実現することが可能になる。

もし彼が多く[22]の種類の神変を体験したいと望むなら、すなわち、一つ[23]の身体であった者が多くの身体となって出現したい、多くの身体であった者が一つの身体になって出現したい、姿を顕現したい、姿を消し去りたい、あたかも空中を行くように、壁を通り抜け、塀を通り抜け、山を通り抜け、障害なく進みたい、あたかも水中に〔出没する〕ように、地中に出没したい、あたかも地上を〔歩く〕ように、水の上を進みたい、あたかも鳥のように、結跏趺坐のまま空中を行きたい、このような大きな神変と大きな力を持つ月と太陽とに手で触り摩擦したい、梵天の世界に至るまで身体で自在にふるまいたい、と〔望むなら〕彼は、原因があるときごとに、それぞれについて実現することが可能になる。

もし彼が、人を超えた清浄な天の耳[24]によって、遠くの、また近くの、天と人との両方の声を聞きたいと望むなら、原因があるときごとに、それぞれについて実現することが可能になる。

もし彼が、他の生ける者の、他の人のこころを〔自らの〕こころで知りたいと望むなら、すなわち、貪りのあるこころを貪りのあるこころであると知り、貪りを離れたこころを貪りを離れたこころであると知り、怒りのあるこころを〔怒りのあるこころであると知り〕、怒りを離れたこころを〔怒りを離れたこころであると知り〕、愚かさのあるこころを〔愚かさのあるこころであると知り〕、愚かさを離れたこころを〔愚かさを離れたこころであると知り〕、汚れたこころを〔汚れたこころであると知り〕、汚れを離れたこころを〔汚れを離れたこころであると知り〕、大界のこころを〔大界のこころであると知り〕、大界に属さないこころを〔大界に属さないこころであると知り〕、有上のこころを〔有上のこころであると知り〕、無上のこころを〔無上のこころであると知り〕、こころの統一に入ったこころを〔こころの統一に入ったこころであると知り〕、こころの統一に入っていないこころを〔こころの統一に入っていないこころであると知り〕、未だ解脱していないこころを未だ解脱していないこころであると知り、解脱したこころを解脱したこころであると知りたい、と〔望むなら〕彼は、原因があるときごとに、それぞれについて実現することが可能になる。

もし彼が多く[26]の種類の先の世を追想したいと望むなら、すなわち、一つの生涯も、二つの生涯も、三つの生涯も、四つの生涯も、〔五つの生涯も、〕一〇の生涯も、二〇の生涯も、三〇の生涯も、四〇の生涯も、五〇の生涯も、〕一〇〇の生涯も、一〇〇〇の生涯も、百千の生涯も、幾多の壊劫も、幾多の成劫も、幾多の壊と成との劫も〔追想し〕、そこにおいてこ▼256のような名前であり、このような氏族であり、このような姓であり、このような食があり、このような楽と苦とを経験し、このような寿命であり、彼はそこから死没してこのようなところに再生し、そこにおいてもこのような名前であり、このような氏族であり、このような姓であり、このような食があり、このような楽と苦とを経験し、このような寿命であり、彼はそこから死没してこのようなところに再生したと、このように様相と境遇を一緒にして、多くの種類の先の世を追想したい、と〔望むなら〕彼は、原因があるときごとに、それぞれについて実現することが可能になる。

もし彼が、人を超えた天[27]の眼で生ける者たちを見たい、死のうとしている、再生しようとしている、劣った、すぐれた、美しい、醜い、善趣の、悪趣の、業に従っていく生ける者を知りたいと望むなら、すなわち、これらの貴い生ける者たちは身体による悪行をそなえ、ことばによる悪行をそなえ、こころによる悪行をそなえ、聖者たちを誹謗し、邪な見解を持ち、邪な見解より生じる業を身にそなえ、彼らは体が壊れた死後、喪失の世界、悪い境涯、堕ちる世界、地獄に生まれた、と。あるいはこれらの貴い生ける者たちは身体による善行をそなえ、ことばによる善行をそなえ、こころによる善行をそなえ、聖者たちを称賛し、正しい見解を持ち、正しい見解より生じる業を身にそなえ、彼らは体が壊れた死後、よい境涯、天の世界に生まれた、と、このようにもし彼が、人を超えた天の眼で生ける者たちを見たい、死のうとしている、再生しようとしている、劣った、すぐれた、美しい、醜い、善趣の、悪趣の、業に従っていく生ける者を知りたいと望むなら、彼は、原因があるときごとに、それぞれについて実現することが可能になる。

もし彼が、[28]煩悩の漏出を滅し尽くして、煩悩の漏出のないこころの解脱と智慧による解脱とを現世で自ら了知し、体現し、身にそなえて生活したいと願うなら、彼は、原因があるときごとに、それぞれについて実現することが可能になる。

比丘たちよ、すぐれたこころを修習しつつある比丘は、ときどき三つの因を考慮すべきである。ときどきこころの統一という因を考慮すべきであり、ときどき策励という因を考慮すべきであり、ときどき中庸という因を考慮すべきである。

比丘たちよ、もしすぐれたこころを修習しつつある比丘が専一的にこころの統一という因のみを考慮するなら、そのこころは懈怠に向かうであろう。これは道理である。比丘たちよ、もしすぐれたこころを修習しつつある比丘が専一的に策励という因のみを考慮するなら、そのこころは掉挙に向かうであろう。これは道理である。比丘たちよ、も▼257

しすぐれたこころを修習しつつある比丘が専一的に中庸という因のみを考慮するなら、そのこころが煩悩の漏出の滅尽のために正しく集中しないであろう。これは道理である。比丘たちよ、すぐれたこころを修習しつつある比丘は、ときどきこころの統一という因を考慮し、ときどき策励という因を考慮し、ときどき中庸という因を考慮するから、そのこころは柔軟であり、仕事に適し、輝きを持ち、壊れず、煩悩の漏出を滅尽するために正しく集中する。

比丘たちよ、たとえば金工が、あるいは金工の弟子が、炉を造り、炉を造ってから炉の口に火を入れ、炉の口に火を入れてから、火ばさみで金鉱石をつかみ、炉の口に入れ、ときどきふいごで吹き、ときどき水をふりかけ、ときどき静観する。

比丘たちよ、もし金工が、あるいは金工の弟子がその金鉱石を専らふいごで吹き続けたら、その金鉱石は焼尽してしまうであろう。これは道理である。比丘たちよ、もし金工が、あるいは金工の弟子がその金鉱石に専ら水をふりかけ続けたら、その金鉱石は冷え切ってしまうであろう。これは道理である。比丘たちよ、もし金工が、あるいは金工の弟子がその金鉱石を専ら静観し続けたら、その金鉱石は正しく精製されないであろう。これは道理である。

比丘たちよ、金工が、あるいは金工の弟子がその金鉱石をときどきふいごで吹き、ときどき水をふりかけ、ときどき静観するから、その金鉱石は柔軟になり、使用に適し、輝きを持ち、壊れることがなく、正しく製品になる。それぞれの装飾品を希望すれば、金の板や、耳輪や、首飾りや、金の華鬘であれ、その目的にかなう。

比丘たちよ、これと同じように、すぐれたこころを修習しつつある比丘は、ときどき三つの因を考慮すべきである。ときどき禅定という因を考慮すべきであり、ときどき策励という因を考慮すべきであり、ときどき中庸という因を考慮すべきである。

比丘たちよ、もしすぐれたこころを修習しつつある比丘が専一的にこころの統一という因のみを▼258考慮するなら、そのこころは懈怠に向かうであろう。これは道理である。比丘たちよ、もしすぐれたこころを修習しつつある比丘が専一的に策励という因のみを考慮するなら、そのこころは掉挙に向かうであろう。これは道理である。比丘たちよ、もしすぐれたこころを修習しつつある比丘が専一的に中庸という因のみを考慮するなら、そのこころが煩悩の漏出の滅尽のために正しく集中しないであろう。これは道理である。比丘たちよ、すぐれたこころを修習しつつある比丘は、ときどき禅定という因を考慮し、ときどき策励という因を考慮し、ときどき中庸という因を考慮するから、そのこころは柔軟であり、仕事に適し、輝きを持ち、壊れず、煩悩の漏出を滅尽するために正しく集中する。洞察し体現されるべきそれぞれの教えに対してこころを向けさせ、洞察と体現とによって、原因があるときごとに、それぞれについて実現することが可能になる。

もし彼が多くの種類の神変を実現したいと願うなら、……六つの神通のこころを〔体現し、身につけて生活したいと願うなら〕、煩悩の漏出の滅尽を体現し、身につけて生活したいと願うなら、原因があるときごとに、それぞれについて実現することが可能になる」。

〔以上が「塩のかたまりの章」である。〕

第二の大きな五〇章は終わった。

〔第三の小の五〇経〕

第11章　正しい覚知の章

101[1]

「比丘たちよ、わたしが正しく覚知する以前の、いまだ正しく明らかに覚知していない菩薩[2]であったとき、次のように考えた。何が世間における悦楽であり、何が過患であり、何か出離であるか、と。比丘たちよ、これについてわたしはこのように考えた。世間において、それによって安楽と喜悦とが生じてくる、そのもとになるものが悦楽である。世間において無常であり、苦であり、変化する性質のものが世間における過患である。世間における欲望への貪りを防止すること、欲望への貪りを断じることが世間における出離である、と。

比丘たちよ、わたしはこのように世間の悦楽を悦[▼259]楽として、過患を過患として、出離を出離として如実に明らかに知らないうちは、比丘たちよ、わたしは天を含め、魔を含め、梵天を含めた世界で、沙門・バラモン[3]を含め、天と人とを含めた人々の中で、無上の等正覚を正しく覚ったと自称しなかった。比丘たちよ、わたしはこのように世間の悦楽を悦楽として、過患を過患として、出離を出離として如実に明らかに知ったから、比丘たちよ、わたしは天を含め、魔を含め、梵天を含めた世界で、沙門・バラモンを含め、天と人とを含めた人々の中で、無上の等正覚を正しく覚ったと自称した。またわたしには『わたしのこころの解脱は不動であり、これが最後の生であり、いまや再生はない』

という理解と洞察とが生じた。

比丘たちよ、わたしは世間の悦楽を探し求め、世間における悦楽を得た。世間にある限りの悦楽を智慧（慧）によってよく見た。比丘たちよ、わたしは世間の過患を探し求め、世間における過患を得た。世間にある限りの過患を智慧によってよく見た。わたしは世間の出離を探し求め、世間における出離を得た。世間にある限りの出離を智慧によってよく見た。

比丘たちよ、わたしはこのように世間の悦楽を悦楽として、過患を過患として、出離を出離として如実に明らかに知らないうちは、比丘たちよ、わたしは天を含め、魔を含め、梵天を含めた世界で、沙門・バラモンを含め、天と人とを含めた人々の中で、無上の等正覚を正しく覚ったと自称しなかった。比丘たちよ、わたしはこのように世間の悦楽を悦楽として、過患を過患として、出離を出離として如実に明らかに知ったから、比丘たちよ、わたしは天を含め、魔を含め、梵天を含めた世界で、沙門・バラモンを含め、天と人とを含めた人々の中で、無上の等正覚を正しく覚ったと自称した。またわたしには『わたしのこころの解脱は不動であり、これが最後の生であり、いまや再生はない』という理解と洞察とが生じた」。

102④

「▼260 比丘たちよ、もし世間に悦楽がないなら、生ける者たちは世間に執着しないであろう。しかし比丘たちよ、世間には悦楽があるから、それゆえ生ける者たちは世間に執着する。比丘たちよ、もし世間に過患がないなら、生ける者たちは世間を厭離しないであろう。しかし比丘たちよ、世間には過患があるから、それゆえ生ける者たちは世間を厭離する。比丘たちよ、もし世間からの出離がないなら、生ける者たちは世間において出離しないであろう。しかし比丘たちよ、世間には出離があるから、それゆえ生ける者たちは世間から出離する。

比丘たちよ、生ける者たちが世間の悦楽を悦楽として、過患を過患として、出離を出離として如実に明らかに知らない限り、比丘たちよ、生ける者たちは、天を含め、魔を含めた世間の人々は、沙門・バラモンを含め、天と人とを含めた人々から出離せず、自由にならず、解放されたこころで生活することはない。しかし比丘たちよ、生ける者たちが世間の悦楽を悦楽として、過患を過患として、出離を出離として如実に明らかに知るから、比丘たちよ、生ける者たちは、天を含め、魔を含めた世間の人々は、沙門・バラモンを含め、天と人とを含めた人々から出離し、自由になり、解放されたこころで生活する。

比丘たちよ、沙門あるいはバラモンが世間の悦楽を悦楽として、過患を過患として、出離を出離として如実に明らかに知らないとき、彼らはわたしには沙門でなくバラモンでなく、あるいは沙門のなかの沙門とは認められず、バラモンのなかのバラモンとは認められない。また彼ら尊者たちは、現世で沙門の真義を、またバラモンの真義を明らかに知らず、体現せず、身にそなえていない。

しかし比丘たちよ、沙門あるいはバラモンが世間の悦楽を悦楽として、過患を過患として、出離を出離として如実に明らかに知るとき、彼らは沙門でありバラモンであり、あるいは沙門のなかの沙門と認められ、バラモンのなかのバラモンと認められる。また彼ら尊者たちは、現世で沙門の真義を、またバラモンの真義を明らかに知り、体現し、身にそなえている」。

103

▼261「比丘たちよ、歌[5]とは聖者の規律（律）のなかでは号泣である。比丘たちよ、踊りとは聖者の規律のなかでは狂気のふるまいである。比丘たちよ、度を越えて、歯を露わにして笑うのは聖者の規律のなかでは子供のふるまいである。それゆえ比丘たちよ、ここで、歌について縁を断ちなさい。踊りについて縁を断ちなさい。あなたたちは、よき人た

ちが教え（法）に満足して微笑むとき、微笑むだけで充分である」。(6)

104

「比丘たちよ、これら三つのことに耽《ふけ》れば、満足することはない。三つのこととはどれらか。比丘たちよ、眠ることに耽れば、満足することはない。比丘たちよ、スラー・メーラヤ酒を飲むことに耽れば、満足することはない。比丘たちよ、性交に耽れば、満足することはない。比丘たちよ、これら三つのことに耽れば、満足することはない」。

105

あるとき戸主のアナータピンディカは世尊のもとへ行った。行って世尊に礼拝して、かたわらにすわった。かたわらにすわった戸主のアナータピンディカに世尊は次のようにいった。

「戸主よ、こころが護られていないとき、身体による業も護られておらず、ことばによる業も護られておらず、こころによる業も護られていない。身体による業が護られていない者に、ことばによる業が護られていない者に、こころによる業が護られていない者に、身体による業も〔煩悩の漏出で〕濡れており、ことばによる業も〔煩悩の漏出で〕濡れており、ことばによる業も〔煩悩の漏出で〕濡れており、こころによる業も〔煩悩の漏出で〕濡れている。身体による業が〔煩悩の漏出で〕濡れている者に、ことばによる業が〔煩悩の漏出で〕濡れている者に、こころによる業が〔煩悩の漏出で〕濡れている者に、身体による業も腐敗しており、ことばによる業も腐敗しており、こころによる業も腐敗している。身体による業が腐敗している者の、ことばによる業が腐敗している者の、こころによる業が腐敗している者の、死はめでたくなく、死亡はめでたくない。(7)

戸主よ、たとえば重閣〔の屋根〕がよく葺かれていないとき、尖塔も護られておらず、垂木も護られておらず、壁も護られておらず、尖塔も濡れており、垂木も濡れており、壁も濡れており、尖塔も腐食しており、垂木も腐食しており、壁も腐食している。戸主よ、これと同じように▼262こころが護られていないとき、身体による業も護られておらず、ことばによる業も護られておらず、こころによる業も護られていない。身体による業が護られていない者に、ことばによる業が護られていない者に、こころによる業が護られていない者に、身体による業も〔煩悩の漏出で〕濡れており、ことばによる業も〔煩悩の漏出で〕濡れており、こころによる業も〔煩悩の漏出で〕濡れている。身体による業が〔煩悩の漏出で〕濡れている者に、ことばによる業が〔煩悩の漏出で〕濡れている者に、こころによる業が〔煩悩の漏出で〕濡れている者に、身体による業も腐敗しており、ことばによる業も腐敗しており、こころによる業も腐敗している。身体による業が腐敗している者の、ことばによる業が腐敗している者の、こころによる業が腐敗している者の、死はめでたくなく、死亡はめでたくない。

　戸主よ、こころが護られているとき、身体による業も護られており、ことばによる業も護られており、こころによる業も護られている。身体による業が護られている者に、ことばによる業が護られている者に、こころによる業が護られている者に、身体による業も〔煩悩の漏出で〕濡れておらず、ことばによる業も〔煩悩の漏出で〕濡れておらず、こころによる業も〔煩悩の漏出で〕濡れていない。身体による業が〔煩悩の漏出で〕濡れていない者に、ことばによる業が〔煩悩の漏出で〕濡れていない者に、こころによる業が〔煩悩の漏出で〕濡れていない者に、身体による業も腐敗しておらず、ことばによる業も腐敗しておらず、こころによる業も腐敗していない。身体による業が腐敗していない者の、ことばによる業が腐敗していない者の、こころによる業が腐敗していない者の、死はめでたく、死亡はめでたい。

　戸主よ、たとえば重閣〔の屋根〕がよく葺かれているとき、尖塔も護られており、垂木も護られており、壁も護られており、尖塔も濡れておらず、垂木も濡れておらず、壁も濡れておらず、尖塔も腐食しておらず、垂木も腐食しておらず、壁も腐食していない。戸主よ、これと同じようにこころが護られているとき、身体による業も護られており、ことばによる業も護られており、こころによる業も護られている。身体による業が護られている者に、ことばによる業が護られている者に、こころによる業が護られている者に、身体による業も〔煩悩の漏出で〕濡れておらず、ことばによる業も〔煩悩の漏出で〕濡れておらず、こころによる業も〔煩悩の漏出で〕濡れていない。身体による業が〔煩悩の漏出で〕濡れていない者に、ことばによる業が〔煩悩の漏出で〕濡れていない者に、こころによる業が〔煩悩の漏出で〕濡れていない者に、身体による業も腐敗しておらず、ことばによる業も腐敗しておらず、こころによる業も腐敗していない。身体による業が腐敗していない者の、ことばによる業が腐敗していない者の、こころによる業が腐敗していない者の、死はめでたく、死亡はめでたい」。

106

かたわらにすわった戸主のアナータピンディカに世尊は次のようにいった。

「戸主よ、こころが害されているとき、身体による業も害されており、ことばによる業も害されており、こころによる業も害されている。身体による業が害されている者の、ことばによる業が害されている者の、こころによる業が害されている者の、死はめでたくなく、死亡はめでたくない。

戸主よ、たとえば重閣〔の屋根〕がよく葺かれていないとき、尖塔も害されており、垂木も害されており、壁も害されている。戸主よ、これと同じように、こころが害されているとき、身体による業も害されており、ことばによる業も害されており、こころによる業も害されている。身体による業が害されている者の、ことばによる業が害されている者の、こころによる業が害されている者の、死はめでたくなく、死亡はめでたくない。

戸主よ、こころが害されていないとき、身体による業も害されておらず、ことばによる業も害されておらず、こころによる業も害されていない。身体による業が害されていない者の、ことばによる業が害されていない者の、こころによる業が害されていない者の、死はめでたく、死亡はめでたい。

戸主よ、たとえば重閣〔の屋根〕がよく葺かれているとき、尖塔も害されておらず、垂木▼263も害されておらず、壁も害されていない。戸主よ、これと同じように、こころが害されていないとき、身体による業も害されておらず、ことばによる業も害されておらず、こころによる業も害されていない。身体による業が害されていない者の、ことばによる業が害されていない者の、こころによる業が害されていない者の、死はめでたく、死亡はめでたい」。

107

「比丘たちよ、これら三つは業が生起するための因である。三つとはどれらか。貪り（貪）は業が生起するための因である。怒り（瞋）は業が生起するための因である。愚かさ（癡）は業が生起するための因である。

比丘たちよ、貪りによって作られた業は、貪りより生じ、貪りを因とし、貪りより生起する。その業は不善であり、その業は罪があり、その業は苦しい熟果を持ち、その業は業[8]の生起のためにはたらき、その業は業[9]の消滅のためにはたらかない。

比丘たちよ、怒りによって作られた業は、怒りより生じ、怒りを因とし、怒りより生起する。その業は不善であり、その業は罪があり、その業は苦しい熟果を持ち、その業は業の生起のためにはたらき、その業は業の消滅のためにはたらかない。

比丘たちよ、愚かさによって作られた業は、愚かさより生じ、愚かさを因とし、愚かさより生起する。その業は不善であり、その業は罪があり、その業は苦しい熟果を持ち、その業は業の生起のためにはたらき、その業は業の消滅のためにはたらかない。

比丘たちよ、これら三つが業が生起するための因である」。

108

「これら三つは業が生起するための因である。三つとはどれらか。貪りのないこと（無貪）は業が生起するための因である。怒りのないこと（無瞋）は業が生起するための因である。愚かさのないこと（無癡）は業が生起するための因である。

比丘たちよ、貪りのないことによって作られた業は、貪りのないことより生じ、貪りのないことを因とし、貪りのないことより生起する。その業は善であり、その業は罪がなく、その業は安楽の熟果を持ち、その業は業の消滅のためにはたらき、その業は業の生起のためにはたらかない。

比丘たちよ、怒りのないことによって作られた業は、怒りのないことより生じ、怒りのないことを因とし、怒りのないことより生起する。その業は善であり、その業は罪がなく、その業は安楽の熟果を持ち、その業は業の消滅のためにはたらき、その業は業の生起のためにはたらかない。

比丘たちよ、愚かさのないことによって作られた業は、愚かさのないことより生じ、愚かさのないことを因とし、愚かさのないことより生起する。その業は善であり、その業は罪がなく、その業は安楽の熟果を持ち、その業は業の消滅のためにはたらき、その業は業の生起のためにはたらかない。

比丘たちよ、これら三つが業が生起するための因である」。

109

「▼264比丘たちよ、これら三つは業が生起するための因である。三つとはどれらか。

比丘たちよ、欲貪の原因である過去のものごとに関して欲が生じる。比丘たちよ、欲貪の原因である未来のものごとに関して欲が生じる。比丘たちよ、欲貪の原因である現在のものごとに関して欲が生じる。

比丘たちよ、欲貪の原因である過去のものごとに関して欲が生じるとはどのようであるか。

比丘たちよ、欲貪の原因である過去のものごとに関して、こころによって繰り返し考察し、繰り返し伺察する。欲貪の原因である過去のものごとに関して繰り返し考察し、繰り返し伺察しつつある者に欲が生じる。欲を生じた者はそれらのものごとに結びつけられる。比丘たちよ、これはこころの染着であり、それをわたしは束縛と説く。比丘たちよ、このようにして欲貪の原因である過去のものごとに関して欲が生じる。

比丘たちよ、欲貪の原因である未来のものごとに関して欲が生じるとはどのようであるか。

比丘たちよ、欲貪の原因である未来のものごとに関して、こころによって繰り返し考察し、繰り返し伺察する。欲貪の原因である未来のものごとに関して繰り返し考察し、繰り返し伺察しつつある者に欲が生じる。欲を生じた者はそれらのものごとに結びつけられる。比丘たちよ、これはこころの染着であり、それをわたしは束縛と説く。比丘たちよ、このようにして欲貪の原因である未来のものごとに関して欲が生じる。

比丘たちよ、欲貪の原因である現在のものごとに関して欲が生じるとはどのようであるか。

比丘たちよ、欲貪の原因である現在のものごとに関して、こころによって繰り返し考察し、繰り返し伺察する。欲貪の原因である現在のものごとに関して繰り返し考察し、繰り返し伺察しつつある者に欲が生じる。欲を生じた者はそれらのものごとに結びつけられる。比丘たちよ、これはこころの染着であり、それをわたしは束縛と説く。比丘たちよ、このようにして欲貪の原因である現在のものごとに関して欲が生じる。

比丘たちよ、これら三つが業が生起するための因である」。

110

「▼[265]比丘たちよ、これら三つは業が生起するための因である。三つとはどれらか。

比丘たちよ、欲貪の原因である過去のものごとに関して欲が生じない。比丘たちよ、欲貪の原因である未来のものごとに関して欲が生じない。比丘たちよ、欲貪の原因である現在のものごとに関して欲が生じない。

比丘たちよ、欲貪の原因である過去のものごとに関して欲が生じないとはどのようであるか。

比丘たちよ、欲貪の原因である過去のものごとの将来の熟果をよく知る。将来の熟果をよく知って、それを避ける。それを避けて、こころによってはっきりと染着を離れ、智慧によって洞察して見る。比丘たちよ、このようにして欲貪の原因である過去のものごとに関して欲が生じない。

比丘たちよ、欲貪の原因である未来のものごとに関して欲が生じないとはどのようであるか。

比丘たちよ、欲貪の原因である未来のものごとの将来の熟果をよく知る。将来の熟果をよく知って、それを避ける。それを避けて、こころによってはっきりと染着を離れ、智慧によって洞察して見る。比丘たちよ、このようにして欲貪の原因である未来のものごとに関して欲が生じない。

比丘たちよ、欲貪の原因である現在のものごとに関して欲が生じないとはどのようであるか。

比丘たちよ、欲貪の原因である現在のものごとの将来の熟果をよく知る。将来の熟果をよく知って、それを避ける。それを避けて、こころによってはっきりと染着を離れ、智慧によって洞察して見る。比丘たちよ、このようにして欲貪の原因である現在のものごとに関して欲が生じない。

比丘たちよ、これら三つが業が生起するための因である」。

〔以上は「正しい覚知の章」である。〕

第12章　悪趣の章

111

「比丘たちよ、これら三つは、もしそれが捨てられなければ、苦処へ導き、地獄へ導くものである。三つとはどれらか。

(1) 清[▼266]らかな行いを実践していないのに、〔自らが〕清らかな行い(梵行)を実践していることを自称する者、(2) 清らかな行いを実践している清浄な者を、極めて清浄な清らかな行いを実践している者を、根拠なしに、清らかな行いでないと誹謗する者、(3) 欲望に過失はないと、このように説き、このような見解を持つ者、このような者は欲望の中に飲み込まれる。

比丘たちよ、これら三つが、もしそれが捨てられなければ、苦処へ導き、地獄へ導くものである」。

112

「比丘たちよ、三つのものが世に出現することは得がたい。三つとはどれらか。

比丘たちよ、如来・阿羅漢・等正覚が世に出現することは得がたい。如来が説いた教え(法)と規律(律)とを説き示す人は世に得がたい。恩を知り、[1]恩を感じる人は世に得がたい。[2]

比丘たちよ、これら三つのものが世に出現することは得がたい」。

113

「比丘たちよ、世間にはこれら三〔種〕の人が存在し、見いだされる。三〔種〕とはどれらか。計ることが容易な人、計ることが困難な人、計ることのできない人である。

比丘たちよ、計ることが容易な人とはどれらの人か。

比丘たちよ、ここに、ある一部の人たちはうわついており、尊大で、軽躁で、冗舌で、ことばが散乱し、注意力がなく、明瞭な意識がなく、こころが正しく集中せず、こころが迷乱し、感官が制御されていない。比丘たちよ、この者は計ることが容易な人といわれる。

比丘たちよ、計ることが困難な人とはどれらの人か。

比丘たちよ、ここに、ある人たちはうわついておらず、尊大でなく、軽躁でなく、冗舌でなく、ことばが散乱せず、注意力があり、明瞭な意識があり、こころが正しく集中し、こころが迷乱せず、感官が制御されている。比丘たちよ、この者は計ることが困難な人といわれる。

比丘たちよ、計ることのできない人とはどれらの人か。

比丘たちよ、この世に阿羅漢であり漏尽者である比丘がいる。比丘たちよ、この者は計ることのできない人といわれる。

比丘たちよ、世間にはこれら三〔種〕の人が存在し、見いだされる」。

114▼267

「比丘たちよ、世間にはこれら三〔種〕の人が存在し、見いだされる。三〔種〕とはどれらか。

比丘たちよ、ここに、ある人は物質という想いを完全に越え、〔物質の〕不可侵入性の想いを消滅させ、種々の想いをこころに思わず、『空間は無限である』と、空間の無限を観じる境地（空無辺処）に入って住んでいる。彼はそれを楽しみ、それを喜び、それによって幸福に達している。それに対して〔こころは〕確立し、それを信じ、そこに繰り返しとどまり、退転することがなく、死亡して、空間の無限を観じる境地の天の仲間として再生した。比丘たちよ、空間の無限を観じる境地の天たちの寿命は二万劫である。そこにおいて、凡夫は、〔定まった〕寿命の限り存続し、彼ら天たちの寿命のすべてを過ごしてから、地獄へも行き、畜生界へも行き、餓鬼の境遇へも行く。しかし世尊の弟子は、〔定まった〕寿命の限り存続し、彼ら天たちの寿命のすべてを過ごしてから、その同じ生存において完全に涅槃する。比丘たちよ、〔凡夫は〕趣き先（趣）に再生することがある。これが、教えを聞いた貴い弟子と教えを聞いていない凡夫との差異であり、違いであり、多様性である。

比丘たちよ、さらに他にも、ここに、ある人は空間の無限を観じる境地を完全に越え、『意識は無限である』と、意識の無限を観じる境地（識無辺処）に入って住んでいる。彼はそれを楽しみ、それを喜び、それによって幸福に達している。それに対して〔こころは〕確立し、それを信じ、そこに繰り返しとどまり、退転することがなく、死亡して、意識の無限を観じる境地の天の仲間として再生した。比丘たちよ、意識の無限を観じる境地の天たちの寿命は四万劫である。そこにおいて、凡夫は、〔定まった〕寿命の限り存続し、彼ら天たちの寿命のすべてを過ごしてから、地獄へも行き、畜生界へも行き、餓鬼の境遇へも行く。しかし世尊の弟子は、〔定まった〕寿命の限り存続し、彼ら天たちの寿命のすべてを過ごしてから、その同じ生存において完全に涅槃する。比丘たちよ、〔凡夫は〕趣き先に再生することがある。[268]これが、教えを聞いた貴い弟子と教えを聞いていない凡夫との差異であり、違いであり、多様性である。

比丘たちよ、さらに他にも、ここに、ある人は意識の無限を観じる境地を完全に越え、『何ものも存在しない』と、何ものも存在しないと観じる境地（無所有処）に入って住んでいる。彼はそれを楽しみ、それを喜び、それによって幸福に達している。それに対して〔こころは〕確立し、それを信じ、そこに繰り返しとどまり、退転することがなく、死亡して、何ものも存在しないと観じる境地の天の仲間として再生した。比丘たちよ、何ものも存在しないと観じる境地の天たちの寿命は六万劫である。そこにおいて、凡夫は、〔定まった〕寿命の限り存続し、彼ら天たちの寿命のすべてを過ごしてから、地獄へも行き、畜生界へも行き、餓鬼の境遇へも行く。しかし世尊の弟子は、〔定まった〕寿命の限り存続し、彼ら天たちの寿命のすべてを過ごしてから、その同じ生存において完全に涅槃する。比丘たちよ、〔凡夫は〕趣き先に再生することがある。これが、教えを聞いた貴い弟子と教えを聞いていない凡夫との差異であり、違いであり、多様性である。

比丘たちよ、世間にはこれら三〔種〕の人が存在し、見いだされる」。

115

「比丘たちよ、これら三〔種〕の欠損がある。三〔種〕とはどれらか。

戒律（戒）の欠損とこころの欠損と見解の欠損である。

では比丘たちよ、戒律の欠損とは何か。

比丘たちよ、ここに、ある者は殺生をし、盗みをし、邪淫をし、うそをつき、中傷することばを発し、粗暴なことばを発し、飾ったことばを発する。比丘たちよ、これが戒律の欠損といわれる。

では比丘たちよ、こころの欠損とは何か。

比丘たちよ、ここに、ある者は貪欲であり、怒りのこころを持っている。比丘たちよ、これがこころの欠損といわれる。

では比丘たちよ、見解の欠損とは何か。

比丘たちよ、ここに、ある者は邪な見解を持ち、顚倒した見解を持っている。『施与には〔功徳が〕なく、供犠には〔功徳が〕なく、献供には〔功徳が〕なく、▼269善く行われた〔業〕と悪しく行われた業とに果も熟果もなく、この世界はなく、他の世界はなく、母はなく、父はなく、化生の生ける者はなく、この世界と他の世界とを自ら覚り体現して〔他人に〕説き明かしてくれる、正しく実行し正しく実践した沙門もバラモンも世間にはいない』と。比丘たちよ、これが見解の欠損といわれる。

比丘たちよ、戒律の欠損を因として、生ける者たちは身体が壊れたあと、死後に、喪失の世界（苦処）、悪しき趣く先（悪趣）、破滅の世界（堕処）、地獄に生まれる。

あるいは、比丘たちよ、こころの欠損を因として、生ける者たちは身体が壊れたあと、死後に、喪失の世界、悪しき趣く先、破滅の世界、地獄に生まれる。

あるいは、比丘たちよ、見解の欠損を因として、生ける者たちは身体が壊れたあと、死後に、喪失の世界、悪しき趣く先、破滅の世界、地獄に生まれる。

比丘たちよ、これらが三〔種〕の欠損である。

比丘たちよ、これら三〔種〕の充足がある。三〔種〕とはどれらか。

戒律の充足とこころの充足と見解の充足である。

では比丘たちよ、戒律の充足とは何か。

比丘たちよ、ここに、ある者は殺生を離れ、盗みを離れ、邪淫を離れ、うそをつかず、中傷のことばを発せず、粗暴なことばを発せず、飾ったことばを発しない。比丘たちよ、これが戒律の充足といわれる。

では比丘たちよ、こころの充足とは何か。

比丘たちよ、ここに、ある者は貪欲でなく、怒りのこころを持っていない。比丘たちよ、これがこころの充足といわれる。

では比丘たちよ、見解の充足とは何か。

比丘たちよ、ここに、ある者は正しい見解を持ち、顚倒していない見解を持っている。『施与には〔功徳が〕あり、供犠には〔功徳が〕あり、献供には〔功徳が〕あり、善く行われた〔業〕と悪しく行われた業とに果も熟果もあり、この世界はあり、他の世界はあり、母はあり、父はあり、化生の生ける者はあり、この世界と他の世界とを自ら覚り体現して〔他人に〕説き明かしてくれる、正しく実行し正しく実践した沙門もバラモンも世間にいる』と。比丘たちよ、これが見解の充足といわれる。

▼270 比丘たちよ、戒律の充足を因として、生ける者たちは身体が壊れたあと、死後に、善い趣く先（善趣）、天の世界に生まれる。

あるいは比丘たちよ、こころの充足を因として、生ける者たちは身体が壊れたあと、死後に、善い趣く先、天の世界に生まれる。

あるいは比丘たちよ、見解の充足を因として、生ける者たちは身体が壊れたあと、死後に、善い趣く先、天の世界に生まれる。

比丘たちよ、これらが三〔種〕の充足である」。

「比丘たちよ、これら三〔種〕の欠損がある。三〔種〕とはどれらか。戒律の欠損とこころの欠損と見解の欠損である。

では比丘たちよ、戒律の欠損とは何か。比丘たちよ、ここに、ある者は殺生をし、盗みをし、邪淫をし、うそをつき、中傷することばを発し、粗暴なことばを発し、飾ったことばを発する。比丘たちよ、これが戒律の欠損といわれる。

では比丘たちよ、こころの欠損とは何か。比丘たちよ、ここに、ある者は貪欲であり、怒りのこころを持っている。比丘たちよ、これがこころの欠損といわれる。

では比丘たちよ、見解の欠損とは何か。比丘たちよ、ここに、ある者は邪な見解を持ち、顚倒した見解を持っている。『施与には〔功徳が〕なく、供犠には〔功徳が〕なく、献供には〔功徳が〕なく、善く行われた〔業〕と悪しく行われた業とに果も熟果もなく、この世界はなく、他の世界はなく、母はなく、父はなく、化生の生ける者はなく、この世界と他の世界とを自ら覚り体現して〔他人に〕説き明かしてくれる、正しく実行し正しく実践した沙門もバラモンも世間にはいない』と。比丘たちよ、これが見解の欠損といわれる。

比丘たちよ、戒律の欠損を因として、生ける者たちは身体が壊れたあと、死後に、喪失の世界、悪しき趣く先、破滅の世界、地獄に生まれる。

あるいは、比丘たちよ、こころの欠損を因として、生ける者たちは身体が壊れたあと、死後に、喪失の世界、悪しき趣く先、破滅の世界、地獄に生まれる。

あるいは、比丘たちよ、見解の欠損を因として、生ける者たちは身体が壊れたあと、死後に、喪失の世界、悪しき趣く先、破滅の世界、地獄に生まれる。

比丘たちよ、これらが三〔種〕の欠損である。

比丘たちよ、たとえば歪みのないさいころをころがしたとき、〔さいころが〕それぞれの〔目〕で静止し、揺るがずに静止するように、比丘たちよ、これとおなじように、戒律の欠損を因として、生ける者たちは〔身体が壊れた死後、喪失の世界、悪しき趣く先、破滅の世界、地獄に〕生まれる。あるいは、〔比丘たちよ、〕こころの欠損を因として、生ける者たちは〔身体が壊れた死後、喪失の世界、悪しき趣く先、破滅の世界、地獄に〕生まれる。あるいは〔比丘たちよ、〕見解の欠損を因として、〔生ける者たちは身体が壊れたあと、死後に、喪失の世界、悪しき趣く先、破滅の世界、地獄に〕生まれる。

比丘たちよ、これらが三〔種〕の欠損である。

比丘たちよ、これら三〔種〕の充足がある。三〔種〕とはどれらか。

戒の充足とこころの充足と見解の充足である。

では比丘たちよ、戒の充足とは何か。

比丘たちよ、ここに、ある者は殺生を離れ、盗みを離れ、邪淫を離れ、うそをつかず、中傷することばを発せず、粗暴なことばを発せず、飾ったことばを発しない。比丘たちよ、これが戒の充足といわれる。

では比丘たちよ、こころの充足とは何か。

比丘たちよ、ここに、ある者は貪欲でなく、怒りのこころを持っていない。比丘たちよ、これがこころの充足といわれる。

では比丘たちよ、見解の充足とは何か。

比丘たちよ、ここに、ある者は正しい見解を持ち、顚倒していない見解を持っている。『施与には〔功徳が〕あり、供犠には〔功徳が〕あり、献供には〔功徳が〕あり、善く行われた〔業〕と悪しく行われた業とに果も熟果もあり、この世界はあり、他の世界はあり、母はあり、父はあり、化生の生ける者はあり、この世界と他の世界とを自ら覚り体現して〔他人に〕説き明かしてくれる、正しく実行し正しく実践した沙門もバラモンも世間にいる』と。比丘たちよ、これが見解の充足といわれる。

比丘たちよ、戒の充足を因として、生ける者たちは身体が壊れたあと、死後に、善い趣く先、天の世界に生まれる。あるいは比丘たちよ、こころの充足を因として、生ける者たちは身体が壊れたあと、死後に、善い趣く先、天の世界に生まれる。

あるいは比丘たちよ、見解の充足を因として、生ける者たちは身体が壊れたあと、死後に、善い趣く先、天の世界に生まれる。

比丘たちよ、これらが三〔種〕の充足である。

比丘たちよ、たとえば歪みのないさいころをころがしたとき、〔さいころが〕それぞれの〔目〕で静止し、揺るがずに静止するように、比丘たちよ、これとおなじように、戒の充足を因として、〔生ける者たちは身体が壊れた死後、善い趣く先、天の世界に〕生まれる。あるいは〔比丘たちよ、〕こころの充足を因として、〔生ける者たちは身体が壊れた死後、善い趣く先、天の世界に〕生まれる。あるいは〔比丘たちよ、〕見解の充足を因として、〔生ける者たちは身体が壊れたあと、死後に、善い趣く先、〕天の世界に生まれる。

比丘たちよ、これらが三〔種〕の充足である」。

117

「比丘たちよ、これら三〔種〕の欠損がある。三〔種〕とはどれらか。

業の欠損と生活の欠損と見解の欠損である。

比丘たちよ、業の欠損とは何か。

比丘たちよ、ここに、ある者は殺生をし、盗みをし、邪淫をし、うそをつき、中傷することばを発し、粗暴なことばを発し、飾ったことばを発する。比丘たちよ、これが業の欠損といわれる。

比丘たちよ、生活の欠損とは何か。

比丘たちよ、ここに、ある者は邪に生活する。邪な生活によって生活を営む。比丘たちよ、これが生活の欠損といわれる。

比丘たちよ、見解の欠損とは何か。

▼271 比丘たちよ、ここに、ある者は邪な見解を持ち、顚倒した見解を持っている。『施与には〔功徳が〕なく、供犠には〔功徳が〕なく、献供には〔功徳が〕なく、善く行われた〔業〕と悪しく行われた業とに果も熟果もなく、この世界はなく、他の世界はなく、母はなく、父はなく、化生の生ける者はなく、この世界と他の世界とを自ら覚り体現して〔他人に〕説き明かしてくれる、正しく実行し正しく実践した沙門もバラモンも世間にはいない』と。比丘たちよ、これが見解の欠損といわれる。

比丘たちよ、これらが三〔種〕の欠損である。

比丘たちよ、これら三〔種〕の充足がある。三〔種〕とはどれらか。

業の充足と生活の充足と見解の充足である。

では比丘たちよ、業の充足とは何か。

比丘たちよ、ここに、ある者は殺生を離れ、〔盗みを離れ、邪淫を離れ、うそをつかず、中傷することばを発せず、粗暴なことばを発せず、〕飾ったことばを発しない。比丘たちよ、これが業の充足といわれる。

では比丘たちよ、生活の充足とは何か。

比丘たちよ、ここに、ある者は正しく生活する。正しい生活によって生活を営む。比丘たちよ、これが生活の充足といわれる。

では比丘たちよ、見解の充足とは何か。

比丘たちよ、ここに、ある者は正しい見解を持ち、顚倒していない見解を持っている。『施与には〔功徳が〕あり、供犠には〔功徳があり、献供には功徳があり、善く行われた業と悪しく行われた業とに果も熟果もあり、この世界はあり、他の世界はあり、母はあり、父はあり、化生の生ける者はあり、〕この世界と他の世界とを自ら覚り体現して〔他人に〕説き明かしてくれる、正しく実行し、正しく実践した沙門もバラモンも世間にいる』と。比丘たちよ、これが見解の充足といわれる。

比丘たちよ、これらが三〔種〕の充足である」。

118

「比丘たちよ、これら三〔種〕の清浄がある。三〔種〕とはどれらか。

身体の清浄とことばの清浄とこころの清浄とである。

では比丘たちよ、身体の清浄とは何か。

比丘たちよ、ここに、ある者は殺生を離れ、盗みを離れ、邪淫を離れている。比丘たちよ、これが身体の清浄といわれる。

では比丘たちよ、ことばの清浄とは何か。

比丘たちよ、ここに、ある者はうそをつかず、中傷することばを発せず、粗暴なことばを発せず、飾ったことばを発しない。比丘たちよ、これがことばの清浄といわれる。

では比丘たちよ、こころの清浄とは何か。

比丘たちよ、ここに、ある者は貪欲でなく、怒りのこころを持たず、正▼[272]しい見解を持っている。比丘たちよ、これがこころの清浄といわれる」。

119

「比丘たちよ、これら三〔種〕の清浄がある。三〔種〕とはどれらか。

身体の清浄とことばの清浄とこころの清浄とである。

では比丘たちよ、身体の清浄とは何か。

比丘たちよ、ここに、ある者は殺生を離れ、盗みを離れ、非梵行を離れている。比丘たちよ、これが身体の清浄といわれる。

では比丘たちよ、ことばの清浄とは何か。

比丘たちよ、ここに、ある者はうそをつかず、中傷することばを発せず、粗暴なことばを発せず、飾ったことばを発しない。比丘たちよ、これがことばの清浄といわれる。

では比丘たちよ、こころの清浄とは何か。

比丘たちよ、ここに比丘が、〔自己の〕うちに欲に対する意欲があれば、わたしのうちに欲に対する意欲があると知る。あるいは〔自己の〕うちに欲に対する意欲がなければ、わたしのうちに欲に対する意欲がないと知る。また今まで生じていなかった欲に対する意欲が〔今〕生じれば、それをそのように知る。また今まで生じていた欲に対する意欲が〔今〕捨断されれば、それをそのように知る。また捨断された欲に対する意欲が将来に生じなければ、それをそのように知る。

〔自己の〕うちに怒り（瞋）があれば、わたしのうちに怒りがあると知る。あるいは〔自己の〕うちに怒りがなければ、わたしのうちに怒りがないと知る。また今まで生じていなかった怒りが〔今〕生じれば、それをそのように知る。また今まで生じていた怒りが〔今〕捨断されれば、それをそのように知る。また捨断された怒りが将来に生じなければ、それをそのように知る。

〔自己の〕うちにこころの落ち込み（昏沈）と眠気（睡眠）とがあれば、わたしのうちにこころの落ち込みと眠気とがあると知る。あるいは〔自己の〕うちにこころの落ち込みと眠気とがなければ、わたしのうちにこころの落ち込みと眠気とがないと知る。また今まで生じていなかったこころの落ち込みと眠気とが〔今〕生じれば、それをそのように知る。また今まで生じていたこころの落ち込みと眠気とが〔今〕捨断されれば、それをそのように知る。また捨断されたこころの落ち込みと眠気とが将来に生じなければ、それをそのように知る。

〔自己の〕うちにこころの浮つき（掉挙）▼273と後悔（悪作）とがあれば、わたしのうちにこころの浮つきと後悔とがあると知る。あるいは〔自己の〕うちにこころの浮つきと後悔とがなければ、わたしのうちにこころの浮つきと後悔とがないと知る。また今まで生じていなかったこころの浮つきと後悔とが〔今〕生じれば、それをそのように知る。また今まで生じていたこころの浮つきと後悔とが〔今〕捨断されれば、それをそのように知る。また捨断されたこころの浮つきと後悔とが将来に生じなければ、それをそのように知る。

〔自己の〕うちに疑い（疑）があれば、わたしのうちに疑いがあると知る。あるいは〔自己の〕うちに疑いがなければ、わたしのうちに疑いがないと知る。また今まで生じていなかった疑いが〔今〕生じれば、それをそのように知る。また今まで生じていた疑いが〔今〕捨断されれば、それをそのように知る。また捨断された疑いが将来に生じなければ、それをそのように知る。

比丘たちよ、これらが三〔種〕の清浄である」。

身体の清浄とことばの清浄とこころの清浄とは〔煩悩の〕漏出がない。

清浄を完全に身につけた清らかな人を悪を洗い落とした人と人々はいう。

120

「比丘たちよ、これら三〔種〕の牟尼[3]のあり方がある。三〔種〕とはどれらか。

身体の牟尼のあり方とことばの牟尼のあり方とこころの牟尼のあり方とである。

では比丘たちよ、身体の牟尼のあり方とは何か。

比丘たちよ、ここに、ある者は殺生を離れ、盗みを離れ、非梵行を離れている。比丘たちよ、これが身体[4]の牟尼のあり方といわれる。

では比丘たちよ、ことばの牟尼のあり方とは何か。

比丘たちよ、ここに、ある者はうそをつかず、中傷のことばを発せず、粗暴なことばを発せず、飾ったことばを発しない。比丘たちよ、これがことば[5]の牟尼のあり方といわれる。

では比丘たちよ、こころの牟尼のあり方とは何か。

比丘たちよ、ここに、比丘が〔煩悩の〕漏出を滅し尽くして、〔煩悩の〕漏出のないこころの解脱と慧による解脱とを現世で自ら明らかに知り、体現し、身にそなえて生活している。比丘たちよ、これがこころ[6]の牟尼のあり方といわれる。

比丘たちよ、これらが三〔種〕の牟尼のあり方である」。

身体の牟尼のあり方とことばの牟尼のあり方とこころの牟尼のあり方とは煩悩の漏出がなく、
牟尼のあり方を完成した牟尼をすべてを捨断した人といった。

第13章　クシナガラの章

121

▼[274]あるとき、世尊は[1]クシナガラのバリハラナの森林（鬼神に供犠を与える森林）の中に滞在していた。そこにおいて世尊は「比丘たちよ」と比丘たちに話しかけた。彼ら比丘たちは「世尊よ」と世尊に答えた。世尊は次のように説いた。

「比丘たちよ、ここにある比丘が、ある村や、ある町に依止して住んでいる。その彼を戸主や戸主の子が訪ねて、翌日の食事に招待する。比丘たちよ、比丘は喜んで受ける。彼はその日の夜を過ぎて、〔翌日の〕午前中に、着衣し、鉢と衣を携えて、戸主あるいは戸主の子の住居へ行く。行って、用意された座にすわる。その彼に戸主あるいは戸主の子は上等の硬い食べ物と軟らかい食べ物とを手ずから〔給仕し〕満足させ、飽食させる。彼はこのように思う。『ああ、本当によい。わたしの戸主や戸主の子が、上等の硬い食べ物と軟らかい食べ物とを手ずから〔給仕し〕満足させ、飽食させてくれることは』と。彼はさらにこのようにも思う。『ああ、本当に、わたしの戸主や戸主の子が、将来も、上等の硬い食べ物と軟らかい食べ物とを手ずから〔給仕し〕満足させ、飽食させてほしいものだ』と。彼はその食べ物に執着し、夢中になり、とりこになり、過患を見ずに、離脱する智慧（慧）をもたずに食べる。彼はそれについて欲望の思いも起こし、怒りの思いも起こし、加害の思いも起こす。比丘たちよ、このような比丘に与えられた〔布施〕は大きな果がないとわたしは説く。それはなにゆえか。比丘たちよ、比丘が放逸に生活しているからである。

また比丘たちよ、ここにある比丘が、ある村や、ある町に依止して住んでいる。その彼を戸主や戸主の子が訪ねて、翌日の食事に招待する。比丘たちよ、比丘は喜んで受ける。彼はその日の夜を過ぎて、〔翌日の〕午前中に、着衣し、鉢と衣を携えて、戸主あるいは戸主の子の住居へ行く。行って、用意された座にすわる。その彼に戸主あるいは戸主の子は上等の硬い食べ物と軟らかい食べ物とを手ずから〔給仕し〕満足させ、飽食させる。彼はこのように思わない。『ああ、本当によい。わたしの戸主や戸主▼275の子が、上等の硬い食べ物と軟らかい食べ物とを手ずから〔給仕し〕満足させ、飽食させてくれることは』と。彼はさらにこのようにも思わない。『ああ、本当に、わたしの戸主や戸主の子が、将来も、上等の硬い食べ物と軟らかい食べ物とを手ずから〔給仕し〕満足させ、飽食させてほしいものだ』と。彼はその食べ物に執着せず、夢中にならず、とりこにならず、過患を見て、離脱する智慧を持って食べる。彼はそれについて離欲の思いも起こし、怒りのない思いも起こし、無害の思いも起こす。比丘たちよ、このような比丘に与えられた〔布施〕は大きな果を有するとわたしは説く。それはなにゆえか。比丘たちよ、比丘が不放逸に生活しているからである」。

122

「比丘たちよ、その方向において比丘たちが口論をし、言い争いをし、論争し、互いに口の剣で打ち合って住んでいるような、そのような方向は、比丘たちよ、わたしには考えることだけでも不愉快である。ましてや行くことはなおさら〔不愉快である〕。これについてわたしは結論を出す。確かに彼ら尊者たちは三つのことがらを捨て去り、三つのことがらを繰り返し行っている。

どのような三つのことがらを彼らは捨て去っているか。

離欲の思いと怒りのない思いと〔他を〕害さないという思いとである。これら三つのことがらを彼らは捨て去っている。

どのような三つのことがらを彼らは繰り返し行っているか。

欲望の思いと怒りの思いと加害の思いとである。これら三つのことがらを彼らは繰り返し行っている。

比丘たちよ、その方向において比丘たちが口論をし、言い争いをし、論争し、互いに口の剣で打ち合って住んでいるような、そのような方向は、比丘たちよ、わたしには考えることだけでも不愉快である。ましてや行くことはなおさら〔不愉快である〕。これについてわたしは結論を出す。確かに彼ら尊者たちはこれら三つのことがらを捨て去り、これら三つのことがらを繰り返し行っている。

比丘たちよ、その方向において比丘たちが和合し、敬愛し合い、論争せず、牛乳と水のように、互いに愛情のこもった眼で見つめ合いながら住んでいるような、そのような方向は、比丘たちよ、わたしには行くことだけでも心地よい。ましてや考えることはなおさら〔心地よい〕。これについてわたしは結論を出す。確かに彼ら尊者たちは三つのことがらを捨て去り、三つのことがらを繰り返し行っている。

どのような三つのことがらを彼らは捨て去っているか。

▼276 欲望の思いと怒りの思いと加害の思いとである。これら三つのことがらを彼らは捨て去っている。

どのような三つのことがらを彼らは繰り返し行っているか。

離欲の思いと〔怒りのない思いと他を害さないという思いとである。これら三つのことがらを彼らは〕繰り返し行っている。

比丘たちよ、その方向において比丘たちが和合し、〔敬愛し合い、論争せず、牛乳と水のように、互いに愛情のこもった眼で見つめ合いながら〕住んでいるような、そのような方向は、比丘たちよ、わたしには行くことだけでも心地よい。ましてや考えることはなおさら〔心地よい〕。これについてわたしは結論を出す。確かに彼ら尊者たちはこれら三つのことがらを捨て去り、三つのことがらを繰り返し行っている」。

123

あるとき世尊はヴェーサーリーのゴータマカの霊廟[2]（制底）に滞在していた。そこで世尊は「比丘たちよ」と比丘たちに話しかけた。彼ら比丘たちは「世尊よ」と世尊に答えた。世尊は次のように説いた。

「比丘たちよ、わたしは熟知して教え（法）を説く。熟知せずに〔説くの〕ではない。比丘たちよ、わたしは縁のある教えを説く。縁のない教えを〔説くの〕ではない。比丘たちよ、わたしは説き伏せるための教えを説く。説き伏せない教えを〔説くの〕ではない。比丘たちよ、熟知せずにではなく、熟知して教えを説き、縁のない教えではなく、縁のある教えを説き、説き伏せない教えでなく、説き伏せるための教えを説き、わたしは教誡を行い、訓戒を行わねばならない。また比丘たちよ、あなたたちは『世尊は等正覚である。世尊によって教えはよく説かれた。僧団はよく実践した』と、満足するのがふさわしく、喜悦するのがふさわしく、歓喜するのがふさわしい」。

世尊はこのように説いた。喜悦した比丘たちは世尊の説いたことを喜んだ。またこの解説の経説が説かれたとき、千の世界が振動した。

124 あるとき世尊はコーサラ国を遊行しつつ、カピラヴァットゥに入った。シャカ族のマハーナーマは世尊がカピラヴァットゥに着いたと聞いた。そこでシャカ族のマハーナーマは世尊のもとへ行った。行って世尊に礼拝して、かたわらに立った。かたわらに立ったシャカ族のマハーナーマに世尊は次のようにいった。

「マハーナーマよ、行きなさい。カピラヴァットゥにおいてわたしたちが一夜滞在する住居がどのようであるかを見てきなさい」と。

「かしこまりました[277]。尊師よ」と、シャカ族のマハーナーマは世尊に答えて、カピラヴァットゥに入り、くまなくカピラヴァットゥを歩き回り、カピラヴァットゥにおいて世尊が一夜滞在する住居がどのようであるかを見ることはしなかった。そしてシャカ族のマハーナーマは世尊のもとへ帰った。帰って世尊にいった。

「尊師よ、カピラヴァットゥには世尊が一夜滞在するにふさわしい住居はありません。尊師よ、世尊がかつて清らかな行をともにしたバンドゥ・カーラーマがいます。世尊は彼の住居に今日の一夜をお泊まりください」。

「マハーナーマよ、行きなさい。敷物を用意しなさい」。「かしこまりました。尊師よ」と、シャカ族のマハーナーマは世尊に答えて、バンドゥ・カーラーマの住居のある方向へ行った。行って、敷物を用意し、足を洗うための水を準備して、世尊のもとへ行った。行って、世尊にいった。

「尊師よ、敷物を拡げました。足を洗うための水を準備しました。尊師よ、いまがそのときと思えば、世尊はおいでください」。

そこで世尊はバンドゥ・カーラーマの住居へ行った。行って用意されていた座にすわった。すわって足を洗った。

そのときシャカ族のマハーナーマは思った。

「今日は世尊に奉仕するときではない。世尊はお疲れになっている。わたしは明日、世尊に奉仕しよう」と。〔彼は〕世尊に礼拝して、〔世尊の周りを〕右回りに〔三度〕廻ってから去った。

さてシャカ族のマハーナーマは、その夜を過ぎてから、世尊のもとへ行った。行って世尊に礼拝して、かたわらにすわった。かたわらにすわったシャカ族のマハーナーマに世尊は次のように説いた。

「マハーナーマよ、世間にはこれら三〔種〕の師が存在し見られる。三〔種〕とはどれらか。

マハーナーマよ、ここに、ある師はもろもろの欲望についての完全な知を知らしめるが、物質的存在についての完全な知を知らしめず、感受についての完全な知を知らしめない。またマハーナーマよ、ここに、ある師はもろもろの欲望についての完全な知を知らしめ、物質的存在についての完全な知を知らしめるが、感受についての▼278完全な知を知らしめない。またマハーナーマよ、ここに、ある師はもろもろの欲望についての完全な知を知らしめ、物質的存在についての完全な知を知らしめ、感受についての完全な知を知らしめる。マハーナーマよ、世間にはこれら三〔種〕の師が存在し見られる。

マハーナーマよ、これら三〔種〕の師の最終的な趣く先は一つであるか、多数であるか」。

このようにいわれたとき、バンドゥ・カーラーマはシャカ族のマハーナーマにいった。「マハーナーマよ、一つであると答えなさい」と。

このようにいわれたとき、世尊はシャカ族のマハーナーマにいった。「マハーナーマよ、多数であると答えなさい」と。

二度目も、バンドゥ・カーラーマはシャカ族のマハーナーマにいった。「マハーナーマよ、一つであると答えなさい」と。

二度目も、世尊はシャカ族のマハーナーマにいった。「マハーナーマよ、多数であると答えなさい」と。

三度目も、バンドゥ・カーラーマはシャカ族のマハーナーマにいった。「マハーナーマよ、一つであると答えなさい」と。

三度目も、世尊はシャカ族のマハーナーマにいった。「マハーナーマよ、多数であると答えなさい」と。

そのときバンドゥ・カーラーマは考えた。「偉大な力を持つシャカ族のマハーナーマの面前で、沙門ゴータマによってわたしは三度も非難された。わたしはカピラヴァットゥから立ち去るにこしたことはない」と。

そこでバンドゥ・カーラーマはカピラヴァットゥから立ち去った。彼がカピラヴァットゥから立ち去ったとき、立ち去ったままで、再び来ることがなかった。

125

あるとき世尊はサーヴァッティーのジェータの林の中のアナータピンディカの園に滞在していた。そのとき天子のハッタカは、美しい夜に、美しい色彩〔の光り〕によりくまなくジェータの林を照らして、世尊のもとへやってきた。やってきて、世尊の前で「わたしは立っていよう」と〔思っても〕、沈むようになり、沈み込むようになり、立っていることができなかった。あたかも酥または油を砂の上に注ぐと、沈み、沈み込み、〔砂の表面に〕とどまっていることができないように、天子のハッタカは世尊の前で「わたしは立っていよう」と〔思っても〕、沈むようになり、沈み込むようになり、立っていることができなかった。

▼279 そのとき世尊は天子のハッタカにいった。「ハッタカよ、粗大な身体を化現しなさい」。

「かしこまりました。尊師よ」と、天子のハッタカは世尊に答えて、粗大な身体を化現して、世尊に礼拝し、かたわらに立った。かたわらに立った天子のハッタカに世尊は次のようにいった。

「ハッタカよ、あなたは以前に人であったときに実行していた教えで、今もあなたが実行している教えはあるか」。

「尊師よ、世尊よ、わたしが以前に人であったときに実行していた教えで、今もわたしが実行している教えもあります。また尊師よ、わたしが以前に人であったときに実行していなかった教えで、今わたしが実行している教えもあります。尊師よ、たとえば世尊が今、比丘や比丘尼や在家の男性信者や在家の女性信者や王や大臣や外教者や外教者の弟子であふれた中で住んでいるように、尊師よ、わたしは天子にあふれた中で住んでいます。尊師よ、『わたしたちはハッタカ天子の面前で教えを聞こう』と、遠くからでも天子たちがやってきます。

尊師よ、わたしは三つのことがらについて倦むことなく、嫌い厭うことなく死去しました。三つとはどれらでしょう。

尊師よ、わたしは世尊を見ることに倦むことなく、嫌い厭うことなく死去しました。尊師よ、正しい教えを聞くことに倦むことなく、嫌い厭うことなく死去しました。尊師よ、僧団に奉仕することに倦むことなく、嫌い厭うことなく死去しました。

尊師よ、わたしはこれら三つのことがらについて倦むことなく、嫌い厭うことなく死去しました」。

　世尊を見ることに、僧団に奉仕することに、
正しい教えを聞くことに、いかなるときも倦むことがなく、
すぐれた戒律（戒）を学びつつ、正しい教えを聞くことを喜び、
三つのことがらに倦むことがなかったハッタカは無煩天[3]に生まれた。

126

あるとき世尊はバーラーナシーの仙人たちが集まる地[▼280]の鹿の園に滞在していた。そのとき世尊は午前中に着衣して、衣と鉢を携えて、乞食のためにバーラーナシーに入った。世尊は牛の市場のイチジクの木のもとを行乞しつつ、一人

の比丘を見た。〔内なる〕(4)安楽が少なく、外的な安楽が多く、注意力（念）を失い、明瞭な意識（正知）がなく、こころが一つに定まらず、こころが迷乱し、官能のおもむくままの〔比丘を見た〕。見て、その比丘にいった。「比丘よ、比丘よ、あなたは自分を吐瀉物にしてはならない。比丘よ、吐瀉物となり、肉のにおいの染み込んだ自分に蝿が群がらず、たからないという、この道理はない」。

そのとき、その比丘は世尊のこの教誡によって教誡されて、厭離〔のこころ〕を起こした。また世尊はバーラーナシーを行乞し終えて、食後に乞食より戻り、比丘たちに話しかけた。

「比丘たちよ、ここでわたしは午前中に着衣して、衣と鉢を携えて、乞食のためにバーラーナシーに入った。わたしは牛の市場のイチジクの木のもとを行乞しつつ、一人の比丘を見た。〔内なる〕安楽が少なく、外的な安楽が多く、注意力を失い、明瞭な意識がなく、こころが一つに定まらず、こころが迷乱し、官能のおもむくままの〔比丘を見た〕。見て、その比丘にいった。『比丘よ、比丘よ、あなたは自分を吐瀉物にしてはならない。比丘よ、吐瀉物となり、肉のにおいの染み込んだ自分に蝿が群がらず、たからないという、この道理はない』と。比丘たちよ、そのときその比丘はわたしのこの教誡によって教誡されて、厭離〔のこころ〕を起こした」。

このように説かれたとき、ある一人の比丘が世尊にいった。「尊師よ、何が吐瀉物ですか。何が肉のにおいですか。何が蝿ですか」と。

「比丘たちよ、貪りが吐瀉物である。怒りが肉のにおいである。悪しき不善の考えが蝿である。比丘よ、吐瀉物となり、肉のにおいの染み込んだ自分に蝿が群がらず、たからないという、この道理はない」。

眼▼281と耳とを守らず、感官を防御していない者に、
貪にもとづく思惟である蝿が群がる。
吐瀉物となり、肉のにおいの染み込んだ比丘は、

涅槃より遠く離れ、苦悩のみを持つ。
もし村に、また林において、自らの寂静を得ていないなら、
愚かで智慧の劣った者は蝿に導かれていく。
戒律をそなえ、慧と寂静とを喜ぶ者は、
蝿を放逐して、寂静となり、安楽に眠る。

127

あるとき尊者アヌルッダは世尊のもとへ行った。行って世尊に礼拝し、かたわらにすわった。かたわらにすわった尊者アヌルッダは世尊に次のようにいった。

「尊師よ、ここにわたしは人を超えた清浄な天の眼によって、女性が、身体が壊れたあと、死後に、喪失の世界(苦処)、悪しき趣く先(悪趣)、破滅の世界(堕処)、地獄に生まれるのを数多く見てきました。尊師よ、どのようなことがらを身につけている女性が、身体が壊れたあと、死後に、喪失の世界、悪しき趣く先、破滅の世界、地獄に生まれるのですか」と。

「アヌルッダよ、三つのことがらを身につけている女性が、身体が壊れたあと、死後に、喪失の世界、悪しき趣く先、破滅の世界、地獄に生まれる。三つとはどれらか。

アヌルッダよ、ここに、女性は午前中は物惜しみの垢にとりつかれたこころで家にとどまり、日中には嫉妬にとりつかれたこころで家にとどまり、夕方には欲への染着にとりつかれたこころで家にとどまる。アヌルッダよ、これら三つのことがらによって、女性は、身体が壊れたあと、死後に、喪失の世界、悪しき趣く先、破滅の世界、地獄に生まれる」。

そのとき尊者アヌルッダは尊者サーリプッタのもとへ行った。行って尊者サーリプッタと挨拶を交わし、親愛と敬意に満ちたことばを述べてから、かたわらにすわった。かたわらにすわった尊者アヌルッダは尊者サーリプッタにいった。

「友サーリプッタよ、わたしはここで、人を超えた清浄な天の眼で千の世界を見ます。またわたしの精進はよく策励され、退縮することはなく、注意力はよく発揮され、失念することはなく、身体は軽快で、騒擾におちいることはなく、こころは一境によく定まっています。しかしわたしのこころは煩悩の漏出から無執着になっておらず、解脱していません」と。

「友アヌルッダよ、あなたは『わたしはここで、人を超えた清浄な天の眼で千の世界を見る』とこのように考えています。これはあなたの慢心です。友アヌルッダよ、あなたは『わたしの精進はよく策励され、退縮することはなく、注意力はよく発揮され、失念することはなく、身体は軽快で、騒擾におちいることはなく、こころは一境によく定まっている』とこのようにも考えています。これはあなたのこころの浮つきです。友アヌルッダよ、あなたは『しかしわたしのこころは煩悩の漏出から無執着になっておらず、解脱していない』とこのようにも考えています。これはあなたのこころの後悔です。尊者アヌルッダはこれら三つのことがらを断じて、これら三つのことがらをこころにかけずに、不死の領域にこころを集中すべきです」。

こうして尊者アヌルッダはそれから後、これら三つのことがらを断じて、これら三つのことがらをこころにかけずに、不死の領域にこころを集中した。そして尊者アヌルッダは〔衆人から〕一人離れ、放逸にならずに熱心に勤め、自ら励んで住し、遠からずして、良家の子弟がそれを目的として家から家のない状態に出家するところの、無上の、清らかな行い（梵行）の究極を、現世で自ら明らかに知り、体現し、身にそなえて住した。「生命は尽きた。清らかな行いは完成した。行われるべきことは行われた。再び元の状態に戻ることはない」と明らかに知った。尊者アヌルッダは阿羅漢の一人となった。

129

「比丘たちよ、これら三つは隠されたものであり、はたらきを持っている。三つとはどれらか。

比丘たちよ、女性は隠されたものであり、はたらきを持っている。開かれたものではない。比丘たちよ、バラモンたちの聖呪[5]（真言）は隠されたものであり、はたらきを持っている。▼283開かれたものではない。比丘たちよ、邪な見解は隠されたものであり、はたらきを持っている。開かれたものではない。比丘たちよ、これら三つは隠されたものであり、はたらきを持っている。開かれたものではない。

比丘たちよ、これら三つは開かれたものであり、輝きを持っている。隠されたものではない。三つとはどれらか。

比丘たちよ、月輪は開かれたものであり、輝きを持っている。隠されたものではない。比丘たちよ、日輪は開かれたものであり、輝きを持っている。隠されたものではない。比丘たちよ、如来によって説かれた教え（法）と規律（律）とは開かれたものであり、輝きを持っている。隠されたものではない。比丘たちよ、これら三つは開かれたものであり、輝きを持っている。隠されたものではない」。

130

「比丘たちよ、世間にはこれら三〔種〕の人がいると知られる。三〔種〕とはどれらか。

岩に書くことにたとえられる人、地面に書くことにたとえられる人、水に書くことにたとえられる人である。

では比丘たちよ、岩に書くことにたとえられる人とはどのような人であるか。

比丘たちよ、ここにある人はしばしば怒り、また彼のその怒りは長く続く。比丘たちよ、たとえば岩に刻まれたものは風によっても水によっても急速に消えることはなく、長く残るように、比丘たちよ、これと同じように、ここにある人はしばしば怒り、また彼のその怒りは長く続く。比丘たちよ、これが岩に書くことにたとえられる人といわれる。

では比丘たちよ、地面に書くことにたとえられる人とはどのような人であるか。

比丘たちよ、ここにある人はしばしば怒るが、彼のその怒りは長く続かない。比丘たちよ、たとえば地面に書かれたものは風によって、あるいは水によっても速やかに消えて、長く残ることはないように、比丘たちよ、これと同じように、ここにある人はしばしば怒るが、彼のその怒りは長く続かない。比丘たちよ、これが地面に書くことにたとえられる人といわれる。

では比丘たちよ、水に書くことにたとえられる人とはどのような人であるか。

比丘たちよ、ここにある人はきびしくいわれても、粗▼284暴にいわれても、不快にいわれても、〔こころが〕結ばれており、離れることはなく、一緒に喜んでいる。比丘たちよ、たとえば水に書かれたものはすぐに消えて、長く残らないように、比丘たちよ、ここにある人はきびしくいわれても、粗暴にいわれても、不快にいわれても、〔こころが〕結ばれており、離れることはなく、一緒に喜んでいる。比丘たちよ、これが水に書くことにたとえられる人といわれる。

比丘たちよ、世間にはこれら三〔種〕の人がいると知られる」。

第14章　戦士の章

131

「比丘たちよ、三つの要素を身につけた戦士は王にふさわしく、王の役に立ち、王の股肱と呼ばれる。三つとはどれらか。

比丘たちよ、ここに戦士が遠くを射て、誤らずに射て、大きな集合物を破壊する。比丘たちよ、これらの要素をそなえた戦士は王にふさわしく、王の役に立ち、王の股肱と呼ばれる。

比丘たちよ、これと同様に、三つの要素をそなえた比丘は供食されるべきであり、〔饗応されるべきであり、供養されるべきであり、〕世間の人々の無上の福田である。三つとはどれらか。

比丘たちよ、ここに比丘は遠くを射て、誤らずに射て、大きな集合物を破壊する。

比丘たちよ、比丘が遠くを射るとはどのようであるか。

比丘たちよ、ここに比丘が、どのような物質的な存在（色）であれ、すなわち過去のもの、未来のもの、現在のもの、あるいは内のもの、外のもの、あるいは粗大なもの、微細なもの、あるいは劣ったもの、すぐれたもの、あるいは遠くにあるもの、近くにあるものの、そのどの物質的な存在をも『これはわたしのものではない。これはわたしではない。これはわたしの我ではない』と、このようにあるがままに正しい智慧（慧）によって見る。

どのような感受（受）であれ、すなわち過去のもの、未来のもの、現在のもの、あるいは内のもの、外のもの、あるいは粗大なもの、微細なもの、あるいは劣ったもの、すぐれたもの、あるいは遠くにあるもの、近くにあるものの、そのどの感受をも『これはわたしのものではない。これはわたしではない。▼[285]これはわたしの我ではない』と、このようにあるがままに正しい智慧によって見る。

どのような表象（想）であれ、すなわち過去のもの、未来のもの、現在のもの、あるいは内のもの、外のもの、あるいは粗大なもの、微細なもの、あるいは劣ったもの、すぐれたもの、あるいは遠くにあるもの、近くにあるものの、そのどの表象をも『これはわたしのものではない。これはわたしではない。これはわたしの我ではない』と、このようにあるがままに正しい智慧によって見る。

どのような形成力（行）であれ、すなわち過去のもの、未来のもの、現在のもの、あるいは内のもの、外のもの、あるいは粗大なもの、微細なもの、あるいは劣ったもの、すぐれたもの、あるいは遠くにあるもの、近くにあるものの、そのどの形成力をも『これはわたしのものではない。これはわたしではない。これはわたしの我ではない』と、このようにあるがままに正しい智慧によって見る。

どのような意識（識）であれ、すなわち過去のもの、未来のもの、現在のもの、あるいは内のもの、外のもの、あるいは粗大なもの、微細なもの、あるいは劣ったもの、すぐれたもの、あるいは遠くにあるもの、近くにあるものの、そのどの意識をも『これはわたしのものではない。これはわたしではない。これはわたしの我ではない』と、このようにあるがままに正しい智慧によって見る。

比丘たちよ、比丘が遠くを射るとはこのようである。

では比丘たちよ、比丘が誤らずに射るとはどのようであるか。

比丘たちよ、ここに比丘が『これは苦である』とあるがままに知り、〔『これは苦の原因である』とあるがままに知り、『これは苦の消滅である』とあるがままに知り、〕『これは苦の消滅に導く実践である』とあるがままに知る。

比丘たちよ、比丘が誤らずに射るとはこのようである。

では比丘たちよ、比丘が大きな集合物を破壊するとはどのようであるか。

比丘たちよ、ここに比丘が大きな無明の集まりを破壊する。比丘たちよ、比丘が大きな集合物を破壊するとはこのようである。

比丘たちよ、これら三つのことがらをそなえた比丘は供食されるべきであり、〔饗応されるべきであり、供養されるべきであり、〕世間の人々の無上の福田である」。

132

「比丘たちよ、これら三〔種〕の人の集まりがある。三〔種〕とはどれらか。

巧言によって導かれた人の集まりと、問い返すことによって導かれた人の集まりと、意向[1]によって導かれた人の集まりとである」。

133

▼286「比丘たちよ、三つの要素をそなえた友は親交されるべきである。三つとはどれらか。

比丘たちよ、ここに比丘が与えがたい布施を与え、行いがたいことを行い、耐えがたいことを耐える。比丘たちよ、これら三つの要素をそなえた友は親交されるべきである」。

134

「比丘たちよ、如来が世に出現していても、あるいは如来が世に出現していなくても、このことは道理であり、存在として確定しており、存在として定まっている。すなわち、すべての形成されたものは無常である。如来はそれを正しく覚知し、明らかに領解する。正しく覚知し、明らかに領解して、『すべての形成されたものは無常である』と告げ、説き、知らしめ、提示し、開顕し、説き明かし、明らかにする。

比丘たちよ、如来が世に出現していても、あるいは如来が世に出現していなくても、このことは道理であり、存在として確定しており、存在として定まっている。すなわち、すべての形成されたものは苦である。如来はそれを正しく覚知し、明らかに領解する。正しく覚知し、明らかに領解して、『すべての形成されたものは苦である』と告げ、説き、知らしめ、提示し、開顕し、説き明かし、明らかにする。

比丘たちよ、如来が世に出現していても、あるいは如来が世に出現していなくても、このことは道理であり、存在として確定しており、存在として定まっている。すなわち、すべてのものごとは無我である。如来はそれを正しく覚知し、明らかに領解する。正しく覚知し、明らかに領解して、『すべてのものごとは無我である』と告げ、説き、知らしめ、提示し、開顕し、説き明かし、明らかにする」。

135

「比丘たちよ、糸で織ったあらゆる布のなかで、髪で織った織物は最も劣っているといわれる。比丘たちよ、髪で織った織物は〔気候が〕寒いときには冷たく、暑いときには熱い。色が悪く、においが悪く、手ざわりが悪い。比丘たちよ、これと同じように、数多くの沙門の説のなかでマッカリの説は最も劣っているといわれる。比丘たちよ、愚鈍の人マッカリは、業〔には果〕はなく、行為〔には果〕はなく、精進〔には果〕はない、とこのように説き、このように見る。

▼287比丘たちよ、過去世の阿羅漢・等正覚・世尊も業を説く者であり、行為を説く者であり、精進を説く者であった。

比丘たちよ、愚鈍の人マッカリは『業〔には果〕はなく、行為〔には果〕はなく、精進〔には果〕はない』と〔説いて〕、彼らをも否定する。

比丘たちよ、未来世の阿羅漢・等正覚・世尊も業を説く者であり、行為を説く者であり、精進を説く者であろう。比丘たちよ、愚鈍の人マッカリは『業〔には果〕はなく、行為〔には果〕はなく、精進〔には果〕はない』と〔説いて〕、彼らをも否定する。

比丘たちよ、今、阿羅漢であり等正覚であるわたしは業を説く者であり、行為を説く者であり、精進を説く者である。比丘たちよ、愚鈍の人マッカリは『業〔には果〕はなく、行為〔には果〕はなく、精進〔には果〕はない』と〔説いて〕、わたしをも否定する。

比丘たちよ、たとえば河口に網を敷設すれば、多くの魚に不利益と苦と禍と損害とをもたらすように、比丘たちよ、同じように愚鈍の人マッカリは人の網として世に生まれ、多くの生ける者たちに不利益と苦と禍と損害とをもたらすであろう」。

136

「比丘たちよ、これら三つの完成がある。三つとはどれらか。信の完成と戒律（戒）の完成と智慧（慧）の完成とである。比丘たちよ、これらが三つの完成である。

比丘たちよ、これら三つの増大がある。三つとはどれらか。信の増大と戒律の増大と智慧の増大とである。比丘たちよ、これらが三つの増大である」。

137

「比丘たちよ、わたしは三〔種〕の未調教の馬について、また三〔種〕の未調教の人について説こう。あなたたちはそれを聞きなさい。こころでよく考えなさい。わたしは説こう」。「かしこまりました」と比丘たちは世尊に答えた。世尊は次のように説いた。

「比丘たちよ、三〔種〕の未調教の馬とはどれらか。

▼288比丘たちよ、ここに一部の未調教の馬は速さをそなえているが、美しさをそなえておらず、気高さと広やかさをそなえていない。比丘たちよ、また一部の未調教の馬は速さをそなえており、美しさをそなえているが、気高さと広やかさをそなえていない。比丘たちよ、また一部の未調教の馬は速さをそなえており、美しさをそなえており、気高さと広やかさをそなえている。比丘たちよ、これら三〔種〕の未調教の馬がいる。

では比丘たちよ、三〔種〕の未調教の人とはどれらか。

比丘たちよ、ここに一部の未調教の人は速さをそなえているが、美しさをそなえておらず、気高さと広やかさをそなえていない。比丘たちよ、また一部の未調教の人は速さをそなえており、美しさをそなえているが、気高さと広やかさをそなえていない。比丘たちよ、また一部の未調教の人は速さをそなえており、美しさをそなえており、気高さと広やかさをそなえている。比丘たちよ、これら三〔種〕の未調教の人がいる。

では比丘たちよ、速さをそなえているが、美しさをそなえておらず、気高さと広やかさをそなえていない未調教の人とはどのようであるか。

比丘たちよ、ここに比丘が『これは苦である』とあるがままに知り、〔『これは苦の原因である」とあるがままに知り、『これは苦の消滅である』とあるがままに知り、〕『これは苦の消滅に導く実践である』とあるがままに知る。これがこの者の速さであるとわたしは説く。しかし〔彼は〕すぐれた教え（法）とすぐれた規律（律）とについて尋ねられて沈黙し、答えない。これがこの者の美しさのなさであるとわたしは説く。また彼は衣と托鉢食と臥坐処と病人の必需品である薬という備品を得ることがない。これがこの者の気高さと広やかさのなさであるとわたしは説く。比丘たちよ、速さをそなえているが、美しさをそなえておらず、気高さと広やかさをそなえていない未調教の人とはこのようである。

では比丘たちよ、速さをそなえており、美しさをそなえているが、気高さと広やかさをそなえていない未調教の人とはどのようであるか。

比丘たちよ、ここに比丘が『これは苦である』とあるがままに知り、〔『これは苦の原因である」とあるがままに知り、『これは苦の消滅である』とあるがままに知り、〕『これは苦の消滅に導く実践である』とあるがままに知る。これがこの者の速さであるとわたしは説く。また〔彼は〕すぐれた教えとすぐれた規律とについて尋ねられて、答えて、沈黙しない。これがこの者の美しさであるとわたしは説く。しかし彼は衣と托鉢食と臥坐処と病人の必需品である薬という備品を得ることがない。これがこの者の気高さと広やかさのなさであるとわたしは説く。比丘たちよ、▼[289]速さをそなえており、美しさをそなえているが、気高さと広やかさをそなえていない未調教の人とはこのようである。

では比丘たちよ、速さをそなえており、美しさをそなえており、気高さと広やかさをそなえている未調教の人とはどのようであるか。

比丘たちよ、ここに比丘が『これは苦である』とあるがままに知り、〔『これは苦の原因である」とあるがままに知り、『これは苦の消滅である』とあるがままに知り、〕『これは苦の消滅に導く実践である』とあるがままに知る。これがこの者の速さであるとわたしは説く。また〔彼は〕すぐれた教えとすぐれた規律とについて尋ねられて、答えて、沈黙しない。これがこの者の美しさであるとわたしは説く。また彼は衣と托鉢食と臥坐処と病人の必需品である薬という備品を得る。これがこの者の気高さと広やかさであるとわたしは説く。比丘たちよ、速さをそなえており、美しさをそなえており、気高さと広やかさをそなえている未調教の人とはこのようである。

比丘たちよ、これら三〔種〕が未調教の人である」。

138

「比丘たちよ、わたしは三〔種〕の馬の中の良馬について、また三〔種〕の人の中の良馬について説こう。あなたたちはそれを聞きなさい。こころでよく考えなさい。わたしは説こう」。「かしこまりました」と比丘たちは世尊に答えた。世尊は次のように説いた。

「比丘たちよ、三〔種〕の馬の中の良馬とはどれらか。

比丘たちよ、ここに一部の馬の中の良馬は速さをそなえているが、美しさをそなえておらず、気高さと広やかさをそなえていない。比丘たちよ、また一部の馬の中の良馬は速さをそなえており、美しさをそなえているが、気高さと広やかさをそなえていない。比丘たちよ、また一部の馬の中の良馬は速さをそなえており、美しさをそなえており、気高さと広やかさをそなえている。比丘たちよ、これら三〔種〕が馬の中の良馬である。

比丘たちよ、三〔種〕の人の中の良馬とはどれらか。

比丘たちよ、ここに一部の人の中の良馬は速さをそなえているが、美しさをそなえておらず、気高さと広やかさをそなえていない。比丘たちよ、また一部の人の中の良馬は速さをそなえており、美しさをそなえているが、気高さと広やかさをそなえていない。比丘たちよ、また一部の人の中の良馬は速さをそなえており、美しさをそなえており、気高さと広やかさをそなえている。比丘たちよ、これら三〔種〕の人の中の良馬がいる。
▼290 では比丘たちよ、速さをそなえているが、美しさをそなえておらず、気高さと広やかさをそなえていない人の中の

良馬とはどのようであるか。

比丘たちよ、ここに比丘は〔人を〕(3)下方に結びつける結縛を完全に滅しているために〔天の世界に〕(4)化生する者となり、そこで完全に涅槃し、その世界から退転することのない者になる。これがこの者の速さであるとわたしは説く。しかし〔彼は〕すぐれた教えとすぐれた規律とについて尋ねられて沈黙し、答えない。これがこの者の美しさのなさであるとわたしは説く。また彼は衣と托鉢食と臥坐処と病人の必需品である薬という備品を得ることがない。これがこの者の気高さと広やかさのなさであるとわたしは説く。比丘たちよ、速さをそなえているが、美しさをそなえておらず、気高さと広やかさをそなえていない人の中の良馬とはこのようである。

では比丘たちよ、速さをそなえており、美しさをそなえているが、気高さと広やかさをそなえていない人の中の良馬とはどのようであるか。

比丘たちよ、ここに比丘は〔人を〕下方に結びつける結縛を完全に滅しているために〔天の世界に〕化生する者となり、そこで完全に涅槃し、その世界から退転することのない者になる。これがこの者の速さであるとわたしは説く。また〔彼は〕すぐれた教えとすぐれた規律とについて尋ねられて、答えて、沈黙しない。これがこの者の美しさであるとわたしは説く。しかし彼は衣と托鉢食と臥坐処と病人の必需品である薬という備品を得ることがない。これがこの者の気高さと広やかさのなさであるとわたしは説く。比丘たちよ、速さをそなえており、美しさをそなえているが、気高さと広やかさをそなえていない人の中の良馬とはこのようである。

では比丘たちよ、速さをそなえており、美しさをそなえており、気高さと広やかさをそなえている人の中の良馬とはどのようであるか。

比丘たちよ、ここに比丘は〔人を〕下方に結びつける結縛を完全に滅しているために〔天の世界に〕化生する者となり、そこで完全に涅槃し、その世界から退転することのない者になる。これがこの者の速さであるとわたしは説く。

また〔彼は〕すぐれた教えとすぐれた規律とについて尋ねられて、答えて、沈黙しない。これがこの者の美しさであるとわたしは説く。また彼は衣と托鉢食と臥坐処と病人の必需品である薬という備品を得る。これがこの者の気高さと広やかさであるとわたしは説く。比丘たちよ、速さをそなえており、美しさをそなえており、気高さと広やかさをそなえている人の中の良馬とはこのようである。

比丘たちよ、これら三〔種〕が人の中の良馬である」。

139

「比丘たちよ、わたしは三〔種〕の最良で、生まれのよい（高貴な）馬について、また三〔種〕の最良で、生まれのよい人について説こう。あなたたちはそれを聞きなさい。こころでよく考えなさい。わたしは説こう。

▼291 比丘たちよ、三〔種〕の最良で、生まれのよい馬とはどれらか。

比丘たちよ、ここに一部の最良で、生まれのよい馬は速さをそなえているが、美しさをそなえておらず、気高さと広やかさをそなえていない。比丘たちよ、また一部の最良で、生まれのよい馬は速さをそなえており、美しさをそなえているが、気高さと広やかさをそなえていない。比丘たちよ、また一部の最良で、生まれのよい馬は速さをそなえており、美しさをそなえており、気高さと広やかさをそなえている。比丘たちよ、これら三〔種〕が最良で、生まれのよい馬である。

比丘たちよ、三〔種〕の最良で、生まれのよい人とはどれらか。

比丘たちよ、ここに一部の最良で、生まれのよい人は速さをそなえているが、美しさをそなえておらず、気高さと広やかさをそなえていない。比丘たちよ、また一部の最良で、生まれのよい人は速さをそなえており、美しさをそなえているが、気高さと広やかさをそなえていない。比丘たちよ、また一部の最良で、生まれのよい人は速さをそなえており、美しさをそなえており、気高さと広やかさをそなえている。比丘たちよ、これら三〔種〕が最良で、生まれのよい人である。

比丘たちよ、速さをそなえており、美しさをそなえており、気高さと広やかさをそなえている、最良で、生まれのよい人とはどのようであるか。

比丘たちよ、ここに比丘は〔煩悩の〕漏出を滅し尽くして、〔煩悩の〕漏出をともなわないこころの解脱と智慧による解脱とを現世で自ら明らかに知り、体現し、身にそなえて生活している。これがこの者の速さであるとわたしは説く。また〔彼は〕すぐれた教えとすぐれた規律とについて尋ねられて、答えて、沈黙しない。これがこの者の美しさであるとわたしは説く。また彼は衣と托鉢食と臥坐処と病人の必需品である薬という備品を得る。これがこの者の気高さと広やかさであるとわたしは説く。比丘たちよ、速さをそなえており、美しさをそなえており、気高さと広やかさをそなえている最良で、生まれのよい人とはこのようである。

比丘たちよ、これら三〔種〕が最良で、生まれのよい人である」。

140

あるとき世尊はラージャガハの「孔雀に餌を給する園」のなかの「遍歴行者の園」に滞在していた。そこで世尊は「比丘たちよ」と比丘たちに話しかけた。「尊師よ」と比丘たちは世尊に答えた。世尊は次のように説いた

「比丘たちよ、三つのことがらをそなえた比丘は究極の完成に達し、究極の結縛からの安穏を得て、究極の清らかな行いを有し、究極の完結に達しており、天と人とのなかで最上の人である。三つとはどれらか。

無学（学ぶべきもののない者）の戒律（戒）の集まりと、無学のこころの統一（定）の集まりと、無学の智慧（慧）の集まりとである。比丘たちよ、これら三つのことがらをそなえた比丘は究極の完成に達し、究極の結縛から

の安穏を得て、究極の清らかな行いを有し、究極の完結に達しており、天と人とのなかで最上の人である。

比丘たちよ、三つのことがらをそなえた比丘は究極の完成に達し、〔究極の結縛からの安穏を得て、究極の清らかな行いを有し、究極の完結に達しており、〕天と人とのなかで最上の人である。三つとはどれらか。神通力の示導（神変示導）[▼292(5)]と説諭の示導（記心示導）と訓戒の示導（訓戒示導）とである。比丘たちよ、これら三つのことがらをそなえた比丘は究極の完成に達し、究極の結縛からの安穏を得て、究極の清らかな行いを有し、究極の完結に達しており、天と人とのなかで最上の人である。

比丘たちよ、三つのことがらをそなえた比丘は究極の完成に達し、〔究極の結縛からの安穏を得て、究極の清らかな行いを有し、究極の完結に達しており、〕天と人とのなかで最上の人である。三つとはどれらか。正しい見解（正見）と正しい智慧と正しい解脱とである。比丘たちよ、これら三つのことがらをそなえた比丘は究極の完成に達し、究極の結縛からの安穏を得て、究極の清らかな行いを有し、究極の完結に達しており、天と人とのなかで最上の人である」。

第15章　吉祥の章

141

「比丘たちよ、三つのことがらをそなえた人は運ばれてきて置かれたかのように、地獄に堕ちる。三つとはどれらか。不善の身体の業と不善のことばの業と不善のこころの業とである。比丘たちよ、これら三つのことがらをそなえた人は運ばれてきて置かれたかのように、地獄に堕ちる。

比丘たちよ、三つのことがらをそなえた人は運ばれてきて置かれたかのように、天の世界に生まれる。三つとはどれらか。

善の身体の業と善のことばの業と善のこころの業とである。比丘たちよ、これら三つのことがらをそなえた人は運ばれてきて置かれたかのように、天の世界に生まれる」。

142

「比丘たちよ、三つのことがらをそなえた人は運ばれてきて置かれたかのように、地獄に堕ちる。三つとはどれらか。

罪のある身体の業と罪のあることばの業と罪のあるこころの業とである。比丘たちよ、これら三つのことがらをそなえた人は運ばれてきて置かれたかのように、地獄に堕ちる。

比丘たちよ、三つのことがらをそなえた人は運ばれてきて置かれたかのように、天の世界に生まれる。三つとはどれらか。

罪のない身体の業と罪のないことばの業と罪のないこころの業とである。比丘たちよ、これら三つのことがらをそなえた人は運ばれてきて置かれたかのように、天の世界に生まれる」。

143

「比丘▼293たちよ、三つのことがらをそなえた人は〔運ばれてきて置かれたかのように、地獄に堕ちる。三つとはどれらか〕。

不正な身体の業と不正なことばの業と不正なこころの業とである。比丘たちよ、これら〔三つのことがらをそなえた人は運ばれてきて置かれたかのように、地獄に堕ちる〕。

比丘たちよ、三つのことがらをそなえた人は〔運ばれてきて置かれたかのように、天の世界に生まれる。三つとはどれらか〕。

公正な身体の業と公正なことばの業と公正なこころの業とである〔比丘たちよ、これら三つのことがらをそなえた人は運ばれてきて置かれたかのように、天の世界に生まれる〕。

144

「〔比丘たちよ、三つのことがらをそなえた人は運ばれてきて置かれたかのように、地獄に堕ちる。三つとはどれらか。〕

不浄な身体の業と不浄なことばの業と不浄なこころの業とである。〔比丘たちよ、これら三つのことがらをそなえた人は運ばれてきて置かれたかのように、地獄に堕ちる。

比丘たちよ、三つのことがらをそなえた人は運ばれてきて置かれたかのように、天の世界に生まれる。三つとはどれらか。〕

清浄な身体の業と清浄なことばの業と清浄なこころの業とである〔比丘たちよ、これら三つのことがらをそなえた人は運ばれてきて置かれたかのように、天の世界に生まれる〕」。

145

「比丘たちよ、三つのことがらをそなえた愚者で、聡明でなく、善き人でなく、自らを傷つけ、損なっており、罪を有し、識者たちから非難されている者は、多くの非福を生み出す。三つとはどれらか。不善の身体の業と不善のことばの業と不善のこころの業とである。比丘たちよ、三つのことがらをそなえた愚者で、聡明でなく、善き人でなく、自らを傷つけ、損なっており、罪を有し、識者たちから非難されている者は、多くの非福を生み出す。

比丘たちよ、三つのことがらをそなえた賢者で、聡明で、善き人であり、自らを傷つけず、損なわずに保ち、罪がなく、識者たちから非難されない者は、多くの福を生み出す。三つとはどれらか。善の身体の業と善のことばの業と善のこころの業とである〔比丘たちよ、これら三つのことがらをそなえた賢者で、聡明で、善き人であり、自らを傷つけず、損なわずに保ち、罪がなく、識者たちから非難されない者は、多くの福を生み出す〕」。

146

「〔比丘たちよ、三つのことがらをそなえた愚者で、聡明でなく、善き人でなく、自らを傷つけ、損なっており、罪を有し、識者たちから非難されている者は、多くの非福を生み出す。三つとはどれらか。〕罪のある身体の業と罪のあることばの業と罪のあるこころの業とである。〔比丘たちよ、三つのことがらをそなえた愚者で、聡明でなく、善き人でなく、自らを傷つけ、損なっており、罪を有し、識者たちから非難されている者は、多くの非福を生み出す。

比丘たちよ、三つのことがらをそなえた賢者で、聡明で、善き人であり、自らを傷つけず、損なわずに保ち、罪がなく、識者たちから非難されない者は、多くの福を生み出す。三つとはどれらか。〕罪のない身体の業と罪のないことばの業と罪のないこころの業とである〔比丘たちよ、これら三つのことがらをそなえた賢者で、聡明で、善き人であり、自らを傷つけず、損なわずに保ち、罪がなく、識者たちから非難されない者は、多くの福を生み出す〕」。

147

「〔比丘たちよ、三つのことがらをそなえた愚者で、聡明でなく、善き人でなく、自らを傷つけ、損なっており、罪を有し、識者たちから非難されている者は、多くの非福を生み出す。三つとはどれらか。〕

不正な身体の業と不正なことばの業と不正なこころの業とである。〔比丘たちよ、三つのことがらをそなえた愚者で、聡明でなく、善き人でなく、自らを傷つけ、損なっており、罪を有し、識者たちから非難されている者は、多くの非福を生み出す。

比丘たちよ、三つのことがらをそなえた賢者で、聡明で、善き人であり、自らを傷つけず、損なわずに保ち、罪がなく、識者たちから非難されない者は、多くの福を生み出す。三つとはどれらか。〕

▼294公正な身体の業と公正なことばの業と公正なこころの業とである〔比丘たちよ、これら三つのことがらをそなえた賢者で、聡明で、善き人であり、自らを傷つけず、損なわずに保ち、罪がなく、識者たちから非難されない者は、多くの福を生み出す〕」。

148

「〔比丘たちよ、三つのことがらをそなえた愚者で、聡明でなく、善き人でなく、自らを傷つけ、損なっており、罪を有し、識者たちから非難されている者は、多くの非福を生み出す。三つとはどれらか。〕

不浄な身体の業と不浄なことばの業と不浄なこころの業とである。〔比丘たちよ、三つのことがらをそなえた愚者で、聡明でなく、善き人でなく、自らを傷つけ、損なっており、罪を有し、識者たちから非難されている者は、多くの非福を生み出す。

比丘たちよ、三つのことがらをそなえた賢者で、聡明で、善き人であり、自らを傷つけず、損なわずに保ち、罪がなく、識者たちから非難されない者は、多くの福を生み出す。三つとはどれらか。〕清浄な身体の業と清浄なことばの業と清浄なこころの業とである。比丘たちよ、これら三つのことがらをそなえた賢者で、聡明で、善き人であり、自らを傷つけず、損なわずに保ち、罪がなく、識者たちから非難されない者は、多くの福を生み出す」。

149

「比丘たちよ、三〔種〕の礼拝がある。三〔種〕とはどれらか。

身体による〔礼拝〕と、ことばによる〔礼拝〕と、こころによる〔礼拝〕とである。比丘たちよ、これら三〔種〕の礼拝がある」。

150

「比丘たちよ、生ける者たちが午前の時刻に身体によりよい行為を行い、ことばによりよい行為を行い、こころによりよい行為を行うなら、比丘たちよ、それらの生ける者たちにはよい午前がある。比丘たちよ、生ける者たちが昼の時刻に身体によりよい行為を行い、〔ことばによりよい行為を行い、〕こころによりよい行為を行うなら、比丘たちよ、それらの生ける者たちにはよい昼がある。比丘たちよ、生ける者たちが夕方の時刻に身体によりよい行為を行い、〔ことばによりよい行為を行い、〕こころによりよい行為を行うなら、比丘たちよ、それらの生ける者たちにはよい夕方がある」。
〔彼には〕[1]よい[2]星祭りがあり、よい祝祭があり、よい暁天があり、よい起床があり、
よい刹那があり、よい須臾があり、〔彼は〕清らかな行い[3]（梵行）を行う人たちをよく供養した。
〔彼の〕身体による業は繁栄し、ことばによる業は繁栄し、
こころによる業は繁栄し、願望は繁栄する。
彼は繁栄〔と結びついた業〕を行い、利益の繁栄を得る。
あなたたちは利益を得て、安楽になり、ブッダの教え（法）において成長せよ、
すべての親族とともに、健康であり、安楽であれ。

第16章　裸形の章

151

「比▼295丘たちよ、これら三つの実践がある。三つとはどれらか。強固な実践と焼き尽くす実践と中庸な実践とである。

比丘たちよ、強固な実践とはどのようであるか。

比丘たちよ、ここにある一部の者は、『欲には過失がない』とこのように説き、このような見解を持っている。彼は欲望の中に堕ちる。比丘たちよ、これが強固な実践といわれる。

比丘たちよ、焼き尽くす実践とはどのようであるか。

比丘たちよ、ここにある一部の裸形の修行者がいる。彼らは行いが不作法であり、〔食後に手を洗わず〕手をなめる者であり、『尊師よ、おいでください』という招待を断り、『尊師よ、おとどまりください』という招待を断り、〔自分のために〕まっさきに運ばれてきた〔食事〕、〔自分に〕指名された〔食事〕、招待〔の食事〕を受けない。彼は瓶[1]の口から直接受けず、また鍋の口から直接受けない。彼は敷居[2]のうちにある〔食べ物を〕受けず、棒のうちにある〔食べ物を〕受けず、杵のうちにある〔食べ物を〕受けず、二人で食べている者の〔一人から食べ物を〕受けず、妊[3]婦より受けず、授乳中の婦人より受けず、男性[4]と性交中の婦人より受けず、托鉢が困難なとき弟子が集めてくれた食べ物の中から受けず、犬[5]が近くにいるところでは受けず、蝿[6]が群がっているところでは受けず、魚も肉も〔食べ〕ず、スラー酒もメーラヤ酒も酸っぱい粥の汁も飲まない。

彼は一軒の家だけ乞食し、一口だけ食べ、あるいは二軒の家だけ乞食し、二口だけ食べ、〔三軒の家だけ乞食し、三口だけ食べ、四軒の家だけ乞食し、四口だけ食べ、五軒の家だけ乞食し、五口だけ食べ、六軒の家だけ乞食し、六口だけ食べ、〕七軒の家だけ乞食し、七口だけ食べる。彼は一つの施与でも生活し、二つの施与でも生活し、〔三つの施与でも生活し、四つの施与でも生活し、五つの施与でも生活し、六つの施与でも生活し、〕七つの施与でも生活する。彼は一日一回だけ食事を摂り、二日に一回だけ食事を摂り、〔三日に一回だけ食事を摂り、四日に一回だけ食事を摂り、五日に一回だけ食事を摂り、六日に一回だけ食事を摂り、〕七日に一回だけ食事を摂る。このようにして半月に一回だけ食事を摂るに至る、定期的な食事法の修行に従事して住する。

彼は野菜のみを食べ、または稗のみを食べ、または野生の米（ニーヴァーラ）のみを食べ、またはダッドゥラ米のみを食べ、またはハタ草のみを食べ、または糠のみを食べ、または米を炊くときの泡のみを食べ、または胡麻の粉のみを食べ、または草のみを食べ、または牛糞のみを食べ、または森の樹の根や果実のみを食べ、落ちた果実を食べて生活する。

彼は麻を身にまとい、麻の混織も身にまとい、死体をつつんだ衣も身にまとい、糞掃衣も身にまとい、ティリータ樹の皮も身にまとい、黒かもしかの皮も身にまとい、黒かもしかの細皮を編んだものも身にまとい、草を編んだものも身にまとい、樹皮を編んだものも身にまとい、樹の薄皮を編んだものも身にまとい、髪で織った布も身にまとい、▼296馬の毛で織った布も身にまとい、ふくろうの羽の衣も身にまとう。

彼は髪や毛を引き抜く〔行者であり〕、髪や毛を引き抜く修行に従事し、常に立ち尽くす〔行者〕でもあり、座を拒絶している。常に蹲踞している〔行者〕でもあり、蹲踞に励む〔修行に〕に従事している。棘のうえに伏す〔行者〕でもあり、常に棘の床に伏している。[7]一日に三度水浴する〔行者〕でもあり、水浴の修行に従事している。このようにさまざまな身体の苦行や難行に従事して住す。

比丘たちよ、これが焼き尽くす実践といわれる。

比丘たちよ、中庸な実践とはどのようであるか。

比丘たちよ、ここに比丘が[8]身体について身体を観察して住する。彼は熱心に努め、[9]明瞭な意識を持ち、[10]注意力をそなえ、世間に対する貪欲と憂いとを抑制している。感受について〔感受を観察して住する。彼は熱心に努め、明瞭な意識を持ち、注意力をそなえ、世間に対する貪欲と憂いとを抑制している〕。こころについて〔こころを観察して住する。彼は熱心に努め、明瞭な意識を持ち、注意力をそなえ、世間に対する貪欲と憂いとを抑制している〕。教え〔真理〕について教えを観察して住する。彼は熱心に努め、明瞭な意識を持ち、注意力をそなえ、世間に対する貪欲と憂いとを抑制している。比丘たちよ、これが中庸な実践といわれる。

比丘たちよ、これら三種の実践がある」。

152

「比丘たちよ、これら三つの実践がある。三つとはどれらか。

強固な実践と焼き尽くす実践と中庸な実践とである。

比丘たちよ、強固な実践とはどのようであるか。

〔比丘たちよ、ここにある一部の者は、『欲には過失がない』とこのように説き、このような見解を持っている。彼は欲望の中に堕ちる。〕比丘たちよ、これが強固な実践といわれる。

比丘たちよ、焼き尽くす実践とはどのようであるか。

〔比丘たちよ、ここにある一部の裸形の修行者がいる。彼らは行いが不作法であり、食後に手を洗わず手をなめる者であり、『尊師よ、おいでください』という招待を断り、『尊師よ、おとどまりください』という招待を断り、自分のためにまっさきに運ばれてきた食事、自分に指名された食事、招待の食事を受けない。彼は瓶の口から直接受けず、また鍋の口から直接受けない。彼は敷居のうちにある食べ物を受けず、棒のうちにある食べ物を受けず、杵のうちにある食べ物を受けず、二人で食べている者の一人から食べ物を受けず、妊婦より受けず、授乳中の婦人より受けず、男性と性交中の婦人より受けず、托鉢が困難なとき弟子が集めてくれた食べ物の中から受けず、犬が近くにいるところでは受けず、蝿が群がっているところでは受けず、魚も肉も食べず、スラー酒もメーラヤ酒も酸っぱい粥の汁も飲まない。

彼は一軒の家だけ乞食し、一口だけ食べ、あるいは二軒の家だけ乞食し、二口だけ食べ、二軒の家だけ乞食し、二口だけ食べ、三軒の家だけ乞食し、三口だけ食べ、四軒の家だけ乞食し、四口だけ食べ、五軒の家だけ乞食し、五口だけ食べ、六軒の家だけ乞食し、六口だけ食べ、七軒の家だけ乞食し、七口だけ食べる。かれは一つの施与でも生活し、二つの施与でも生活し、三つの施与でも生活し、四つの施与でも生活し、五つの施与でも生活し、六つの施与でも生活し、七つの施与でも生活する。かれは一日一回だけ食事を摂り、二日に一回だけ食事を摂り、三日に一回だけ食事を摂り、四日に一回だけ食事を摂り、五日に一回だけ食事を摂り、六日に一回だけ食事を摂り、七日に一回だけ食事を摂る。このようにして半月に一回だけ食事を摂るに至る、定期的な食事法の修行に従事して住する。

彼は野菜のみを食べ、または稗のみを食べ、または野生の米のみを食べ、またはダッドゥラ米のみを食べ、またはハタ草のみを食べ、または糠のみを食べ、または米を炊くときの泡のみを食べ、または胡麻の粉のみを食べ、または草のみを食べ、または牛糞のみを食べ、または森の樹の根や果実のみを食べ、落ちた果実を食べて生活する。

彼は麻を身にまとい、麻の混織も身にまとい、死体をつつんだ衣も身にまとい、糞掃衣も身にまとい、ティリータ樹の皮も身にまとい、黒かもしかの皮も身にまとい、黒かもしかの細皮を編んだものも身にまとい、草を編んだものも身にまとい、樹皮を編んだものも身にまとい、樹の薄皮を編んだものも身にまとい、髪で織った布も身にまとい、馬の毛で織った布も身にまとい、ふくろうの羽の衣も身にまとう。

彼は髪や毛を引き抜く行者であり、髪や毛を引き抜く修行に従事し、常に立ち尽くす行者でもあり、座を拒絶している。常に蹲踞している行者でもあり、蹲踞に励む修行に従事している。棘のうえに伏す行者でもあり、常に棘の床に伏している。一日に三度水浴する行者でもあり、水浴の修行に従事している。このようにさまざまな身体の苦行や難行に従事して住する。」

比丘たちよ、これが焼き尽くす実践といわれる。

比丘たちよ、中庸な実践とはどのようであるか。

比丘たちよ、ここに比丘が、[11]未だ生じていない悪であり、不善のことがらを生じさせないために、意欲を持ち、勉め、努力し、こころを励まし、策励する。生じてしまった悪であり、不善のことがらを捨てるために、意欲を持ち、勉め、努力し、こころを励まし、策励する。未だ生じていない善のことがらを生じさせるために、意欲を持ち、勉め、努力し、こころを励まし、策励する。生じた善のことがらを存続させるために、忘れ去らないように、倍増させるために、増大させるために、発展させ、完全にするために、▼297意欲を持ち、勉め、努力し、こころを励まし、策励する。

〔比丘たちよ、中庸な実践とはどのようであるか。

比丘たちよ、ここに比丘が〕意欲[12]〔に依存して生じたこころの統一（定）〕と精勤という形成力をそなえた成就の基礎を修行する。精進に〔依存して生じたこころの統一と精勤という形成力をそなえた成就の基礎を修行する〕。こころに〔依存して生じたこころの統一と精勤という形成力をそなえた成就の基礎を修行する〕。思慮に依存して生じたこころの統一と精勤という形成力をそなえた成就の基礎を修行する。

〔比丘たちよ、中庸な実践とはどのようであるか。

比丘たちよ、ここに比丘が〕信[13]の能力を修行する。精進の能力を修行する。注意力（念）の能力を修行する。こころの統一の能力を修行する。智慧の能力を修行する。

〔比丘たちよ、中庸な実践とはどのようであるか。

比丘たちよ、ここに比丘が〕信[14]の力を修行する。精進の力を修行する。注意力の力を修行する。こころの統一の力を修行する。智慧の力を修行する。

〔比丘たちよ、中庸な実践とはどのようであるか。

比丘たちよ、ここに比丘が〕注意力[15]という悟りへの要因を修行する。教えの選択という悟りへの要因を修行する。精勤という悟りへの要因を修行する。喜悦という悟りへの要因を修行する。心身の軽やかさという悟りへの要因を修行する。こころの統一という悟りへの要因を修行する。中庸という悟りへの要因を修行する。

〔比丘たちよ、中庸な実践とはどのようであるか。

比丘たちよ、ここに比丘が〕正しい見解（正見）を修し、正しい考え（正思惟）を修し、正しいことば（正語）を修し、正しい行為（正業）を修し、正しい生活（正命）を修し、正しい精進（正精進）を修し、正しい注意力（正念）を修し、正しいこころの統一（正定）を修す。

比丘たちよ、これが中庸の実践といわれる。

比丘たちよ、これら三つの実践がある」。

153

「比丘たちよ、これら三つのことがらをそなえた者は連れてきて置かれたかのように、地獄に堕ちる。三つとはどれらか。

自ら生き物を殺し、他人に生き物を殺すことを勧め、生き物を殺すことを称賛する。比丘たちよ、これら三つのことがらをそなえた者は連れてきて置かれたかのように、地獄に堕ちる。

比丘たちよ、これら三つのことがらをそなえた者は連れてきて置かれたかのように、天の世界に生まれる。三つとはどれらか。

自ら生き物を殺さず、他人に生き物を殺すことから離れることを勧め、生き物を殺すことから離れることを称賛する。比丘たちよ、これら三つのことがらをそなえた者は連れてきて置かれたかのように、天の世界に生まれる」。

154

「〔比丘たちよ、これら三つのことがらをそなえた者は連れてきて置かれたかのように、地獄に堕ちる。三つとはどれらか。〕

自ら盗みを行い、他人に盗みを行うことを勧め、盗みを行うことを称賛する。〔比丘たちよ、これら三つのことがらをそなえた者は連れてきて置かれたかのように、地獄に堕ちる。
比丘たちよ、これら三つのことがらをそなえた者は連れてきて置かれたかのように、天の世界に生まれる。三つとはどれらか。〕
自ら盗みを行わず、他人に盗みから離れることを勧め、盗みから離れることを称賛する〔比丘たちよ、これら三つのことがらをそなえた者は連れてきて置かれたかのように、天の世界に生まれる〕」。

155

「〔比丘たちよ、これら三つのことがらをそなえた者は連れてきて置かれたかのように、地獄に堕ちる。三つとはどれらか。〕
自ら邪な性行為を行い、他人に邪[▼298]な性行為を行うことを勧め、邪な性行為を行うことを称賛する。〔比丘たちよ、これら三つのことがらをそなえた者は連れてきて置かれたかのように、地獄に堕ちる。
比丘たちよ、これら三つのことがらをそなえた者は連れてきて置かれたかのように、天の世界に生まれる。三つとはどれらか。〕
自ら邪な性行為を行わず、他人に邪な性行為から離れることを勧め、邪な性行為から離れることを称賛する〔比丘たちよ、これら三つのことがらをそなえた者は連れてきて置かれたかのように、天の世界に生まれる〕」。

156

「〔比丘たちよ、これら三つのことがらをそなえた者は連れてきて置かれたかのように、地獄に堕ちる。三つとはど

れらか。〕
自らうそをつき、他人にうそをつくことを勧め、うそをつくことを称賛する。〔比丘たちよ、これら三つのことがらをそなえた者は連れてきて置かれたかのように、地獄に堕ちる。
比丘たちよ、これら三つのことがらをそなえた者は連れてきて置かれたかのように、天の世界に生まれる。三つとはどれらか。〕
自らうそをつかず、他人にうそから離れることを勧め、うそから離れることを称賛する〔比丘たちよ、これら三つのことがらをそなえた者は連れてきて置かれたかのように、天の世界に生まれる〕。

157

「〔比丘たちよ、これら三つのことがらをそなえた者は連れてきて置かれたかのように、地獄に堕ちる。三つとはどれらか。〕
自ら中傷することばを話し、他人に中傷することばを勧め、中傷することばを称賛する。〔比丘たちよ、これら三つのことがらをそなえた者は連れてきて置かれたかのように、地獄に堕ちる。
比丘たちよ、これら三つのことがらをそなえた者は連れてきて置かれたかのように、天の世界に生まれる。三つとはどれらか。〕
自ら中傷することばを話さず、他人に中傷することばから離れることを勧め、中傷することばから離れることを称賛する〔比丘たちよ、これら三つのことがらをそなえた者は連れてきて置かれたかのように、天の世界に生まれる〕」。

158

「〔比丘たちよ、これら三つのことがらをそなえた者は連れてきて置かれたかのように、地獄に堕ちる。三つとはどれらか。〕

自ら荒々しいののしりのことばを話し、他人に荒々しいののしりのことばを勧め、荒々しいののしりのことばを称賛する。〔比丘たちよ、これら三つのことがらをそなえた者は連れてきて置かれたかのように、地獄に堕ちる。

比丘たちよ、これら三つのことがらをそなえた者は連れてきて置かれたかのように、天の世界に生まれる。三つとはどれらか。〕

自ら荒々しいののしりのことばを話さず、他人に荒々しいののしりのことばから離れることを勧め、荒々しいののしりのことばから離れることを称賛する〔比丘たちよ、これら三つのことがらをそなえた者は連れてきて置かれたかのように、天の世界に生まれる〕」。

159

「〔比丘たちよ、これら三つのことがらをそなえた者は連れてきて置かれたかのように、地獄に堕ちる。三つとはどれらか。〕

自ら無益な冗舌を弄し、他人に無益な冗舌を話すことを勧め、無益な冗舌を称賛する。〔比丘たちよ、これら三つのことがらをそなえた者は連れてきて置かれたかのように、地獄に堕ちる。

比丘たちよ、これら三つのことがらをそなえた者は連れてきて置かれたかのように、天の世界に生まれる。三つとはどれらか。〕

自ら無益な冗舌を弄さず、他人に無益な冗舌から離れることを勧め、無益な冗舌から離れることを称賛する〔比丘たちよ、これら三つのことがらをそなえた者は連れてきて置かれたかのように、天の世界に生まれる〕」。

160

「〔比丘たちよ、これら三つのことがらをそなえた者は連れてきて置かれたかのように、地獄に堕ちる。三つとはどれらか。〕

自ら貪り、他人に貪ることを勧め、貪ることを称賛する。〔比丘たちよ、これら三つのことがらをそなえた者は連れてきて置かれたかのように、地獄に堕ちる。

比丘たちよ、これら三つのことがらをそなえた者は連れてきて置かれたかのように、天の世界に生まれる。三つとはどれらか。〕

自ら貪らず、他人に貪りから離れることを勧め、貪りから離れることを称賛する〔比丘たちよ、これら三つのことがらをそなえた者は連れてきて置かれたかのように、天の世界に生まれる〕」。

161

「〔比丘たちよ、これら三つのことがらをそなえた者は連れてきて置かれたかのように、地獄に堕ちる。三つとはどれらか。〕

▼299 自ら怒り、他人に怒ることを勧め、怒ることを称賛する。〔比丘たちよ、これら三つのことがらをそなえた者は連れてきて置かれたかのように、地獄に堕ちる。

比丘たちよ、これら三つのことがらをそなえた者は連れてきて置かれたかのように、天の世界に生まれる。三つと

はどれらか。〕
自ら怒らず、他人に怒りから離れることを勧め、怒りから離れることを称賛する〔比丘たちよ、これら三つのことがらをそなえた者は連れてきて置かれたかのように、天の世界に生まれる〕」。

162

「〔比丘たちよ、これら三つのことがらをそなえた者は連れてきて置かれたかのように、地獄に堕ちる。三つとはどれらか。〕
自ら邪な見解を持ち、他人に邪な見解を持つことを勧め、邪な見解を持つことを称賛する。〔比丘たちよ、これら三つのことがらをそなえた者は連れてきて置かれたかのように、地獄に堕ちる。
比丘たちよ、これら三つのことがらをそなえた者は連れてきて置かれたかのように、天の世界に生まれる。三つとはどれらか。〕
自ら邪な見解を持たず、他人に邪な見解から離れることを勧め、邪な見解から離れることを称賛する。比丘たちよ、これら三つのことがらをそなえた者は連れてきて置かれたかのように、天の世界に生まれる」。

163

「比丘たちよ、貪りを明らかに知るために三つのことがらを修すべきである。三つとはどれらか。
空無[18]のこころの統一（定）と無形相のこころの統一と無願望のこころの統一とである。比丘たちよ、貪りを明らかに知るために三つのことがらを修すべきである。
比丘たちよ、貪りを完全に知るために、完全に滅するために、捨て去るために、滅するために、破壊するために、染着を離れるために、消滅するために、捨てるために、離脱するために、これら三つのことがらを修すべきである。

怒りを、愚かさを、忿怒を、恨みを、〔自己の過ちの〕隠蔽を、頑迷さを、嫉みを、物惜しみを、欺瞞を、へつらいを、強情を、憤激を、自意識を、過信を、自己満足を、放逸を明らかに知るために、完全に知るために、完全に滅するために、捨て去るために、滅するために、破壊するために、染着を離れるために、消滅するために、捨てるために、離脱するために、これら三つのことがらを修すべきである」。

世尊はこのように説いた。意にかなった比丘たちは世尊の説いたことを喜んだ。

一集と二集と三集とは終わった。

▼300 (19) すぐれた『増支部経典』には、最高に清浄な一切知を示す一一の「集」がある。あなたたちはまとめの偈によって、最初からそれらを傾聴しなさい。

一（第一集）

女性の容色と、男性の容色と、五蓋と、仕事に耐えないこと（不適業性）などの五つと、不利益の五つ。（I-IV）

穂の先と、濁りと、池と、栴檀と、軽快と、〔こころの〕明浄と、専心と、修習と思惟と、他の部類に属するものの二〔経〕。（V-VI.7）

生じさせる、衰退させる、不利益と、不忘却という四つの要点はこれら四つの〔章の〕すべてのところにある。(VI.8-X.32)

誤った教えと、誤った律と、語らなかったこと、常に行わなかったこと、第五として、告げたこと、違反して、軽い罪、麁重な罪、余地のある罪、懺悔。（X.33-XII）

〔唯一の〕人、サーリプッタ、第一の人、道理がない、厭離などの成就。(XIII-XVI)

邪見は未生の〔不〕善を増大させ、〔正見は〕それによって有情たちを不正法から出起させることにより。(XVII-XVIII.2)

他のもの、罪あるもの、網、邪悪に語られた、(nadvassam ?)、人々の中で、中心部の国、貴い智慧の眼。(XVIII.3-IXX.1)

〔如来を〕見ること、〔教えと規則を〕聞くこと、記憶すること、考察、意味を知る、(dassam sago ?)、厭離、離脱を所縁とした。(IXX.1)

食べ物によって説かれたもの、また意味の本質によって説かれたもの(IXX.1)、人について二つ〔の経〕、天について〔の経〕、他に地獄の人について二つ〔の経〕、畜生について二つ〔の経〕、餓鬼について二つ〔の経〕、ジャンブ洲において適宜に。(IXX.1-2)

林住者、乞食者、糞掃衣者、説法者、持律者、多聞者、上座(長老)、威儀について二つ〔の経〕。(XX.1)

眷属、瞑想(禅)、慈、念住、正勤、根、力、覚支、道、勝処、解脱、遍。(XX.2-63)

▼301 想について二つ〔の経〕、思いを凝らすこと(随念)、瞑想(禅)と一緒にはたらく、弾指、大海、厭離、軽安、善と不善。(XX.63-XXI.5)

無明、智慧、区別、通達、四つの無礙解、果、獲得、増大、広大。

大、種々、広大、深い、不等、尊重すること、迅速な、軽快な、喜悦する、速やかな、鋭い、決択する。

享受する、享受された、捨てられた、達成された、放逸な、失念した、習い始めた、修習した、繰り返した、明瞭に知る、完全に知る、体現する。(XXI.6-22)

二（第二集）

罪、精勤、自責の念、自ら知った、結縛、黒、白、雨安居の開始（I.1-10）、力、さとりの要素（覚支）、瞑想（禅）、説示、争いごと、不法の行い、不善をおこなってはならない、混乱。（II.1-10）

愚人、怒りをいだいた、語られたこと、導かれるべき意味（不了義）、隠密の、邪見、悪戒、明智の部分。（III.1-12）

基盤（地）、報い尽くすことはできない、何を語るか、供養されるべき人、結縛、同じこころ、行動する者、盗賊、実践、文章。（IV.1-10）

浅薄、和合しない、最上のものを持つ、貴い人、第五として籾殻、美辞、財物、歪んだ、不公正、不適法。（V.1-10）

利益、希有の人、追悼される、塔に価する、覚者について二つ〔の経〕、雷光について三つ〔の経〕、キンナラ、出産、一緒に住むこと、〔ことばの〕応酬。（VI.1-12）

在家者、欲、執着のよりどころ、〔煩悩の〕漏出、財物、聖者、身、喜、快感、こころの統一（定）、寂静、〔喜・快感などの〕消滅。（VII.1-13）

因由、因、形成力（行）、縁、物質的存在（色）、感受、表象（想）、意識（識）、形成力（VIII.1-10）、解脱、策励、名。（IX.1-3）

▼302 明智、存在するという見解、無慚と無愧、ことば遣いが悪いこと、要素（界）、違犯と贖罪に巧みなこと。（IX.4-11）

愚者、適切なもの、罪のあるもの、誤った教え、誤った律、後悔、適切なもの、罪、誤った教え、〔誤った〕律。（X.1-20）

人、浄相、意、愚者、第五として智慧、愁のないこと、先に行うこと、(vitthogo ?)、(duttappa ?)、縁、所説、鈍重と軽快、麁重。(XI.1-12)

願いについての四〔経〕、傷つけられた、(durapari-sacitta ?)、怒りの制御、捨施、広い捨施、受用、享受、分け与えること、保護、愛護、憐愍。(XIII.1-10)

歓待、歓迎、希い、希求、欲求、供養、款待、栄えるもの、増大、宝、集積。(XIV.1-11)

入定、正方、忍耐、親和、不殺生、感官(根)について二つ〔の経〕、省察、注意力(念)、止、欠損、完全であること、見解が清浄であること、不満足、失念していること、〔これが〕第15〔章〕である。(XV.1-16)

二つのもの(XVI.1-20)、学ぶべき者(有学)(XVI.21-30)、(kaveyyam ?)、善(XVI.56-60)、罪過がない(XVI.66-70)、楽を生じる(XVI.76-80)、異熟、一〇〇の害をこうむる。苦について三つ〔の経〕。

面前の〔処置法〕、自恣について二つ〔の経〕、苦切〔羯磨〕、依止〔羯磨〕、駆出〔羯磨〕、下意、挙罪、別住、本日治、〔与〕マーナッタ、出罪。以上が第二集である。

三(第三集)

愚者、特徴、考え、過誤、理に合わない、不善、罪のある、怒りのこもった、悪い行為、汚れ。(I.1-10)

有名な、記憶されるべきこと、願望のない者、転輪王、パチェータナ〔王〕、戯れでない〔実践〕、〔自らを、〕天の、商人についての他の二〔経〕。(II.11-20)

▼303 身証、病人、形成力(行)、大いに益する者、傷口、親しむべき人、嫌うべき人、花の話者、盲目の人、逆さま〔の瓶〕。(III.21-30)

梵天が住んでいる、アーナンダとサーリプッタ、因由、アーラバカの人、天の使い、王についての二〔経〕、優雅、

驕り、最強の因からなる章。(IV.31-40)

存在していること、原因、他人のために、進展、賢者、戒を保つ、形成されたもの、山、熱心、大盗賊。(V.41-50)

人についての二〔経〕、バラモン、遍歴行者、涅槃、有力な〔者〕、ヴァッチャ族の者、ティカンナ、ジャーヌッソーニ、サンガーラヴァ。(VI.51-60)

外教の人、怖畏、ヴェーナーガ、サラバ〔遍歴行者〕、ケーサの子、サーラ、ことばのよりどころ、外教の〔遍歴行者〕、不善の根元、布薩の支。(VII.61-70)

チャンナ〔遍歴行者〕、アージーヴィカ、シャカ族、ニガンタ派、勧誘しなければならない、生存、意志（思）と希求、奉仕、香、アビブーを含め、〔アーナンダの章である〕。(VIII.71-80)

沙門、よい田、ヴァッジ族の子、学ぶべき者（有学）、(pañca masāyo ca sādhikā vuttā ?)、修学すべきものについての二〔経〕、パンカダー〔の町〕。(IX.81-90)

早急に、離脱、最上の衆、駿馬についての三〔経〕、〔カーシ産の〕布、樹皮〔の衣〕、塩の塊、塵を浄化する金工者。〔以上で第二の〕五〇である。(X.91-100)

以前に尋ねもとめる、悦楽、号泣、三つのことに耽る、重閣についての二〔経〕、因についての二〔経〕、さらに〔因についての〕二〔経〕。(XI.101-110)

▼304 苦処、得がたい、計ることのできない人、無限を観じる境地、欠損、歪みのない〔さいころ〕、業、清浄についての二〔経〕、牟尼のあり方。これで〔一つの〕章である。(XII.111-120)

クシナガラ、口論、ゴータマカ〔制底〕、バンドゥ、ハッタカ〔天子〕、吐瀉物、アヌルッダについての二〔経〕、隠されたもの、岩に書くこと。これらによる一〇経が〔一つの章である〕。(XIII.121-130)

戦士、人の集まり、友、〔如来の〕出世、髪で織った織物、完成と増大、未調教の馬についての三〔経〕、孔雀に餌を与える園。〔これらにより一つの〕章がある。（XIV.131-140）

不善、罪のあること、不正、不浄、〔自らを〕傷つけることについての四〔経〕、礼拝、安楽な午前。〔これらにより一つの〕章がある。（XV.141-150）

第三集は終わった。

略号表・注

略号表

A	Aṅguttaranikāya
AA	Aṅguttaraṭṭhakathā（Manorathapūraṇī）
AbhA	Abhidhammaṭṭhakathā
AbhK	Abhidharmakośabhāṣya（ed.P.Pradhan,Patna 1967）
AbhS	Abhidhammatthasaṅgaha（JPTS 1884）
AbhṬ	Abhidhammaṭṭhakathāṭīkā
Abhvt	Abhidhammāvatāra（Buddhadatta's Manuals I）
Ap	Apadāna
ApA	Apadānaṭṭhakathā（Visuddhajanavilāsinī）
AṬ	Aṅguttaraṭṭhakathāṭīkā
Bv	Buddhavaṃsa
BvA	Buddhavaṃsaṭṭhakathā（Madhuratthavilāsinī）
CNd	Culla-Niddesa
CNdA	Culla-Niddesaṭṭhakathā（Saddhammapajjotikā）
Cp	Cariyāpiṭaka
CpA	Cariyāpiṭakaṭṭhakathā（Paramatthadīpanī）
Cv	Cūḷavaṃsa
D	Dīghanikāya
DA	Dīghaṭṭhakathā（Sumaṅgalavilāsinī）
Das	Dasavatthuppakaraṇa
Dhk	Dhātukathā
DhkA	Dhātukathā-aṭṭhakathā（PcpA）
Dhp	Dhammapada
DhpA	Dhammapadaṭṭhakathā
Dhs	Dhammasaṅgaṇi
DhsA	Dhammasaṅgaṇi-aṭṭhakathā（Atthasālinī）
DhsṬ	Dhammasaṅgaṇimūlaṭīkā
Dpv	Dīpavaṃsa
DṬ	Dīghaṭṭhakathāṭīkā（Līnatthavaṇṇanā）
Dṭhv	Dāṭhāvaṃsa
Gv	Gandhavaṃsa（JPTS 1886）
It	Itivuttaka
ItA	Itivuttakaṭṭhakathā（Paramatthadīpanī）
J	Jātaka
JA	Jātakaṭṭhakathā
KhdA	Khuddakaṭṭhakathā
KhdN	Khuddakanikāya
Khp	Khuddakapāṭha
KhpA	Khuddakapāṭhaṭṭhakathā（Paramatthajotikā）
Kṅkh	Kaṅkhāvitaraṇī
Kv	Kathāvatthu
KvA	Kathāvatthu-aṭṭhakathā（JPTS 1889）
M	Majjhimanikāya

MA	Majjhimaṭṭhakathā（Papañcasūdanī）
Mbv	Mahābodhivaṃsa
Mhv	Mahāvaṃsa
MhvṬ	Mahāvaṃsaṭīkā（Vaṃsatthappakāsinī）
Mil	Milindapañha
MilṬ	Milindaṭīkā
MNd	Mahā-Niddesa
MNdA	Mahā-Niddesaṭṭhakathā（Saddhammapajjotikā）
MṬ	Majjhimaṭṭhakathāṭīkā
Nd	Niddesa
NdA	Niddesaṭṭhakathā（Saddhammapajjotikā）
Net	Nettipakaraṇa
NetA	Nettipakaraṇaṭṭhakathā
NetṬ	Nettipakaraṇaṭīkā
P	Paṭṭhāna
PA	Paṭṭhānaṭṭhakathā（PcpA）
Pcp	Pañcapakaraṇa
PcpA	Pañcapakaraṇaṭṭhakathā (DhkA,PugA,PvA,YA,PA)
Pd	Paramatthadīpanī（UdA, ItA, VvA, PvA, ThagA, ThīgA, CpA）
Pj	Paramatthajotikā（KhpA,SnA）
Pṭs	Paṭisambhidāmagga
PṭsA	Paṭisambhidāmaggaṭṭhakathā（Sdk）
Pug	Puggalapaññatti
PugA	Puggalapaññatti-aṭṭhakathā（PcpA）
Pv	Petavatthu
PvA	Petavatthu-aṭṭhakathā（Pd）
Rpv	Rūpārūpavibhāga（Buddhadatta's Manuals I）
S	Saṃyuttanikāya
SA	Saṃyuttaṭṭhakathā（Sāratthappakāsinī）
Sads	Saddhammasaṅgaha（JPTS 1890）
Sārṭ	Sāratthadīpanīṭīkā（VAṬ）
Sās	Sāsanavaṃsa
SṬ	Saṃyuṭṭakathāṭīkā
Sdj	Saddhammapajjotikā（NdA）
Sdk	Saddhammapakāsinī（PṭsA）
Sīh	Sīhaḷavatthupakaraṇa（ed.A.P.Buddhadatta,Kolimbanagara,Sri Lanka 1959）
Smp	Samantapāsādikā（VA）
Sn	Suttanipāta
SnA	Suttanipātaṭṭhakathā（Pj）
Thag	Theragāthā
ThagA	Theragāthā-aṭṭhakathā（Pd）
Thīg	Therīgāthā
ThīgA	Therīgāthā-aṭṭhakathā（Pd）
UdA	Udānaṭṭhakathā（Pd）
Udv	Udānavarga
Uj	Upāsakajanālaṅkāra

Uvc Uttaravinicchaya（Buddhadatta's Manuals II）
VA Vinayaṭṭhakathā（Smp）
Vajṭ Vajirabuddhiṭīkā（VAṬ）
Vibh Vibhaṅga
VibhA Vibhaṅgaṭṭhakathā（Sammohavinodanī）
VibhṬ Vibhaṅgaṭīkā
Vim Vimuttimagga
Vimṭ Vimativinodanīṭīkā（VAṬ）
Vin Vinaya-piṭaka
Vis Visuddhimagga
VisCṬ Visuddhimaggacullaṭīkā（Saṅkhepatthajotanī）
VisṬ Visuddhimaggaṭīkā（Paramatthamañjūsā）
VṬ Vinayaṭṭhakathāṭīkā
Vv Vimānavatthu
VvA Vimānavatthu-aṭṭhakathā（Pd）
Vvc Vinayavinicchaya（Buddhadatta's Manuals II）
Y Yamaka
YA Yamakaṭṭhakathā（PcpA）

AM Ardha-Māgadhī
Āy Ācāraṅga,erster śrutaskandha, Text,Analyse und Glossar von Walter Schubring（Leipzig,1910. AKM.12.4）
BSBU H.Lüders:Beobachtungen über die Sprache des Buddhistschen Urkanons（Berlin,1954）
CPD Critical Pali Dictionary（Copenhagen,1924- ）
DPPN G.P.Malalasekera:Dictionary of Pali Proper Names（London,1937-1938）
ERE Encyclopaedia of Religion and Ethics
Grassmann,Wörterbuch zum Rig-Veda
H.Grassmann:Wörterbuch zum Rig-Veda（Wiesbaden,1976）
Hinüber,KGP
O.von Hinüber:Studien zur Kasussyntax des Pāli,besonders des Vinaya-Piṭaka（München,1968）
JPTS Journal of the Pali Text Society
Mayrhofer,Wörterbuch des Altindischen
M.Mayrhofer:Kurzgefasstes etymologisches Wörterbuch des Altindischen（Heidelberg,1956）
Oldenberg,Kleine Schriften
H.Oldenberg:Kleine Schriften（Wiesbaden,1967）
PTS The Pali Text Society（U.K.）
PTSD The Pali Text Society's Pali-English Dictionary
SBB Sacred Books of the Buddhists
SBE Sacred Books of the East
SED Monier Williams:Sanskrit-English Dictionary
Skt Sanskrit
Tib Tibetan

Utt	The Uttarādhyayana-sūtra,ed.by J.Charpentier (Uppsala,1922)
印仏研	印度学仏教学研究
大正蔵	大正新脩大蔵経
南伝	南伝大蔵経
東北	（東北帝国大学蔵版）西蔵大蔵経総目録
大谷	（大谷大学図書館蔵）影印北京版西蔵大蔵経総目録

注　第三集

第Ⅰ章　愚人の章

（1）わたしはこのように……　以下、恐怖と災禍と災難との三つは愚者にのみ生じ、賢者には生じない、と説かれる。

（2）世尊　bhagavat.「威徳ある人、至福をもつ人、神聖な人」の意味。インド一般では、神々、聖者、師などに対する尊称であるが、仏教では仏陀に対する尊称の一つとして普通に用いられている。「世尊」という訳語は漢訳仏典ではもっとも親しまれている訳語であるから、本書もこれを使用する。

（3）サーヴァッティー　Sāvatthī.「舎衛城」と漢訳される。仏陀時代のコーサラ国の首都。現在のウッタラ・プラデーシュ州サヘート・マヘート（Saheth Maheth）に当たる。

（4）ジェータの林の中のアナータピンディカの園　「ジェータの林」とはジェータ太子（コーサラ国王パセーナディの王子）の所有していた林という意味である。また「アナータピンディカ」（給孤独）とは「寄る辺のない人に食を与える人」の意味で、スダッタ長者を指す。彼はサーヴァッティーの豪商で、有力な仏教信者であったが、出家者を手厚く保護したために、この呼び名がついた。かねてからブッダに帰依していたスダッタ長者は精舎を建てるのにふさわしい場所を選定し、その持ち主であるジェータ太子にそれを売ってくれるように頼むが、太子はこれを拒絶し、「たとえ黄金を敷き詰められても売らない」という。長者は提訴するが、これに対して「値段を付けたのだから、売るべし」という司法の裁定が下り、スダッタ長者は地面に黄金を敷き詰める。太子は長者の熱意に動かされて土地を寄付し、長者はそこに精舎を建てた。仏教の出発時を飾る逸話の一つである。漢訳仏典では「ジェータの林」と「アナータピンディカの園」と一つにして「祇樹給孤独園」または略して「祇園」「祇園精舎」と訳される。

（5）比丘　bhikkhu（ビック）. 漢訳仏典では音を写して（音写するという）「比丘」と訳される。原意は「食べ物を乞う者」。仏教では出家して、具足戒（完全にそろった戒）を受けた修行者をいう。

（6）何かの恐怖が……賢者には生じない　ここには恐怖（bhaya）、錯乱（upasagga）、茫然自失（upaddava）の三語が出る。その三語の意味の違いを注釈書（AA.ii.167）は次のように説明している。

「恐怖とは、こころが戦慄することである。錯乱とは、集中したこころを失った状態である。茫然自失とは、悩まされ、そこここにたたずむすがたである。……山の難所に住んでいる盗賊たちが田舎に住んでいる人たちに告げる。『俺たちはこれこれの日にお前たちの村を襲う』と。彼ら〔村人たち〕はそれを聞いた時から、恐怖と戦慄とに陥る。

これをこころの戦慄という。彼ら〔村人たち〕は、盗賊たちが怒ればどんな不利益をもたらすに違いないと、手に財産を持ち、二足・四足の動物と一緒に林の中に入り、そこここの地面に臥した。虻や蚊に噛まれながら、茂みの中に入り、切り株や刺を踏みつけ歩いた。彼らのこのようにさまよい混乱した状態を、集中したこころを失った状態という。その後、盗賊たちは告げられた日に襲ってこず、〔村人たちは〕『うその通告であったのであろう。わたしたちは村へ帰ろう』と、財産を持って村へ入った。そのとき、彼らが村へ帰ったことを知って、盗賊たちは村を取り囲み、門に火を付け、人々を殺し、すべての財産を奪って去る。殺されずに残った者たちは、火を消して、小屋の陰や壁の陰などのそこここに寄りかかってすわり、忘失したものを嘆く。これが、悩まされ、そこここにたたずむすがたである」。

(7) 2……　以下、愚者は身体とことばとこころとによる悪業を持ち、賢者は身体とことばとこころとによる善業を持つと説かれる。

(8) 愚者は……　以下「賢者は業を特徴とする」までは、次のように注釈されている。「愚者と賢者とは自らの行いによって明瞭となる。愚者が行った道は、樹や藪や村や町などを破壊しながら進みつつある稲妻（インドラの火）の行った道のようである。大火の場所のみがあり、炭火や灰末や灰の山だけが認められる。賢者が行った道は、小池などを満たし、さまざまな穀物の収穫をもたらしつつある、四洲の雲の行った道のようである。……これと同じように賢者の行った場所には幸福のみが認められ、不幸は認められない」(AA.ii.169)。

(9) 業　kamma (Skt. karman). 仏教では善または悪の行為であり、それは後で果（結果）を引くものであり、善業は楽果を、悪業は苦果を引く。また、その業の本質は「意志」（思、cetanā）とされる。意志とは「このようにしてやろう」と意欲することである。行為を行う前の「行おう」という意志の中に業の本質を見るのである。これにしたがえば、実際に盗んでいなくても、「盗んでやろう」と意欲するだけで「こころの業」（意業といわれる）という業になり、後にその果を引くことになる。他人の物を取っても、「盗んでやろう」という意志がなければ、それは盗みの業と見なされない。それは自分の物であると思い違いをしたか、自分の物と間違えて取ったかである。このように行為の原因となる意志を重視するのが仏教の業論の特徴である。その業は人生を形成していくさまざまな力の中で最も顕著な力と見なされ、「形成力」（行）と同義と見なされている。

(10) 智慧　paññā (Skt. prajñā)。通例的に「慧《え》」と漢訳される。現代の日本語では「智慧」と訳されることが多く、なじみ深い語となっているために、本書でも「智慧」と訳した。しかしこの語は曖昧さが残るので注意が必要であろう。「慧」とよく似た語に「智」がある。「智」の原語はñāṇa (Skt. jñāna) であり、仏典の中では両者は厳密に区別されている（ただしその区別に気がつかない研究者も多い）。「慧」とは真理を自ら具現していくこころの作用であり、具現されるべき真理が「智」である。卑近なたとえをあげれば、智は「飲酒運転は危険である」という真理にたとえられる。慧はその真理を具現する作用にたとえられる。多くの運転者は飲酒運転を行わない。これは日常生活の場で真理を具現しているすがたである。他方で、一部に飲酒運転を繰り返す運転者もいる。これは「飲酒運転は危険である」という真理が具現されていないすがたである。智と慧も同様に考えられる。智は慧によって具現されて、智の作用を完遂する。慧は智を具現して、慧として成就する。たとえば「諸法は無我である」(sabbe dhammā anattā) が智である。この智を自らの生活のうえに具現するはたらきが慧である。智を自らのうえに具現したとき、人は智を獲得する。しかし「諸法は無我である」という智の具現は容易でない。多くの人は我執に迷妄し、四苦八苦に悲泣する。智が獲得されず、慧が成就されていないすがたである。

（11）3　先の経説の趣旨を別の表現で繰り返す。

（12）身体の業……こころの業　第1章注（9）参照。

（13）10　愚者は悪い生活習慣（悪戒）と嫉みと吝嗇という三つの汚れを持っていると説かれる。

（14）戒律　sīla. 原意は「(人などの）性格、習慣、よい習慣」であり、戒と漢訳され、一般に使われている。守っていくべき生活の規範という意味で、在家者が守るべき五戒、すなわち生き物を殺さない（不殺生）、盗みをしない（不偸盗）、不倫をしない（不邪淫）、うそをつかない（不妄語）、酒を飲まない（不飲酒）がよく知られている。男女の出家者にはそれぞれの戒が定められている。ここで「悪い戒」とは戒の規定から逸脱した、悪い生活習慣をいう。

第2章　車作りの章

（1）教えに逆らったこころによる業　注釈書によれば、修行の方法などを偽って語り、誤った教えに導くことを指す。次のような例が説かれている。「南山寺に住む長老のようである。彼に仕える一人の大臣の子が彼のもとへ行き、慈の実践において最初にどのような人に慈の実践をおこなうべきかを尋ねた。長老はふさわしい人とそうでない人とを告げずに、『愛している人に対して』と説いた。彼は妻を愛し、かわいく思っていた。彼は彼女に対して慈を実践し、狂気におちいった」(AA.ii.172)。

（2）士族階級　インドにおける四つの社会階級（varṇa）のうちの第二の階級。王侯士族・武士の階級。第一の階級はバラモン（婆羅門。司祭、僧侶の階級）、第三の階級はヴァイシャ（農工商の庶民階級）、第四の階級はシュードラ（隷民）である。賤民（caṇḍāla）はさらにこの枠の下に位置づけられる。この制度が形を整えたのは後期ヴェーダ時代（紀元前一〇〇〇～六〇〇年頃）と考えられている。

（3）灌頂　古代インドにおいて国王の即位や立太子の式典で、頭頂に水を注ぎかける儀式。

（4）袈裟　kāsāya（Skt. kāṣāya）の音写である。原意は赤褐色を意味し、「壊色《えじき》」「染衣《せんえ》」などと漢訳される。出家者の衣は捨てられていたぼろ布を縫い合わせたもの（糞掃衣）が原則であったから、鮮やかな色を避け、一般の人が顧みない色に染めて衣とした。比丘の衣（三衣）をその色から袈裟とよぶようになった。

（5）煩悩の漏出　āsava. 漢訳仏典では「漏」と訳される。煩悩の同義語である。煩悩の漏れ出るという様態に注目して「漏」といわれる。ちなみに「煩悩」の原語は kilesa であり、原意は「汚すもの」であるが、こころを煩わせ悩ませるものであるというので、漢訳仏典では煩悩と訳され、一般に広く使われている。

（6）こころの解脱と智慧による解脱　こころの解脱（心解脱、cetovimutti）は「こころが解き放たれた境地」を意味し、智慧による解脱（慧解脱、paññāvimutti）は「智慧によって解き放たれた境地」を意味する。両方は本来は同じ解脱のもつ二つの側面を表現したものである。解脱という事象は、束縛から解き放たれる当体に注目すれば、こころが束縛から解き放たれること、すなわち「こころの解脱」になり、これに対して解脱を完成させる原動力たる智慧に注目すれば「智慧による解脱」になる。後には「こころの解脱」とは渇愛を消滅して獲得される解脱であり、「智慧による解脱」とは無明を消滅して獲得される解脱であるとされ、解脱の内容に差異が認められることになる。さらに別の注釈書（MA.iii.147）によれば、こころの統一（定）にすぐれた者はこころの解脱を得て、智慧（慧）にすぐれた者は智慧による解脱を得る、とされる。修行者の能力の差異によって得られる解脱にも差異があるとされるのである。

（7）チャンダーラ　注（2）参照。

（8）沙門　samaṇa（Skt. śramaṇa）.「しゃもん」と読む。原意は「努力する人」であり、出家して修行の道に努める人をいう。「沙門」「桑門」と音写される。

（9）梵行者　brahmacārin.「梵行」の原語は brahacariya. 原意は「清らかな行い」。漢訳仏典では梵行と訳される。もとはヴェーダを学習する学生が独身生活を守りながら学習に努めたことから発し、男性が女性に関係しないことをいう。これが仏教に取り入れられて、狭義には淫欲を離れることを指すが、広義には戒を守り、欲望を離れ、瞑想を行うなどの仏道の修行を指す。

（10）阿羅漢　arahat. 原意は「他から供養されるに値する者」であり、「応供《おうぐ》」と漢訳される。ブッダの呼称の一つとして使われるが、すべての煩悩を断ち切った修行者は供養に値するから、ブッダのみでなく、そのような修行者も阿羅漢と呼ばれる。

(11) 転輪王　cakkavatti rāja. 天から宝の輪（輪宝）を感得し、これを回転させ、四方に馳せて、世界を征服し、正義をもってこの世界を治める、と説かれる想像上の理想の王。

(12) 正義　この経典において「正義」と「真理」という両語の原語は dhamma であり同一である。転輪王は人倫世界の王であるから、彼の存在の基盤である dhamma を「正義」と訳し、人倫世界を包摂し、さらにそれを越えた宗教的世界の師である如来の存在の基盤である dhamma を「真理」と訳した。

(13) バラモン　brāhmaṇa. 音写して「婆羅門」、時には「梵士」などという。バラモンはインドにおける四つの社会階級（四姓制度）の最高階級である司祭階級に属する人の呼称である。主にヴェーダ聖典の学習・教授や種々の祭祀を司ることを職業とする。また仏典では「沙門」（努力する人）と一緒にされ、「沙門・バラモン」という表現も頻繁に見られるが、このときはバラモンは正しい理想的な修行者・宗教者の意味であり、この場合は血統的にバラモン階級に属さない人もバラモンと呼ばれている。

(14) 如来　tathāgata. その原意が「如（tathā. 真理）からあらわれ出た（āgata. 来）者」と解釈され、「如来《にょらい》」と漢訳される。この訳書では漢訳語に従った。元来は仏教やジャイナ教などの非バラモン的宗教において「完全な人格者、すぐれた修行者」を指して用いられたが、仏教ではブッダの呼称として用いられ、またブッダの自称としても用いられている。

(15) バーラーナシーの……鹿の園　バーラーナシーは北インド中央部、ガンジス川の中流左岸にある古都で、交通の便もよく、早くから商工業の中心地として栄えた。また宗教・学問・文化の中心地でもあり、今日に至るまで、全インドより巡礼者が集まる聖地である。この町の東北数キロにサールナートとよばれるところがあり、鹿がたくさんいたことから「鹿の園」（ミガダーヤ、鹿野苑《ろくやおん》）と呼ばれ、またブッダ時代にも多くの修行者が集まっており、「仙人の集まるところ」（イシパタナ）とも呼ばれた。世尊が悟りを開いた後、かつての修行仲間であった五人の出家者に初めて説法をした場所としても知られている。

(16) 感官の門をよく守っている　感官によって対象を認識するとき、その対象に対して執着せず、対象によってこころが縛られず、煩悩を増大させないことをいう。この直後にでる「感官の防御」も同義である。いずれも眼を閉じ、また耳を覆うなどして、対象を認識しないという意味ではない。

(17) 経行　caṅkama. 「きんひん」または「きょうぎょう」と読む。座禅中の疲労をいやし、眠気をさまし、また衛生のために、一定の場所を静かに往復して歩くことをいう。

(18) ライオンの臥し方　右脇を下にした臥し方をいう。他に、欲を享受する者の臥し方（左脇を下にする）、餓鬼の臥し方（仰向けに臥す）、如来の臥し方（第四禅に入っている状態）がある。また別の伝承では、ライオンの臥し方（右脇を下にする）、天の臥し方（仰向けになる）、鬼の臥し方（うつ伏せになる）、欲に耽る者の臥し方（左脇を下にする）の四種がある。

(19) 注意力　sati. 漢訳仏典では通例「念」と訳される。原始仏典においては（1）対象を記憶して忘れないこと、記憶を意味し、（2）無常・苦・無我などを常に念頭に置き、忘れないこと、すなわち「四つの注意力の確立」（四念住）の意味に使用される。さらに（3）こころが放縦にならないように気をつけ、注意力がそなわっていることを意味する。ここではこの（3）の意味である。

(20) 明瞭な意識　sampajañña. 漢訳仏典では通例「正知」と訳される。自分がいま何を行っているか、何を考えているかを明瞭に自覚し、識知していることをいう。

(21) ゴータマ　Gotama (Skt. Gautama).「ゴータマ」（最上の牛の意味）とは世尊が属していた氏族の名前であり、世尊の個人名はシッダッタ (Siddhattha. Skt. Siddhārtha. 目的を完成した者の意味）である。両方を合わせて、ゴータマ・シッダッタ (Gotamasidhatta) が彼の姓名である。原始仏典では、一般的に仏は「世尊」と呼ばれているが、仏教以外の人からは「沙門ゴータマ」(samaṇa-Gotama) や「友ゴータマ」(bho Gotama) と呼ばれている。

(22) こころの統一　samādhi.「定《じょう》」と漢訳される。瞑想はインドに古くから伝わる修行法の一つである。体現されるべき真理、覚悟されるべき真理は現実世界の多様性を離れ、さまざまな行為や欲望から離れたものであるから、それを覚悟し体現する者も現実の多様性から超出して行かなければならない。その手段として瞑想が実践されてきた。世尊の覚りが菩提樹下での瞑想によって開かれたことからも明らかなように、仏教においても、最初期から覚りへの手段として瞑想が必須のものと考えられてきた。出家者には、こころを集中して、内観省察を行い、ブッダの教えを把握すべきことが説かれた。仏教の修習の課程の基本は、生活・行動を正しくし（戒）、精神を集中させ（定）、真理を体現する（慧）の三段階とされ、この課程は「戒定慧の三学」と呼ばれている。瞑想は真理を体現するための方法として位置づけられており、単なるエクスタシーの追求ではなかった。

　瞑想を表す語には種々があるが、原始仏典で一般的で代表的なものは「禅」と「定」であろう。

　禅は jhāna (Skt. dhyāna) であり、原意は dhyai（思慮する、瞑想する）、「禅」あるいは「禅那」と音写される。また「静慮《じょうりょ》」と漢訳される。

　定（こころの統一）は、こころが対象に対して散乱せずに集中し統一されていることを原意とし、その集中には強弱の差があるとされる。それゆえこの語が常に禅定を指すとはいえない。こころの統一の強弱の差は後のアビダルマの思想家たちの注意を引き、この対象に対する集中の作用は、日常、事物を認識するときは無論のこと、夢のような不安定な心理状態においてもはたらいているとされ、その作用が最強となるとき、「定」は「禅」となると説明されるようになる。本書ではjhānaを「瞑想」と訳し、samādhiを「こころの統一」と訳した。

(23) 伝承の教え　āgama.「阿含《あごん》」と音写される。伝承された教説、またはその集成聖典の意味で、経典、あるいはその集成である経蔵を意味する。

(24) 教えの項目表　mātika.「論母」と訳されることもある。後期の仏典（特にアビダルマ文献）で、多くの項目からなる教えを一ヶ所に説くとき、説かれる教えの項目を最初に列挙して示し、そのあとで、その列挙に従って、個々のことがらについて説く、という説き方がしばしば行われ、この項目の表のことを指す。

第3章　人の章

(1) 21　ブッダは身をもって体現した人（身証）と、洞察に到達した人（見倒）と、信によって解脱した人（信解脱）という三種の人に優劣の差のないことを説く。

(2) サーリプッタ　Sāriputta. 漢訳仏典では「舍利弗」と音写される。モッガッラーナ（目連、Moggallāna）とともにブッダのすぐれた弟子であり、仏教教団の発展に大きなはたらきをした。二人は同年であり、マガダ国のバラモンの家に生まれ、年少の頃から親交があり、出家してともにサンジャヤという沙門の弟子となり、どちらかが先に不死を得たなら、互いに知らせあおうと約束をしていたという。ある日、サーリプッタはラージャガハ（王舍城）でブッダの弟子であるアッサジに出会い、ブッダの教えを聞き、その教えを理解し、すぐにモッガッラーナに教えた。モッガッラーナもそれを理解し、サンジャヤの弟子二五〇人にもブッダの教えを伝え、ともにブッダの弟子となったと伝えられる。

(3) 身をもって……解脱した人　悟りの流れに入った人を聖者と呼ぶが、その聖者が信（信仰）にもとづいて聖者となったか、慧（理論）にもとづいて聖者となったか、こころの統一（定）にもとづいて聖者となったかによって、七種に分かれる。ここに説かれる、身をもって体現した人（身証）、洞察に到達した人（見倒）、信によって解脱した人（信解脱）の三者はそのうちの三者である。

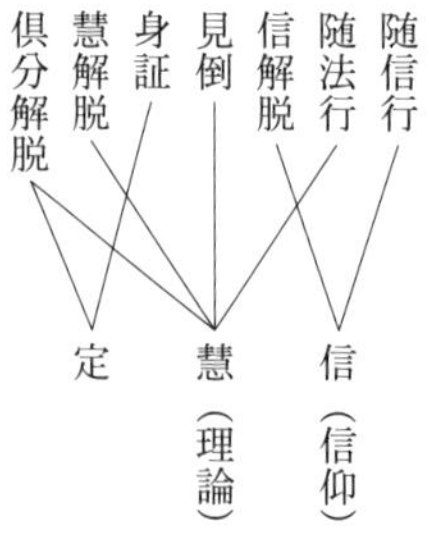

以上の七種の者については、原始仏典における意味と後世のパーリ上座部における解釈とは、異なっている。

原始仏典においては「両方より解脱した者」（ubhatobhāgavimutta. 倶分解脱）とは、色界（清らかな物質からなる世界）を超えた無色界（物質のない純粋に精神的な世界）の瞑想により物質的存在（色）から解脱し、智慧によって精神的存在（名）から解脱した者をいう。

「智慧によって解脱した者」（paññāvimutta. 慧解脱）とは、まだ物質的存在から解脱していないが、智慧によって精神的存在（名）から解脱した者をいう。

「身をもって体現した者」（kāyasakkhin. 身証）とは、物質的存在（色）から解脱したが、智慧による精神的存在からの解脱が一部しか達成されていない者である。

「洞察に到達した者」（diṭṭhippatta. 見倒）とは、物質的存在からの解脱は達成されていないが、精神的存在からの解脱が部分的に達成されており、智慧によってブッダの教えを理解している者である。

「信によって解脱した者」（saddhāvimutta. 信解脱）とは、物質的存在からの解脱は達成されていないが、精神的存在からの解脱が部分的に達成されており、ブッダに対する信が確立している者である。

「法に従って実践した者」（dhammānusārin. 随法行）とは、物質的存在からも精神的存在からも解脱していないが、信・精進・念・定・智慧という五つの能力（五根）をそなえ、智慧によってブッダの教えを理解している者である。

「信に従って実践した者」（saddhānusārin. 随信行）とは、物質的存在からも精神的存在からも解脱していないが、信などの五つの能力（五根）をそなえ、ブッダに対する信を持っている者である。

他方、パーリ上座部の解釈では、これら七種の者は四向四果の八段階のさとりの段階にある聖者につけられた名前である。さとりの段階に入るのに、信・慧・定の三つの門を分け、信の能力が強くて、信の門から預流向に至った聖者は「信の能力に従って実践した者」という意味で「随信行」と呼ばれる。その彼が、その上位の預流果から阿羅漢果までの七段階にあるときは「信解脱」（信によって解脱した者）と呼ばれる。

同じように智慧の能力が強くて、智慧の門から預流向に至った者は「智慧という法によって実践した者」という意味で「随法行」と呼ばれる。彼が上位の預流果から阿羅漢向までの六段階にあるときは「智慧によって真理の洞察に到達した者」という意味で「見倒」と呼ばれる。彼が阿羅漢果に至ると「慧解脱」（智慧によって解脱した者）と呼ばれる。

同じように定の力が強くて、定の門により預流向から阿羅漢向の七段階に至った聖者は、「身をもって禅定を修して涅槃を体現する者」という意味で「身証」と呼ばれ、彼が無色界の定を修習して阿羅漢果に至ると、「無色界の定と聖道との両方によって解脱した者」という意味で「倶分解脱」と呼ばれる。

（4）22　その食事と薬と看護人という要因によって病気からの回復があるとき、その食事などの要因が適切なものとして、他の病人にも応用されるように、如来に会うことと教えを聞くこととによって、将来の悟りが決定した状態になるとき、その教えは正しい教えであり、他の人にも説かれるべき教えである、と説かれる。

（5）善のことがらの……すなわち正しさ　niyāmaṃ kusalesu dhammesu sammattaṃ. 注釈書（AA.ii.192）では「善のことがら（善法）の中で、道により〔悟りの境地が〕決定していることと称された正しさ」と説明されている。このうちで「正しさ」とは具体的には悟りへ至るための「聖道」（貴い道）を指す。その聖道（正しさ）は将来の悟りが決定した境地である。修行の過程の中のこのような境地は「正《しょう》性《しょう》決定《けつじょう》」（sammata-niyāma. 正しいことによる決定した状態、道により悟りの決定した状態）と呼ばれる。それは四諦の理法を初めて洞察した時点、すなわち「預流道」（見道ともいわれる）を指す。

（6）身行　kāya-saṅkhāra. 通常「身行」と漢訳され、「身体による行為」と理解しても大過はないが、ニュアンスに多少の差がある。「行」（saṅkhāra）は人の内にある、各自の人生を形成していく力であり、身の saṅkhāra は身体を通して、あるいは身体の活動として現れてくる力を意味する。それは具体的には「身体の行為」であるが、行為の根源になった、あるいは行為に先行する「意志」、ある行為を行おうという意志をも意味する。注釈書は「身体という門にはたらく意志（cetanā）の集合」（AA.ii.192）と意志を強調している。第4章注（6）参照。

（7）遍浄天　subhakiṇṇa. 体から発する浄光があまねく満ちている天の衆。色界の第三禅に対応する天のうちの最上位の天。

（8）一部の破滅の世界の者　注釈書では、「天宮の餓鬼」（vemānikapeta）と説明されている。「餓鬼事」（Petavatthu）という書物では、「鹿殺しの餓鬼」（migaluddaka-peta）を説明して、昼は善業の果報として天宮の安楽を享受し、夜は鹿殺しという悪業の果報として餓鬼の苦を受ける、と説いている。ここではこの餓鬼が意図されているか。

（9）三人　仏・法・僧への帰依を促す人と、四諦の覚知を促す人と、解脱に導く人との三種の人は他人を利益する人である。

（10）こころの解脱と智慧による解脱　第2章注（6）参照。

（11）25　怒りやすい人と四諦を覚知する人と解脱を体現する人とが説かれる。

（12）26　親交すべきでない人と親交すべき人と尊敬すべき人との三種の人が説かれる。

（13）27　嫌うべき人と無視すべき人と親交すべき人との三

種の人が説かれる。

（14）28　妄語を語る者（大便の話者）と真実を語る者（花の話者）と愛情を込めて語る者（蜜の話者）との三種の人が説かれる。

（15）大便の話者　大便のように悪臭のする話をする人である。AA.ii.198 参照。

（16）花の話者　花のようによい香りのする話をする人である。AA.ii.199 参照。

（17）29　世間的な利得と善悪とを知らない盲目の人と、世間的な利得は知るが善悪とを知らない隻眼の人と、その両方を知る両眼の人という三種の人が説かれる。

（18）30　教えを聞いても何も受け止めない人（逆さまの瓶の智慧者）と、教えを聞いてすぐに忘れる人（ひざの智慧者）と、教えを聞き、その意味を深く考察する人（広大な智慧者）という三種の人が説かれる。

（19）清らかな行い　第2章注（9）参照。

第4章　天の使いの章

（1）敬愛されている　pūjita. しばしば「供養された」と訳され、死者に対するものという意味合いが強いが、ここでは「敬愛する」という意味である。ある注釈書では pūja（敬愛、pūjita の名詞）を「尊敬、尊重、敬意、敬礼」(sakkāra-garukāra-mānana-vandana. SnA.i.125) と説明している。

（2）奉仕　底本には nāyanaṃ とあるがタイ版には tāya とある。今はタイ版に従って訳した。

（3）32　「わたしである」という考えと、「わたしのものである」という考えと、自意識の潜在的煩悩とという三つが消滅するこころの統一（定）と解脱の境地の存在することが説かれる。

（4）アーナンダ　Ānanda.「阿難陀」、略して「阿難」と音写される。ブッダの従兄弟であり、ブッダに深く愛され、長くブッダの側近くに仕え、ブッダと行動を共にした侍者であった。したがって彼は多くの説法を聞いており、それらを記憶していたといわれる。ブッダの滅後、弟子たちがラージャガハに集まり、ブッダの経説の確認・集成を行ったとき、アーナンダは多くの説法を再現したと伝えられる。「わたしはこのように聞いた。あるとき世尊は……」という経典の冒頭の定型表現はその言い伝えに由来し、このように聞いた「わたし」とはアーナンダとされる。また彼は時にはブッダに代わって説法も行っている。

（5）自意識の潜在的煩悩　mānānusaya (māna+anusaya). このうちで māna は通例「慢」と漢訳される。その原意は「考えること」であり、「自己の存在を考えること、自意識、自己が存在するという意識」が慢である。慢は自らを他人と比べて優劣を考えるとき、顕著に現れる。「他人と比べてわたしは優れている」と昂ぶり、「劣っている」と卑下し、あるいは相手を憎み、「同等である」と安心し、このように他人を基準にして自己の存在を考えることが慢の特徴である。次に anusaya は通例「随眠」と漢訳される。原意は「内在的に連続して存在するもの」である。それは煩悩の根元的な様態を表し、普段は潜在しているが、条件が重なると顕現し、強いはたらきで人の生存を迷いへ導く。随眠を根本とすれば煩悩は表面に現れた現象といえる。ここでは潜在して存在し続けている自意識が説かれている。

(6) 形成力 saṅkhāra.「行《ぎょう》」と漢訳される。この語は、仏典では二種の意味で現れる。一つは「形成していく力、形成力」の意味である。仏教では人の外から人を支配するような何らかの存在・力を認めない。人間世界のすべてのことはさまざまな原因や条件の集合によって成り立っている、と説く。そのような原因や条件のなかでも、仏教は特に人の内なる力に注目する。人の内なる力によって人生は形成されると強調して説く。人の内なる力によって、人生の、全てではないにしても、大きな部分が決まる、ということを人は経験から知っている。そのように人生を形成していく力を「行」と呼ぶ。形成力には種々のものがあるが、最も顕著なものとして、仏教は人の意志と業とをあげる。それゆえ行はしばしば「意志、業」と同義とされている。他方、創造神によらずに、さまざまな条件や原因によって形成されたものも行と呼ぶ。この意味では「有為」(saṅkhata. 形成されたもの) と同義である。「諸行無常」という時の行がこの意味である。また涅槃は世界を成立させているさまざまな条件や原因を超出した境地であるから、「形成されないもの」という意味で「無為」(asaṅkhata) と呼ばれる。

(7) 執着のよりどころ upadhi. インド哲学一般では付加(物)、添付(物)、制約、特性などを意味し、叙事詩では虚偽、詐欺、欺瞞などを意味する。原始ジャイナ教では衣服、装飾品、家などの世俗的な所有物、財産などを意味する。語源は明らかでなく、また研究者によって訳語もさまざまであり、「生存の素因」「執着のよりどころ」「煩悩の制約」などと訳されており、漢訳仏典では「依」などと訳される。ここでは「執着のよりどころ」と訳した。後世の注釈書 (SA.i.31) は upadhi として欲、五蘊、煩悩、形成力 (行、saṅkhāra) の四種をあげている。

(8) プンナカの質問 『スッタ・ニパータ』(Sn) 第五章「彼岸に至る道の章」のうちの第四節を指している。

(9) ウダヤの質問 『スッタ・ニパータ』(Sn) 第五章「彼岸に至る道の章」のうちの第一四節を指している。

(10) 33 貪りと怒りと愚かさの三つは悪業の因であり、その反対の三つが善業の因である。業果は現世と次生とそれ以後の生とに現れる、と説かれる。

(11) ターラ樹 tala.「多羅樹」と音写される。ヤシ科の常緑高木で、樹高は二〇メートルにもなり、幹は根元で周囲二メートルに達する。幹は建築材に、果実と種子は食用に樹液は飲料にと、用途は広い。特に掌状の大きな葉は敷物や扇や履き物に加工され、また古来、紙の代用品として写経などに用いられている。仏典にしばしばその名前が出てくる。

(12) 34　涅槃に達した者には渇愛と渇愛から生じる悩みとがないから、安楽に眠ると説かれる。

(13) アーラヴィ国　ベナレスよりガンジス川の上流約一二ヨージャナ、サーヴァッティーより南方約三〇ヨージャナにある、ガンジス川河岸の国。

(14) ハッタカ王子　彼はもとはアーラヴィの王の子であった。アーラヴィには毎年アーラヴィ夜叉に対して嬰児を供犠に供する風習があり、彼が供犠に供されようとしたとき、ブッダがアーラヴィ夜叉を教化し、嬰児を取り返し、手ずから王に渡した。嬰児は、手ずから（hattha）渡されたからハッタカ（Hatthaka）という名前がついた。彼は裕福な長者となった。

(15) マーガ月とプッサ月の間の八日間　マーガ（Māgha）月（陰暦九月一六日〜一〇月一五日）の最後の四日とプッサ（Phussa）月の最初の四日との八日間を指す。AA.ii.225 参照。

(16) ヴェーランバ風　Verambha.「毘嵐風」と音写され、また「迅風」、「旋風」などと漢訳される。この世界は常住でなく、火と水と風とによって定期的に崩壊消滅し、再生されると考えられている。この世界を消滅させる風がヴェーランバ風といわれる。この風はそのような特別の時に吹くだけでなく、常時、吹いていると考えられてもいる。古代インドの世界観では鉄囲山の外に吹き、鉄囲山がこの風から世界を守っているとされる。また VibhA.71 では「ヴェーランバ風とは一ヨージャナより上に吹いている風である」と説明されている。注釈（AA.ii.225）では、この風は四方から吹くことを特徴とし、一方向から、あるいは二方向、三方向から吹く風はヴェーランバ風とは呼ばれない、と説明されている。

(17) 35　老と病と死との三つは「善業を行え」と告げる天の使いであると説かれる。

(18) 喪失の世界……破滅の世界　「喪失の世界」（apāya）の原意は「離別すること」。安楽や平穏から離れたことを意味する。「悪しき趣く先」の「趣く先」（gati）は漢訳仏典では「趣」または「道」と訳される。自分の行為（業）の結果として、再生して趣く境涯をいう。通例、地獄、餓鬼、畜生、阿修羅、人、天の六種が説かれ、これを「六趣」または「六道」と呼ぶ。そのうちの地獄、餓鬼、畜生、阿修羅が悪しき趣く先といわれる。「破滅の世界」（vinipāta）の原意は落下や崩壊である。この三語は同義語と見なされ、原始仏典の随所に併記されて現れる。

(19) ヤマ王　Yama-rāja. ヤマは閻魔《えんま》と音写され、日本ではなじみが深い。地獄の主神、冥界の主として死者の生前の罪を裁くと考えられている。

(20) 36　四大王天と三十三天とが、人々のうちで多くの人々が母を敬い、父を敬い、沙門を敬い、バラモンを敬い、家の年長者を尊敬し、布薩を行い、それを謹直に守り、福徳を作るかを、常に視察して廻っている、と説かれる。

(21) 四大王天　Cātummahārājikā. 持国 (Dhataraṭṭha)、増長 (Virūḷhaka)、広目 (Virūpakkha)、多聞 (Vessavaṇa) という四天王と彼らに従う天衆を指す。またこれらの天衆が住んでいるところも指す。その世界はスメール山の麓から中程度ほどであり、スメール山の東を持国天王、西を広目天王、南を増長天王、北を多聞天王が治めているとされる。

(22) 布薩　uposatha. ここで説かれる布薩は在家者が行う布薩であり、出家者の布薩とは異なる。この在家者の布薩はバラモン教の upavāsatha に由来するようである。バラモン教では新月祭 (dārśamāsa) と満月祭 (paurṇamāsa) との前夜を upavāsatha と呼び、その日は断食をした。ブッダ時代の宗教家たちもこの日には集会を催し、説法をしたといわれている。最初期の仏教はバラモンの行うこの宗教儀礼に否定的であったようであるが、この宗教儀礼は民衆の間に根強く残っており、仏教側でも後にはこの儀礼を利用するようになった。律蔵の説くところでは、ビンビサーラ王のすすめによってブッダも布薩の集会を始めたとされる。

　布薩はここに記されるように、半月に三日であれば、毎月六日（八日、一四日、一五日、二三日、二九日、三〇日）となり、これを六斎日と呼ぶ。後には半月のうちの第五日、第八日、第一四日、第一五日を布薩日とする八斎日も説かれるようになる (AA.ii.233 参照)。

　布薩日には早朝から精舎に行き、布薩日のための戒（八戒）を受戒し（注 (29) 参照）、教えの聴聞や修行などを行ってすごす。布薩戒については第7章注 (34) 参照。また在家者の布薩については拙著『在家仏教の研究』(法蔵館、昭和六二年、七四〜八〇頁、二三八〜二五〇頁) に詳論されている。

(23) 謹直に守り　注釈 (AA.ii.233) はその一例として、布薩の「前修」と「後修」とを説いている。「それを行おうとする人々は、半月のうちの四日間の布薩日の前修と後修とによって行う。〔すなわち〕第五日の布薩を前修しつつある人は第四日において布薩者である。後修しつつある人は第六日において〔布薩者である〕」。その他の布薩日についても同様に説かれている。拙著『在家仏教の研究』法蔵館、昭和六二年、二四七頁以下参照。

(24) 三十三天　Tāvatiṃsa. 四大王天より一階級上位にあるとされる天衆で、スメール山頂に住んでいる。もとはガマと呼ばれる青年とその仲間の青年たちの三三人が生じた天界であるから、三十三天と呼ばれる。注 (26) 参照。

(25) 善法講堂　Sudhammasabhā. 三十三天の衆が集まる講堂。

(26) アスラ　asura (Skt.aśura). 阿修羅と音写される。語源ははっきりしない。天 (deva) とアスラ (asura) とは、最も古い時代では両者とも最高の神格であったが、時代が下るとともに、アスラは天の敵役とされ、邪悪な性格が付与され、その地位を貶められていく。征服民の神々が被征服民の神々アスラを打倒していく歴史が反映されているという推測も可能になる。原始仏典のなかでは、三十三天の主であるサッカは、かつてはマガダ王国のマチャラ村に住むガマという名前の青年であり、彼は仲間と一緒に三三人で善行をおこない、そこで死没し、仲間と一緒にスメール山頂に位置する天界にサッカという名前の天として生まれた。すると先住の諸天（アスラ天たち）は「外来の天子たちがやってきた。わたしたちは彼らに敬意を表そう」といって、天の蓮華を手渡し、天界の半分を譲り渡して歓迎した。ガマのサッカは半分では満足せずに、仲間と謀り、ガンダパーナという酒を飲ませ、その酒に酔った先住の諸天をスメール山の断崖に落とし、その天界のすべてを乗っ取り、支配した。こうしてその天界は「三十三天」と呼ばれるようになり、サッカは帝王インドラとなった（詳細は拙著『サーラサンガハの研究』平楽寺書店、一九九八年、五二五〜五三一頁参照）。

またここで「アスラの衆が満ちる」「アスラの衆は衰退する」とは、「四つの苦界（apāya）が満ち、また衰退すること」と注釈されている（AA.ii.234参照）。四つの苦界とは地獄、畜生、餓鬼、アスラの四つを指す。

(27) 37　諸天の主サッカ天が諸天に布薩について説法しようとするが、ブッダは、欲望を断ち切っていないサッカには教えを説くことはできない、と退ける。

(28) 神変月　pāṭihāriyappakkha.「ウパーサカジャナーランカーラ」（Upāsakajanālaṅkāra）という書物には「一年のうちには冬と夏と雨期と呼ばれる三つの季節がある。それらは時間どおりに起こるが、〔季節が〕変わるとき、それぞれ半月かかって変わる。その半年の間には、季節の変化によって有情は病気にかかる。それらの治癒のために人々は八支をそなえた布薩戒を守る。このように治療（patikamma）としてもたらされるべき（haritabba）であるから、三つの季節〔の変わり目〕のそれぞれの半月は神変月といわれる」（Uj.191f.）とある。

神変月がどのような期間であるかについては諸説があるが、注釈（AA.ii.234）は次のように説く。「神変月というのは、雨期の三ヶ月間に定められた布薩である。それが不可能な者には、二回の自恣の終わりの一ヶ月間の定められた布薩である。それすら不可能な者には、最初の自恣の後の半月間が神変月と名づけられる」。詳細には拙著『在家仏教の研究』（法蔵館、昭和六二年、七七頁以下、二四七頁以下）参照。

(29) 八支　在家者は日常は五戒（不殺生、不不与取、不邪淫、不妄語、不飲酒）を守るが、布薩の日には五戒に加えて、不非時食（午後以降は食事を摂らない）、不歌舞観聴塗飾鬘香（舞踊や歌を見聞きせず、装飾品や香水を身につけない）、不坐高床大床（大きすぎる、また華美すぎる坐具や寝具を用いない）という三つを守る。この八支からなる戒を布薩戒とよぶ。第7章注（34）参照。

(30) カーシ産　カーシ（Kāsi）国はブッダ時代にマガダ国の西方にあった国で、ヴァーラーナシー（現在の中インド、ウッタラ・プラデーシュ州ベナレス）を首都とする。古来、絹、布、香料などの名産地であり、カーシ産のそれら品質がよく、高級品と考えられていた。

(31) 39　若さの驕りと健康の驕りと長寿の驕りという三種の驕りに酔い、老・病・死という命の本性を見ない者は悪行を行い、死後、苦処に堕ちると説かれる。

(32) 40　比丘が自己を律し、精進に励むのに三つの主要な原因がある。自らの出家の動機に今の自己を照らし合わせる、世間の智者たちの自分への評価を考える、教えに今の自己を照らし合わせる。このようにして比丘は自己を律し、精進に励む。

(33) 人里離れた場所　āraññaka. ārañña の原意は荒野、森林であるが、ここでは集落から離れた場所の意味である。この「人里離れた場所」とは人里の人間の活動（人の姿や騒音）によって修行が妨げられない場所であり、そうかといって、托鉢に行けないほど離れていない場所である。それゆえそこは人里から隔絶された場所ではない。具体的にどれほど離れているかは諸説があるようである。たとえば「村のはしから、あるいは精舎のはしから五〇〇弓の距離を離れた場所、あるいはそこからさらに外側へ向かって石を投げて、それが落ちたところの外側が、人里離れた場所である」などの例がみられるが、ここで「弓」とは長さの単位で、一弓とは人の身長と同じとされる。おおざっぱに見当をつければ、人の身長を一八〇センチメートルとすれば、五〇〇弓は九〇〇メートル。一キロメートル未満であろうか。いずれにしろ人跡未踏の地という印象とはちがうようである。『清浄道論』（Vis.72）に諸説が集成されている。

(34) 牟尼　muni の音写。賢者、聖者の意味で、沈黙の行を修する者と一般的に解釈されている。ブッダはシャカ族出身の聖者であるから釈迦牟尼《しゃかむに》と呼ばれている。

第5章　小さな章

(1) 41　布施により福が生じるための要因として、施与者に信があること、与える品物があること、受け取る人がいることの三つが挙げられる。

(2) 信のある　「信」の原語は saddhā. インド思想において信を意味する語はさまざまあるが、仏教では saddhā という。この原意は「自らを真理の前に置く」であり、その前提として真理の洞察が伴う。仏教の信は、これが真理であると知ったうえで、その前に自らを委ねることを意味する。それゆえ仏教では「盲信」は根拠のない信として否定される。以上の点から saddhā は「信頼」に近い。

（3）42　先の経の記述を受けるように、施与者が信を持っているとされる要点が具体的に三種説かれる。すなわち戒律（戒）を保っている人に会うことを願うこと、正しい教えを聞くことを望むこと、吝嗇の垢を調伏することを願うことである。

（4）形成されたものの特相　saṅkhata-lakkhaṇa.「有為相」と漢訳される。「形成されたもの」（saṅkhata）はさまざまな条件や原因によって作り出され成り立っているすべての現象をいい、漢訳では「有為《うい》」と訳される。形成されたものの根本的な性質は無常・苦・無我であるが、そのうちの無常を分析したものが、ここに説かれる「形成されたものの特相」（有為相）である。あらゆる存在は一瞬のうちに生じ、また滅する。この生滅の運動が連続して繰り返される。常住のものは存在しない、と仏教は見る。この考え方が後に理論化され、「刹那滅説」が形成される。刹那滅説は、北方の部派である「説一切有部」（有部）のそれが代表的である。それによれば、有為の存在は一刹那の間に、生じ、存続し、変化し、消滅する（生・住・異・滅）という四種の運動を行い、この運動が連続的に繰り返される、と説かれる。パーリ上座部の刹那滅説はそれと多少異なり、精神的存在は一刹那の間に生じ、次の一刹那の間だけ存続し、最後の一刹那の間に消滅する。この三刹那の運動が連続して繰り返される、と説かれる。この両方の刹那滅説の立論の根拠となった経説がここの経説である。その意味でこの経説は有名であり、かつ重要視されている経説である。パーリ上座部の刹那滅説については拙著『パーリ・アビダンマ思想の研究』（平楽寺書店、二〇〇八年、一六九〜一七三頁、三四九〜三六〇頁）参照。

（5）雪山　Himavat. 原意は雪（hima）を有するもの。インド亜大陸の北境にそびえるヒマラヤ（Himalaya）の古い名前。

（6）サーラ樹　sāla. 漢訳仏典では「沙羅樹」と音写される。インド原産のフタバガキ科の喬木で、インド東北部に広く分布する。木質は固く、建築用材として使われ、樹皮は燃料に、種子は食用に、種子油は料理や灯火用に使われる。「祇園精舎の鐘の声、諸行無常の響きあり、沙羅双樹の花の色、盛者必衰の理を顕す」という『平家物語』の冒頭で有名な沙羅がこれである。ブッダは二本並んだサーラ樹（沙羅双樹）の間に身を横たえ、般涅槃した（死去した）と伝えられている。

第6章　バラモン　バラモンの章

（1）バラモン　第2章注（13）参照。

（2）島　大河の中の中洲を連想すればよい。流れに翻弄される者の避難所である。

（3）法　dhamma（Skt. dharma）. 法と漢訳される。dhammaの語は多義であるが、原始仏典では「真理」、真理を説いた「教え」、「聖典」、真理（自然の摂理）を具現している

「事物」、さらに事物一般、ことがらなどの意味で使用されている。ここではブッダの説く教え、真理の意味であろう。

(4) 在家信者　upāsaka. 漢訳仏典では「優婆塞《うばそく》」と音写され、また「近事」と訳される。原義は「仕える人」であり、出家者に仕え、出家者を尊敬する人が優婆塞の原意である。特に男性を表すが、これに対して女性の信者は upāsikā (優婆夷《うばい》) といわれる。仏・法・僧に帰依した者、あるいは三宝に帰依して五戒を受けた者が在家信者と認められる。

(5) 涅槃　nibbāna (Skt. nirvāṇa)。涅槃《ねはん》または「泥洹《ないおん》」と音写される。原意は「消すこと、消された状態」。煩悩の火を消した、究極のさとりの境地を指す。

(6) 無間地獄　avīci-niraya.「むけんじごく」と読む。原語の音を写して「阿鼻《あび》地獄」とも呼ばれる。父母と阿羅漢を殺害する、ブッダの身を傷つける、僧団を破壊するという五つの大きな罪を犯した者が堕ちるとされる地獄。語源は明らかでないが、一般的には、地獄の責め苦が間断なく続くからと説明される。またパーリ仏教ではこれらの業を行ったら、間を置かず、ただちにこの地獄に堕ちるから、という説明も見られる。

(7) 家が密集していた　kukkuṭasampātika. 文字通りの意味は「鶏が飛び降りてくること」または「鶏が到達すること」。鶏の行動範囲が極めて狭いことを前提にした比喩的表現であり、注釈 (AA.ii.256f.) は次のように説明している。「一つの村の〔ある〕家の屋根の上から飛びあがった〔鶏が〕別の村の〔ある家の〕屋根に飛び降りることと称された『鶏の飛び降りること』、あるいはある村から別の村へ鶏たちが足で行き着くことと称された『鶏が到達すること』である。そこにはその状態がある、という意味である。その両方とも、住居が密集していることを現している」。

(8) ヤッカ　yakkha (Skt. yakṣa).「夜叉」「薬叉」と音写される。古代インドでは、超自然的な力を持つ半人半神として表わされ、神聖な霊的存在とされる。仏教にとり入れられると、その地位は低下し、地上または空中に住み、人の血肉を喰らい、人に危害を加える悪鬼・鬼神となる場合と、正法を守護し、人に恩恵をもたらす善神となる場合とがある。

(9) 欲望に対する意欲……疑い　欲望に対する意欲 (欲欲、kāmachanda)、怒り (瞋、byāpāda)、こころの落ち込み (昏沈、thīna) と眠気 (睡眠、middha)、こころの浮つき (掉挙、uddhacca) と後悔 (悪作、kukkucca)、疑い (疑、vicikicchā) という煩悩は善心を妨げ覆い隠すという意味で蓋 (āvaraṇa) と呼ばれ、五組あるから「五蓋」といわれる。

(10) 学び終えた人　「学ぶべき人」(sekha. 有学《うがく》) と対になる。学ぶべき人とは仏教の真理を智見したが、いまだ煩悩を完全に断じ尽くしていないために、まだ修学すべきことが残っている人をいい、預流向から阿羅漢向までの七種の聖者を指す。阿羅漢果に到達すれば、もはや修学すべきことはないから学び終えた人であり、漢訳では「無学《むがく》」と呼ばれる。

(11) 戒律の集まり……自覚の集まり　学び終えた人(無学)が身にそなえている五つの徳を指す。仏教の教団に入り、肉体的・精神的な欲望を制御し、こころを静め、智慧(慧)を磨き、すべての束縛から解き放たれて、解き放たれたこころの安らぎを自ら自覚する、という悟りの境地への進展を示している。この五つは「無漏の五蘊」とも「五分法身」とも呼ばれている。またそのうちで智慧(慧)については第1章注(10)参照。

(12) クシャトリヤ……賤民　第2章注(2)参照。

(13) 田　出家の修行者に布施を行うと功徳があるから、彼らは作物を生み出す田畑にたとえられる。福徳を生み出すという意味で「福田《ふくでん》」と呼ばれることもある。

(14) 信　第5章注(2)参照。

(15) よく逝ける人　sugata. 悟りの世界へ行き、迷いの世界に戻ることのない人という意味であり、善逝《ぜんぜい》や好去と漢訳される。

(16) バラモンの三つの明智　ブッダの当時、三つのヴェーダを奉じるバラモンは「三つの明智」(三明、tevijjā)を持つ者といわれていたが、仏教はその呼び名を受け入れて、悟りを得たことを「三つの明智を体得した」(tisso vijjā aphassayi. Thīg.322-324) と呼んだ。仏教の三つの明智(三明)とは、過去の生存を思い起こす智慧(宿住随念智、pubbenivāsānusati-ñāṇa)、死と再生とを知る智慧(死生智、天眼智、cutūpapāta-ñāṇa)、煩悩の漏出を滅する智慧(漏尽智、āsavakhaya-ñāṇa)をいう。比丘たちが自ら明らかに知るべきことは、輪廻転生を繰り返してきた自分の過去世であり、自分の輪廻転生していくべき未来世である。輪廻転生を繰り返して、いまに至っている自己の存在の自覚と、もしいま解脱していなかったら、今後も繰り返していかねばならなかった自己の存在との自覚とが、宿住随念智と死生智とである。そして、輪廻していくはずであった自己が、いま、解脱に達し、輪廻は断たれた、という自覚が漏尽智である。このように理解すれば、「三つの明智を体得した」という比丘たちの宣言は「輪廻を断った」と同じ意味になる。

(17) 世俗の哲学　lokāyata. 仏典の中では「順世外道」と呼ばれている。唯物論的な主張をした一派の呼称であるが、他の派からは道徳を否定する卑賤な思想として軽視されていた。

(18) 偉大な人の身体の特徴　偉大な人格には肉体的にも普通の人にない特殊は相好が備わっていると考えられていた。そういう肉体的な特徴が三二あるとされ、三十二相と呼ばれている。

(19) 第一の瞑想……第四の瞑想　以下には色界(日常的な精神世界を離れ、欲望などの情念を払拭し、純粋な物質だけが残っている境地）における四段階の瞑想が説かれる。この四段階の瞑想の記述は定型化されており、原始仏典の随所に現れる。この経典では四段階の瞑想は「三つの明智」を獲得するための準備として、こころを統一し、寂静に保つ作用として説かれている。

（20）消滅と生成の劫　「劫《こう》」（kappa）は時間の単位であり、その時間の長さは、一辺が四キロメートルの岩を一〇〇年に一度だけ手でなでて、その岩がすり減ってなくなるまでの時間などと、さまざまな比喩で表現されている。また人間が住んでいる世界は常住でなく、火と水と風とによって定期的に消滅し、また生成するという、消滅と生成を繰り返していると説かれる。世界が消滅に向かいつつある時期を「消滅の劫」（壊劫、saṃvaṭṭa）といい、消滅した状態で続いている期間を「壊住劫」（saṃvaṭṭatthāyin）、生成に向かっている時期を「生成の劫」（成劫、vivaṭṭa）、生成した状態で続いている時期を「成住劫」（vivaṭṭaṭhāyin）と呼ぶ。

（21）すべての悪を捨て去り　底本では「真理を捨て去り」（saccapahāyinaṃ）とあるが、注釈（AA.ii.265）にはsabbappahāyinaṃとあり、今はこれを採った。

（22）その他の浮言で……呼ばない　注釈（AA.ii.265）は次のように説明している。『他の三明を有する人がいる』という他の人たちによって話されたことばのみで、「その人を三明を有する人であると」話す人がいるが、わたしは〔そのように説かれた〕その人を『三明を有する人である』とはいわない。自らが目の当たりに知ったうえで、『他の人にも三明がある』と語るなら、わたしは〔そのように説かれる人を〕『三明を有する人である』と呼ぶ、という意味である」。

（23）59　先の経と同じく「比丘の三つの明智」が説かれる。文章もほぼ同じである。

（24）60　三種の示導（その中でも「訓戒の示導」）を説くことによって、「仏教は自分一人の解脱を求めるだけだ」という非難に答える。

（25）阿羅漢であり……　以下には一〇の名称があげられるが、これは仏の十号といわれ、ブッダの卓越した性質をさまざまな角度から表現した尊称である。

（26）正しく真に覚った人　sammāsambuddha. 正等覚とも等正覚とも正遍知とも漢訳される。

（27）明智と徳行をそなえた人　vijjācaraṇasampanna. 智慧（明智）と修行の実践（徳行）とを身につけた人という意味であり、明行足と漢訳される。

（28）よく逝ける人　注（15）参照。

（29）世間を知った人　lokavidu. 生ける者の世界（世間）のすべてを洞察した人という意味であり、世間解《せけんげ》と漢訳される。

（30）無上の人　anuttara. このうえのない最上の人という意味で、無上士と漢訳される。

(31) 人を調練する人　purisadammasārathi. 人を指導し教育する人という意味であり、調御丈夫《ちょうごじょうぶ》と漢訳される。
(32) 天と人との師　satthā devamanussānaṃ. 天人師と漢訳される。ブッダは輪廻転生する世界に住むあらゆる生ける者を教え導くが、天と人を導くことが最も多いから、このように呼ばれる。
(33) 尊者ゴータマ……賞讃する人たちです　アーナンダの問いに対してバラモンのサンガーラヴァは答えを拒否している。サンガーラヴァは、アーナンダの質問に答えたくないために、「自らが称賛されれば、悪い気はしないだろう」と考えて、称賛のことばを述べて、質問をはぐらかそうとした、と注釈（AA.ii.267）では説明している。
(34) 上人法　uttaramanussa-dhamma. すぐれた修行者としての徳。注釈（AA.ii.268）には「十善業道と称される人間〔世界〕の法を越えたもの」と説明されている。世俗の善悪（人倫）を越えた徳を指す。
(35) 示導　pāṭihāriya. この語は後世の仏教でもしばしば使用され、語義解釈されている。パーリ仏教では「もろもろの煩悩を取り除くから示導である」（paṭiharatī ti pāṭihāriyaṃ）と語源どおりに解釈されている。北伝アビダルマでは「示導」の作用を考察して「希有のことがら、あるいは真実を示して、人を引導するから示導である」と説明する。『大毘婆沙論』一〇三巻（大正蔵二七、五三一上）には「示とは示現をいい、導とは導引をいう。希有の事を現じて、引いて正法に入らしめるが故に、……仏の正法中の微妙の功徳を示現し、方便をして所化の有情を導引し、それをして趣入せしむるが故に、示導と名くるなり」とある。

三つの示導のうちで、神通力を使ってさまざまな事象を示すことを「神通力の示導」（神変示導）、他人のこころの動きを知って説諭することを「説諭の示導」（記心示導）、仏や仏弟子たちが常に行っている説法を「訓戒の示導」（訓戒示導）という。
(36) 占い　nimitta. 原意は「相」であるが、ここでは現れている相にもとづいて占うことを意味している。注釈（AA.ii.269）は次のような話をあげている。「ある王が三つの真珠を手のなかに持ち、大臣に尋ねた。『先生、わたしの手のなかに何がありますか』。彼はよく観察した。そのとき、トカゲがハエを捕まえてやろうとして、姿を現した。捕まえようとしたとき、ハエは逃げた（mutta）。彼はハエが逃げたから、『真珠（mutta）です。王様』と答えた。『まず真珠としておこう。ではいくつあるか』。彼はふたたび観察した。そのとき近くで鶏が三度鳴き声をたてた。バラモンは『三つです。王様』といった」。
(37) 尋の拡大による声　vitakkavipphāra-sadda. 次のように注釈されている。『「尋の拡大による声」とは尋が拡大することによって生じた、眠ったり放心したりした者などのつぶやきの声である。……彼にその声が生じたとき、それによって『あなたのこころはこのようである。あなたのこころはこのとおりである』と言い当てる」。また、その実例として次の話をあげている。「ある男が、裁判を起こそう、と思い、村から町へ行こうとして、出発した場所から後、裁判所において王や大臣たちに『わたしはこれを話そう、これを話そう』と考えながら、〔自分が〕王宮に着いたかのように、王の前に立っているかのように、裁判官と話しているかのように、思っていた。彼の尋の拡大によって生じている声を聞いて、ある人が『あなたは何をしに行くのか』といった。『裁判をするためです』。『行きなさい。あなたは勝つでしょう』。彼は行って、裁判をおこし、勝ちをおさめた」。

(38) 意行が　底本ではsaṅkhāreとあるが、注釈（AA. ii.270）ではsaṅkhārāとあり、これが正しいであろう。saṅkhāraは漢訳仏典では「行《ぎょう》」と訳される。形成力、力を意味するが、仏教では人の外から人を支配し、人の生存を左右するような力を認めない。人の生存は人自身の思考・行動によって決まるとされる。これはブッダの教えの根幹をなす。したがって仏教においては「力」「形成力」は人のうえに現れてくる、自らの生存を形成していこうとする「意志」「意欲」である。その意欲は身体とことばとこころを通して現れる。その「意志」「力」は、それぞれ「身行」「語行」「意行」と呼ばれる。身行とは身体によって行為を行おうとする意志、語行とはことばによる行為を行おうとする意志、意行とはこころの意欲、意志とされる。

(39) 大まかな……こころの統一　この瞑想は色界の四段階の瞑想のうちの第二段階の瞑想に相当する。注（19）参照。

第7章　大きな章

(1) 61　苦楽は、(1)過去世で作られた原因の結果であり定まっている、(2)自在神によって作られる、(3)因も縁もなしに偶然に生じる、という三説を否定し、外道によって否定されない説として、六界、六触、十八界、四諦の説が説かれる。

(2) 形成力　第3章注（6）、第4章（6）参照。

(3) 62　大火、大洪水、盗賊の跳梁という大きな危難時においても、母は子を、子は母を顧みることができるが、老と病と死との三つの恐怖を前にして、母は子にかまっていられず、子は母にかまっていられない。老・病・死に三つは「母も子もない恐怖」といわれる。しかしこの「母も子もない恐怖」も、八支道の実践によって乗り越えることができると説かれる。

(4) 63　あるバラモンが自らの所有する豪華な寝具と坐具(高床・大床)を自慢するが、世尊は自らが欲界の四段階の瞑想(四禅)と四種の無限の実践(四無量)と三つの煩悩(貪瞋癡)の根絶という三種の豪華な寝具と坐具を持っていることを説く。

(5) コーサラ国　ゴーグラー川上流域にあり、その東南に位置したマガダ国とともに、ブッダの活動の主要な舞台となった。首都はサーヴァッティー（Sāvatthī. 舎衛城）。国王はパセーナディ（Pasenadi）王である。

（6）ジャンボーナダ金　ジャンブー川の砂金でつくられる金塊や金製品であり、良質のものとして喧伝されている。紫磨金や閻浮壇金と漢訳され、中国や日本にまで知られている。

（7）大きな臥し床　uccāsayana. ことば通りの意味は「高い臥し床」であり、「高床」と漢訳されているが、大きな椅子や寝台などを意味する。

（8）きれいな臥し床　mahāsayana. ことば通りの意味は「大きな臥し床」であり、「大床」と漢訳されているが、華美で豪華な敷物や掛け布のある椅子や寝台などを意味する。

（9）長毛氈……両端の赤い枕　注釈（AA.ii.292f.）には長毛氈などの説明がある。それによって長毛氈などのすがたが少しはっきりするであろう。

「長毛氈」とは毛足の長い毛製の大きなカバーであり、四指量の馬の毛であると言い伝えられている。

「彩色もの」とは織り模様のある羊毛製の敷物である。

「白羊毛布」とは羊毛製の白い敷物である。

「羊毛布」とは花模様のたくさんある羊毛製の敷物であり、アーマリカの美布ともいわれる。

「厚いマットレス（厚褥子《あつじょくし》）」とは木の木綿・葛の木綿・草の木綿のうちのどれかを詰めた厚いマットレスである。

「刺繍もの」とはライオンや虎などの形の模様のある羊毛製の敷物である。

「両縁飾りのもの」とは両端に縁飾りのある、羊毛製の敷物である。ある人たちは、両端に花の模様が広がったものであるという。

「縁飾りのもの」とは一端に縁飾りのある、羊毛製の敷物である。ある人たちは、一端に花の模様が広がったものであるという。

「宝石絹」とは宝石を織り込んだ絹でできた覆布である。

「絹覆布」とは宝石を縫い付けた、絹糸でできた覆布である。

「毛の敷物」とは舞姫が踊りを踊るときに敷く、羊毛製の敷物である。

「象用の敷物」などはそれぞれに乗るときに敷く敷物である。

「羚羊皮覆」とは羚羊の革を寝台の大きさに縫い合わせてつくった覆いである。

「カダリ鹿の最上の敷物」とはカダリ鹿の革でつくられた、最上の敷物である。それは白い布地の上にカダリ鹿の革を広げて縫い付けてつくられるといわれる。

「有天蓋」とは寝台の上に天蓋が掛けられた寝台である。

「両端の赤い枕」とは、頭の枕と足の枕という、寝台の両端の赤い枕である。

(10) 慈愛に満ちたこころを……　以下には「四つの無量」の実践が説かれる。無量の生ける者に対して安楽を与え、苦しみを除こうとして、無量に広大に起こす慈愛などの四種のこころは「四無量心」と呼ばれ、原始仏典に繰り返し説かれる。そのうちで慈愛（慈）とは安楽を与えること、悲しみ（悲）は苦しみを除くこと、喜び（喜）は他人の安楽を嫉妬せずに喜ぶこと、中庸（捨）は他人に対して愛憎親怨の偏ったこころがなく、平等であることをいう。

(11) 64　人は他人から詰問されたとき、多くの場合、(1) 話題をそらし、回答をはぐらかす、(2) 怒りを露わにする、(3) 答えることができず、沈黙する。世尊を誹謗したサラバ遍歴行者は問い詰められて、何も答えることができず、沈黙した。

(12) ラージャガハ　Rājagaha. 漢訳仏典では一般に「王舎《おうしゃ》城《じょう》」と訳される。ブッダ時代のマガダ国の首都。その名前は、かつてマンダートゥ（Mandhātu）やマハーゴーヴィンダ（Mahāgovinda）などの王（rāja）が領有していた（pariggahita）ことに由来する。また一説には、仏が世にあるとき、この地は転輪王の都となり、無仏のときは夜叉の住居となるから、このように名づけられたという。現在のビハール州ラージギル（Rājgir）にあたる。

(13) 鷲の峰　Gijjhakūṭa. ラージャガハ郊外にある小さな丘。漢訳では「霊鷲山《りょうじゅせん》」。ブッダは好んでここに滞在した。

(14) 規律　vinaya. 通例「律」と漢訳される。原意は「除去」。「毘奈耶」「毘那耶」などと音写され、「調伏」などとも漢訳される。もろもろの悪行を除伏することを原意とし、悪い行為を除去する指導・訓練・規律を指す。ブッダは弟子に悪い行為があるごとに、その行為の禁止と罰則とを規定し、こうして出家者の守るべき規則ができあがったが、その規則を律という。これを犯せば、一定の処罰が科せられる。またその規則に従い、自発的に正しい生活習慣を形成していこうとする精神が戒（sīla）である。

(15) 獅子吼　sīhanāda.「ししく」と読む。ブッダの説法を指す。ブッダが聴衆に向かって堂々と教えを説き、邪説を排し、異教の徒を恐れさせる様をライオンの咆吼にたとえた表現。時には仏弟子たちの説法にも使用されている。

(16) 65　貪・瞋・癡に支配されて、他人の所説の正誤・善悪を判断すべきでなく、無貪・無瞋・無癡によって判断すべきであると説かれる。

(17) 生じようとしている貪……不利益になるか　lobho… uppajjamano.「生じようとしている貪」とは、貪の対象が存在していることを表わしている。日本語訳としては、おさまりの悪い表現となるが、この部分を直訳すれば、「人のうちに生じようとしている貪は、利益のために生じるのか、あるいは不利益のためにか」となる。瞋と癡についても同様である。注（18）参照。

(18) 無貪　alobha. 単なる貪の欠如態ではない。無貪は貪を消滅させる積極的なはたらきをする心理作用とみなされている。貪を惹起・誘発するような対象がないときには貪は生じないであろう（貪の欠如態）。しかしそれは無貪ではない。貪を惹起する対象にあふれた状況の中において、貪を起さず、貪を消滅させる作用が無貪である。「生じようとしている無貪」とは貪の対象が存在する状況の中で「生じてくる無貪」という意味である。無貪がそのような積極的な作用であるから、それゆえ経典では、この後に「貪りのない人は貪に征服されず……他人にも同じことをすすめる」と、積極的な作用を説いている。無瞋と無癡についても同様である。

(19) 66　前経と同じ趣旨が尊者ナンダカの所説として説かれる。

(20) 東園にあるミガーラマートゥ講堂　ミガーラマーターの本名はヴィサーカー（Visākhā）。彼女はマガダ国の大富豪の娘で、七歳のときに世尊の説法を聞き、預流果に達していたといわれる。後にサーヴァッティーの富豪ミガーラ（Migāra）の息子プンナヴァッダナ（Punnavaddhana）と結婚する。

ミガーラは婚礼の日に五〇〇人の裸形の修行者を招き、嫁のヴィサーカーに彼らを礼拝するように強要するが、逆にヴィサーカーに導かれて世尊の説法を聞き、世尊に帰依する。それ以来、ミガーラはヴィサーカーについて「わたしの母である」と敬意を払い、ヴィサーカーは「ヴィサーカー・ミガーラマーター」（ミガーラの母であるヴィサーカー、Visākhā-Migāramāta）と呼ばれるようになる。漢訳仏典では「鹿子母《ろくしも》」と訳されている。

ヴィサーカーはある日、祇園精舎に詣でたとき、精舎に入る前に九〇〇〇万金の値のする晴れ着を脱ぎ、召使いに持たせたが、帰るときに召使いがそれを置き忘れてしまう。それをアーナンダ尊者が階段の隅に掛けておいた。ヴィサーカーは尊者の触れたものを受け取ることはできないといい、同額の九〇〇〇万金で講堂を建て、献納する。建物は二階建てで各階に五〇〇室があり、また講堂があったといい、「ミガーラマートゥ講堂」と呼ばれる。漢訳仏典では「鹿子母講堂」と訳されている。当時すでにアナータピンディカによって寄付された祇園精舎がサーヴァッティーの南方の場所にあったが、東方に新しく造られた園は「東園」（Pubbārāma）と呼ばれた。世尊は祇園精舎に宿泊したときはミガーラマートゥ講堂で昼の休息をとり、ミガーラマートゥ講堂で宿泊したときは祇園精舎で昼の休息をとり、こうしてアナータピンディカとヴィサーカーとの布施の徳を明らかにしたと伝えられている。

(21) これがある……脱出がある　この四項目は四諦（四つの真理）を表している。「これがある」とは「苦である」という真理（苦諦）を、「劣ったものがある」とは「苦には原因がある」という真理（集諦）を、「すぐれたものがある」とは「苦の消滅がある」という真理（滅諦）を、「想いを越えた〔苦からの〕脱出がある」とは「苦の消滅へ導く実践がある」という真理（道諦）を指している。

(22) 67 過去のことがら、未来のことがら、現在のことがらという三種のことばの依りどころをあげるが、話題の中心は人と人との対話が成り立つ条件を詳説することにある。

(23) ことばのよりどころ kathāvatthu. 言語活動（kathā）の依りどころ（vatthu）、あるいは言語活動の対象という意味であり、原始仏典に現れるこの語はすべてこの意味である。注釈家のブッダゴーサは言語活動の原因（kathākāraṇa）と説明している（DA.iii.1006）。それによって言語活動が起こってくる原因という意味である。

またこの語はパーリ・アビダンマでは第五番目の論書の名前になっている。『論事』と訳されているものがそれである。

北伝アビダルマでは kathāvastu（kathāvatthu のサンスクリット語形）は「言依《ごんえ》」と漢訳され、有為法の同義語とされている。有為法はことばの対象になり、そこから言語活動が起こってくるものという意味である。

(24) 断定的に答えるべき質問　注釈書（AA.ii.308）によれば、断定的に答えるべき質問とは、「眼は無常か」と問われて、「そうです。無常です」と断定的に答えるべき質問である。

(25) 分析して答えるべき質問　「無常とは眼をいうのか」と問われて、「眼だけではない。耳も無常であり、鼻も無常であり、……」とこのように分析して答えるべき質問のこと（AA.ii.308）。

(26) 反問して答えるべき質問　「『耳も眼と同様であるか。眼も耳と同様であるか』と問われて、『あなたはどのような意味で問うのか』と反対にたずねて、『見るという意味で〔同様かと〕わたしはたずねている』といわれれば、『否、そうでない』と答えるべきであり、『無常という意味で〔同様かと〕わたしはたずねている』といわれれば、『そうである』と答えるべきである」（AA.ii.308）。

(27) 放置すべき質問　「生命と身体とは同一であるか」などと問われて、「世尊はそれに答えなかった」として、放置すべき質問のこと（AA.ii.308f.）。

(28) 道理と非道理に確信を持っていない　注釈書（AA.ii.309）は次のように説明している。「常住論者は適切な道理にもとづいて断絶論者を論破しうる。断絶論者は彼に論破されて、『わたしは〔今や〕どうして断絶を説こうか』と、常住論者になったことを明らかにする。みずからの主張にとどまることができない。このようにして断絶論者のなかに常住論者が生じ、有人論者（puggalavādin）のなかに空論者が生じ、空論者のなかに有人論者が生じる。このように、道理と非道理とに確信を持っていない」。

(29) 話すこころの準備に確信を持っていない　「〔これは〕質問をたずねるときにも、質問に答えるときにもあり得る。どのようであるか。ある人が『わたしはこのことを質問しよう』と咳払いをする。彼は別の人から『あなたはこれについて質問するつもりであろう』といわれて、気づかれたことを知り、『そうではない。わたしは別のことを質問する』という。質問されたときも、『わたしは質問に答えよう』と思い、うなずく。彼は別の人から『あなたはこのように答えるのであろう』といわれ、『そうではない。わたしは別のように答える』という。このように、〔話す〕こころの準備に確信を持っていない」（AA.ii.309）。

(30) 周知の説に確信を持っていない　「有名な説、よく知られた説について確信を持っていない。どのようであるか。ある人が質問をする。それを別の人が『あなたはこころにかなった質問をした。どこであなたはそれを学んだのか』という。彼は問わねばならないと決意して質問しても、その男の話によって『わたしはたずねる必要のないこと（自明のこと）をたずねたのか』と〔自らに〕疑念を持つ。また質問を問われた人が答える。それを別の者が『あなたは質問によく答えた。あなたはそれをどこで学んだのか。質問に答えようとする者はまさにこのように答えるべきである』という。彼は答えるべきことであると決意して答えても、その男の話によって『わたしはたずねる必要のないことに答えたのか』と〔自らに〕疑念を持つ」（AA.ii.309）。

(31) たずねる作法に確信を持っていない　「作法を知らずに、質問すべきでない場所でたずねるという意味である。この質問は制底の庭でたずねるべきでない。同様に、乞食を行う道で、村へ行乞に入るときに、坐堂にすわったときに、粥や飯を持ってきてすわったときに、食べ終わってすわっているときに、食後の休息の場所へ行くときに、〔たずねるべきでない〕。昼の場所にすわったとき、〔質問の〕許可を得てからたずねた者に対して答えるべきであり、許可を得ていない者には答えるべきでない。この作法を知らずにたずねる者が〔たずねる〕作法に確信を持っていない者といわれる」（AA.ii.309-310）。

(32) 68　染着と怒りと愚かさとの三者の差異と、三者が増大する原因と捨断される原因とが説かれる。またここで染着（rāga）は貪り（lobha）のと同義語である。

(33) 69　貪りと怒りと愚かさは不善の根元であり、それらをそなえた人は真実を語らず、他の人を苦しめ、死後、悪趣に堕ちる。無貪と無瞋と無癡とは善の根元であり、それらをそなえた人は真実を語り、他の人に安楽を与え、現世で涅槃に至ると説かれる。

(34) 70　仏教の説く布薩（聖なる布薩）を牧牛者の布薩とニガンタ派の布薩と比較して説く。聖なる布薩を行うために、仏と法と僧と戒と天との随念によってこころを浄化し、その後で阿羅漢の徳に倣って、八支からなる布薩戒を実行すべきことが説かれる。

八支の布薩戒の基本は沙弥・沙弥尼（七歳から二〇歳未満の出家者で、正式の比丘・比丘尼になる前の修行者）が守るべき十戒である。

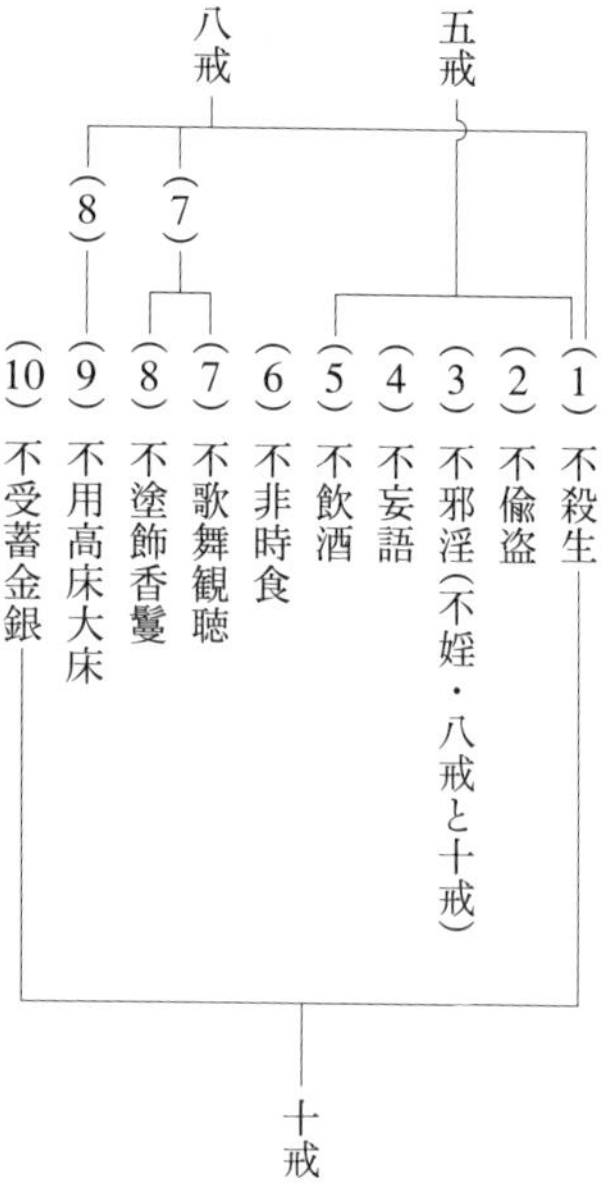

十戒と比べて、八戒には（10）不受蓄金銀戒がないことだけ異なっている。金銭の受蓄は在家生活の維持に必要不可欠であり、受蓄を継続してこそその目的が達せられる。出家者が金銭の受蓄を断つときも、継続して止めなければ意味がない。布薩の日の一日だけ止めたからといって、実効はないであろう。第4章注（22）参照。

(35) 四大王天……他化自在天　これら六種の天は欲界（欲望の支配する領域）に位置する天であり、「六欲天」と呼ばれる。そのうちで四大王天（Cātummahārājika）は最も下位の天であり、世界の中心にそびえるスメール山の中腹に位置し、四方を守護する天である。東方の持国天、南方の増長天、西方の広目天、北方の多聞天（毘沙門天）をいう。三十三天（Tāvatiṃsa）は三三人の天の意味で、サッカ（帝釈天）を首長とし、スメール山頂に住む。ここまでの天は地上に住むので「地居天《じごてん》」と呼ばれる。ヤマ天（Yama）は欲界第三の天で、スメール山の上空に住んでいる。トソツ天（Tusita）などの上に位置する。楽変化天（Nimmānarati）はその上に位置し、さまざまな快楽の対象を化作し楽しむことが出来るという天である。他化自在天（Paranimmitavasavattin）は欲界最高の天であり、他の者の安楽を自由に自分の安楽に変えて楽しむことが出来るという天。

(36) 金　jātarūpa. 砂金を指すと思われる。この後に jātarūpa の浄化法が説かれるが、「炉により、塩により、赤土により、管と毛抜きにより」浄化される金とは砂金であろうと推察されるからである。

(37) スラー・メーラヤ酒　原始仏典には酒の種類としてスラー酒とメーラヤ酒との二種が常に出てくる。そのうちでスラー酒は米や小麦などの穀物から作られた酒であり、メーラヤ酒とは果実や植物の根や茎などから作られた酒と説明される。またスラー酒とはスラーという名前の人が最初に見つけたからスラー酒と呼ばれる、とも説明されている。飲酒の害も原始仏典のところどころに説かれている。一例をあげれば、ある経典には、「財産を散逸し、病気の巣窟となり、〔いうべきでないことをいい、行うべきことでないことを行い〕争いが増大し、不名誉を生じ、陰部を露わにし、知力を弱める」（D.iii.182）とあり、現代で説かれる飲酒の害と変わるところがない。

(38) 一つの時間帯だけに食事をとり　**ekabhattika.** 一日を午前と午後との二つの時間帯に分け、出家者はそのうちの午前の時間帯だけに食事をとり、午後の時間帯には食事をとらない。通例は朝食と昼食の二食であり、夕食はとらない。ただし午前の時間帯なら何度食事をしてもよいとされる。

(39) 踊りと歌と器楽との観覧　自ら踊り歌い器楽を演奏することと、他人の踊りなどを見ることとの両方が意図されている。

(40) 低い臥し床　**mañca, mañcaka.** 脚の長さが一つのこぶし、ないし一肘の、低い寝台をいう。AA.ii.328 参照。

(41) 一六の大王国　ブッダの時代に（あるいは先の時代に、あるいは後の時代に）存在したと伝えられる国々。仏教とジャイナ教との聖典に列挙されているが、両者の列挙の間には若干の相違がある。またこのような国々が実際に存在したか、また存在した時代、存在した地域などについては不明な点が多い。

(42) シンギー金……ハータカ金　「牛の角（gosiṅga）のようになって産出するからシンギー（siṅgī）金といわれる。山に生じた金をカンチャナ（kañcana）金という。師の色の金をジャータルーパ（jātarūpa）金という。蟻によって取り出された金をハータカ（hātaka）金という」（AA.ii.329）。インドには金を表すことばが非常に多くある。**Sārasaṅgaha**（p.272）という書物にはそれらが集められ、説明が加えられているが、よくわからない説明もある。拙著『サーラサンガハの研究』平楽寺書店、一九九八年、四五一～四五三頁、四七一頁以下参照。

第8章　アーナンダの章

(1) 71　貪・瞋・癡の過患を見て、それらを消滅するために八支道を実践すべきであると説かれる。なお、底本では経の冒頭が「サーヴァッティーの序言がある」（Sāvatthī-nidānaṃ）となっているが、ビルマ版・ナーランダ版に従って変更した。

(2) アーナンダ　第4章注（4）参照。

(3) 72　よく逝った人（sugata）とは貪・瞋・癡を滅した人であると説かれる。

(4) コーサンビーのゴーシタ園　コーサンビー（Kosambī）はブッダの時代のヴァンサ（Vaṃsa）国の首都。現在のウッタラ・プラデーシュ州アラーハーバードの西方六〇キロメートルのジャムナ河岸のコーサム（Kosam）に当たる。ゴーシタ（Gosita）はコーサンビーの大富豪である。彼はある苦行者から世尊のことを聞き、サーヴァッティーに行き、世尊に会い、帰依した。帰国後、精舎を造って寄進した。それがゴーシタ園といわれる。

(5) アージーヴィカ派　**ājīvika, ājīvaka.** 語義は「きびしい生活を守る人、生活法に関する規定を厳格に守る人」である。彼らは苦行により解脱を得ようとする苦行主義者であった。仏典では「邪命外道」と漢訳されている。この教団は仏教やジャイナ教とならんで、後世までも有力な教団の一つであった。

（6） 73 シャカ族のマハーナーマはこころの統一（定）と智慧（慧）との修習の順序について尋ねる。アーナンダは世尊に代わり、戒・定・慧・解脱・解脱智見の順序で教えを説く。

（7） カピラヴァットゥ　Kapilavatthu. ブッダの出身種族であるシャカ族の首都。現在のネパールの南辺からインド国境付近のタラーイ地方にあり、そこから二十数キロメートルのところにブッダの生誕地ルンビニー園がある。

（8） ニグローダ樹の園　Nigrodhārāma. カピラヴァットゥの郊外にあった、ニグローダ樹の繁った園で、ブッダはしばしばここに滞在し、説法を行っている。ニグローダ樹（nigrodha）はクワ科イチジク属のバニヤン樹のことであり、インドでは豊作と長寿と神聖のシンボルとされる。樹高は三〇メートルにも達し、幹が太く、枝葉が繁茂して、よい緑陰樹となる。枝から気根をたくさん出し、それが地面に達すると次々と幹のようになるので、一本の木で林のようになる。

（9） 学ぶべき人　sekha. 学ぶべき人（有学）とは仏教の真理（四諦の教え）を智見して、聖者といわれる段階に至ったが、いまだ煩悩を断じ尽くしていないために、まだ修学すべきことが残っている聖者をいう。阿羅漢に至れば、もはや修学すべきことは残っていないから、学び終わった人、学ぶ必要のない人（無学、asekha）と呼ばれる。

（10） 戒条による制御　pātimokkhasaṃvara. 比丘・比丘尼に対し、殺生や盗みなどの個々の行為を禁止した条文を「別解脱」（個々の悪しき行為から離れるという意味）といい、その戒条に従って悪を防ぐことを戒条による制御（別解脱律儀）と呼ぶ。

（11） 行動の範囲　gocara. 行乞などのために行くべき場所や、親交すべき人などを指す。

（12） 学ぶべき基礎　sikkhāpada. 仏教教団の人によって修学されるべきよりどころという意味であり、五戒や八戒や十戒などの一つひとつの条項を指す。

（13） こころの解脱と智慧による解脱　第2章注（6）参照。

（14） 74 「業の消滅」について、ジャイナ教の考えが紹介され、その後で仏教の考えが説かれる。ジャイナ教では、人の身体とことばとこころとの活動（yoga）によって、物質的存在である業が生命（jīva）と結合して、生命の上に積み重なっていき、これが苦と輪廻との原因になる。その逆に、新たに業を蓄積させず、また蓄積された業を苦行によって除去して、こうして苦と輪廻とからの解脱がある、とされる。蓄積された業を苦行などによって滅することが「死滅」（nijjarā, nirjarā）といわれる。これに対してアーナンダは、戒と定と慧をそなえ、心解脱と慧解脱に到達することで、業は消滅する、と説く。仏教では業とは善悪の行為であり、業の消滅とは、その行為が善悪を超越することを意味する。人が人倫の世界を越えた解脱の境地に到達すれば、業は消滅することになる。ただし、その人が解脱の境地に到達する以前に行った業の果は、その人が解脱の境地に達しても消滅することはなく、現世に生きている限り、その果を受ける、とされる。それをここでは「先の業〔の果〕に繰り返し触れて消滅させ」と説くのである。拙著『パーリ・アビダンマ思想の研究』（平楽寺書店、二〇〇八年、二六四～二七一頁）参照。

(15) ヴェーサーリー　Vesālī. ブッダの時代のヴァッジー（Vajjī）国の首都。現在のビハール州ヴァイサーリーにあたる。

(16) マハーヴァナのなかの重閣講堂　ヴェーサーリー郊外にあったマハーヴァナ（大林）と呼ばれる園の講堂。重閣講堂（Kūṭāgara-sālā）とは二階建ての講堂で、ブッダはしばしばここに滞在し、多くの説法を行っている。

(17) ニガンタ派　Nigaṇṭha. ニガンタとは「束縛から解き放たれた者」という意味で、漢訳仏典では「離繫派」と訳されている。ジャイナ教のことである。

(18) ナータプッタ　Nāthaputta. ジャイナ教の教祖マハーヴィーラ（Mahāvīra）のこと。ナータプッタとは「ナータ族の子」の意味で、彼がナータ族の出身であることからつけられた名前である。伝承によれば、彼は三〇歳で出家し、一二年の苦行の後に開悟してジナ（勝利者）となった。ジャイナ教とは「勝利者の教え」という意味である。仏典のなかでは彼は通例ニガンタ・ナータプッタの名前で現れ、常に論駁の対象となっている。

(19) 75　友や同僚や親族という憐愍すべき人たちを仏・法・僧に対する強い浄信へ導くべきことが説かれる。

(20) 強い浄信　aveccappasāda.「証浄」と漢訳されることもある。この語はavecca とpasāda とからなる。そのうちでpasāda（Skt. prasāda）は「清らかなこと」を原意とし、「浄信」と漢訳される。信（saddhā）が生じるともろもろの蓋を鎮伏し、蓋を離れたこころは澄浄となるところから、信のことを浄信ともいい、両語は同義語として使用されている。またこの語は「不壊浄」とも漢訳されるが、語源的には支持されないであろう。avecca の語源はava-$\sqrt{i}$であり、深く入ること、深く理解することを意味する。

仏教では「信」を表す語として、通例、saddhā（Skt. śraddhā）が用いられる。「真理（satya）の前に身を置く（dhā）」「真理を定立したところに安住する」という意味である。仏教の説く信は真理や善悪の確信・確認を根底にしている。浄信はそのような信の、こころの汚濁を浄化する作用を表し、aveccappasāda はsaddhā あるいはpasāda の知的なあり方を一層強く表した語である。

(21) 四対で八人の人たち　預流向の人と預流果の人、一来向の人と一来果の人、不還向の人と不還果の人、阿羅漢向の人と阿羅漢果の人、という四対で八人をさす。これを

「四双八輩」の人と呼ぶ。預流向などについては第9章注(10)参照。

(22) 四つの大きな……変化することがある　「四つの大きな要素」とは物質的存在を構成する地・水・火・風の要素である。これらの要素のどれかが通常より多くなったり少なくなったりすると、病気などの異常な状態が起こるとされる。

(23) 欲の領域……欲の生存　仏教では人の内的世界を迷いの境地と悟りの境地とに二分する。前者は「世間《せけん》」(lokiya)、後者は「出世間《しゅっせけん》」(lokuttara) と呼ばれる。それぞれの境地には浅・深の差がある。迷いの境地(世間)は、人の欲望に支配されている境地(欲の領域、欲界、欲有、人の日常的な精神世界)と、瞑想(禅)によってその境地を離れ、欲望などの情念を払拭し、純粋な物質だけが残っている境地(色の領域、色界、色有)と、さらに瞑想を深めて、物質の観念も払拭し、純粋に精神的な境地(無色の領域、無色界、無色有)とに分けられる。この三段階の境地は「三界」とも「三地」とも「三有」とも呼ばれる。色界にも無色界にも、瞑想の深まる度合いに応じて、それぞれ四段階があるとされる。

(24) 識が確立する　この経では「識」が確立するとあり、次の77経では「意志(思)と希求」が確立するとあり、それ以外は両経は同文である。識とはその生存に生まれ、成長して行く有情のすがたに焦点が当てられており、意志と希求とは、その有情が自らの意志を活動させて、自らをさらに新たな輪廻転生の世界へ投げ込んでいくすがたに焦点が当てられている、と理解することが出来るであろう。

(25) そのとき……　底本では経の冒頭が「序言はそれと同じである」(taṃ eva nidānaṃ) とあるが、ビルマ版・ナーランダ版に従って変更した。

(26) 79　仏・法・僧に帰依し、五戒を守り、布施を喜ぶ在家者の徳の風は、順風にも、逆風にも、順逆の混ざった風にも薫る、と説かれる。

(27) 手を洗浄しており　自分の手で施与の品物を与えるために、常に手を洗い、手をきれいに保っている、という意味である。

(28) 分与　自分が受用すべきもののなかから分け与える、という意味である。

(29) 80　ここでは三千大千世界を説くから、この「三集」に収められたのであろう。

(30) シキ仏　ブッダの悟った真理が永遠のものであることを強調しようとして、後世、ブッダ(目覚めた人)とはシャカ仏のみでなく、シャカ仏以前にも多くのブッダが世に現れ、人々を教導し救済していた、と説かれるようになる。これを「過去仏」という。シャカ仏の前に六人のブッダが存在したとみなし、これにシャカ仏を加えた七仏を「過去七仏」といい、またパーリ上座部ではさらにその先に十八仏を加えた「二十五仏」、その先にさらに三仏を加えた

「二十八仏」説がある。シキ仏は「過去七仏」のうちの第二の仏である。

(31) 弟子のアビブー　一人の仏には、弟子たちの中心となる二人の高弟（主声聞、aggasāvaka）がいるとされる。シャカ仏の場合にはサーリプッタとマハー・モッガッラーナの二人がそれにあたるとされる。シキ仏にはアビブー（Abhibhū）とサンバヴァ（Sambhava）の二人がいたとされる。

(32) 梵天界　brahmaloka. 仏教は天（神）の世界を欲界・色界・無色界に分けているが、梵天界がそれらのどこに相当するのか、明瞭でない。

(33) 小なる千の世界……　以下にあるように、一つの世界は次のように成り立っていると伝えられている。世界は一番下の大気の層とその上の水の層と一番上の地の層の三層からなる。大気の層は厚さが九六万ヨージャナの円盤形（直径がどれだけか不明）。水の層は四八万ヨージャナ、地の層は二四万ヨージャナの厚さがある。地の層の表面が人間の住む大地。その中心にスメール山があり、高さは八万四千ヨージャナ。その外側を四角く取り囲んで、七重の外輪山と七重の環状の海がある。外輪山の外側に大海が広がるが、それは東西南北に区分されて、四大海と呼ばれる。四大海のうちの東の大海には東ヴィデーハ洲が、西の大海には西ゴーヤーナ洲、南の大海には南ジャンブ洲、北の大海には北クル洲という大きな洲がある。そのうちのジャンブ洲がわれわれ人間が住む世界とされる。四大海の外側を高さ八万二千ヨージャナの鉄囲山（cakkavāra）が取り囲んでいる。これがこの世界の限界をなす。月は直径四九ヨージャナの球形、太陽は直径五〇ヨージャナの球形で、スメール山を中心にして、季節によって、わずかに高度と軌道を変えて、回転している。これが一つの世界であり、鉄囲山に囲まれているから、鉄囲山世界とも呼ばれる。この世界が千集まったのが小千世界、小千世界が千集まったのが中千世界、中千世界が千集まったのが大千世界と呼ばれる。また大千世界は千の三乗であるから三千大千世界とも呼ばれる。これが世界（あるいは宇宙）の全体とされる。

(34) ウダーイン　Udāyin. Lāludāyin（愚鈍のウダーイン）の名前で仏典にときどき現れる。彼はしばしばいうべからざることをいい、その都度、世尊の叱責を受けている。注釈書（AA.ii.344f.）は次のように説いている。「彼はブッダに随侍する長老（アーナンダ）に怨みをいだいて行動していた。それゆえこの機会をとらえて、ブッダの説法の最後の段階で、あたかも燃えている灯火の火を消すように、動いている牛の鼻先を打つように、飯をいっぱいに盛られた鉢をひっくり返すように、長老の浄信を壊そうとして、このようにいったのである」。

(35) ウダーインよ……いってはいけない　注釈（AA. ii.345）は説明している。「断崖や崖に立って震えている人を、かたわらに立った人が、助けようと思って、『こちらへ来なさい、こちらへ来なさい』と繰り返し呼びかけているように、ウダーインを〔助けようとして〕『ウダーインよ、そのようにいってはいけない』と〔世尊は〕いった」。

第9章　沙門の章

（1）81　比丘はすぐれた戒律（増上戒）と、すぐれたこころ（増上心）と、すぐれた智慧（増上慧）とを強い意志を持って修学すべきであると説かれる。

（2）沙門　samaṇa（Skt. śramaṇa）. 第2章注（8）参照。

（3）すぐれた戒律……すぐれた智慧　これら三つは順次に、増上戒学、増上心学、増上慧学と漢訳される。このうちで「こころ」とはこころの統一（定）を指す。注釈書（AA.ii.346）は次のように説明している。「そのうちで、五戒は戒である。それに比べて十戒は増上戒（すぐれた戒律）である。それに比べて四遍浄戒は増上戒である。さらにすべての世間の戒は戒である。出世間の戒は増上戒である。……欲界のこころはこころである。それに比べて色界のこころは増上心（すぐれたこころ）である。それにくらべて無色界のこころは増上心である。慧（智慧）についても解釈法は同じである」。

（4）82　耕作者が田畑を耕し、ふさわしい時に種を撒き、適切に水を注ぐという三種の作業を行うように、比丘はすぐれた戒律（増上戒）と、すぐれたこころ（増上心）と、すぐれた智慧（増上慧）とを強い意志を持って修学すべきであると説かれる。

（5）修学の基礎　sikkhāpada. 仏教教団の人によって修学されるべき依りどころという意味で、五戒や十戒などの一つ一つの条項のことである。

（6）一五〇を越える修学の基礎　これは出家者の布薩を指す。定められた地域（結界という）にいる比丘たちは半月に一度集まって、別解脱（pāṭimokkha. 比丘・比丘尼に対し、それぞれの行為を行うことを禁止した条文）を誦して、自省する。

（7）小さな学処とさらに小さな学処　次のように注釈されている。「小さな〔学処〕とさらに小さな学処とは、四つの波羅夷を除いた、残りの学処である。そのうちでも僧残は小さな〔学処〕である。また偸蘭遮は小さな〔学処〕であり、偸蘭遮（粗罪）はさらに小さな〔学処〕であり、単堕はさらに小さな〔学処〕である。また単堕は小さな〔学処〕であり、悔過と悪作と悪説はさらに小さな〔学処〕である。またこの『増支部経典』に属する教師たちは四つの波羅夷を除いた残りのすべてが小さな〔学処〕とさらに小さな学処であると説く」（AA.ii.348）。

ここには七つの項目が出るが、これらは七種の違犯の名前であり、総称して「七つの違犯」（satta āpattiyo）、または「七つの違犯の集まり」（satta āpattikkhandhā）といわれる。七種を重い順に略記すれば、

（1）波羅夷《はらい》（pārājika）最も重い違犯であり、婬・盗・

殺人・大妄語の四種がある。

（2）僧残《そうざん》（saṅghādisesa）　語義は僧団に懺悔すべき者。波羅夷に次ぐ重罪。

（3）偸蘭遮《ちゅうらんしゃ》（thullaccaya）　粗罪とも訳される。

（4）単堕《たんだ》（pācittiya）　懺悔すれば罪は滅し、懺悔しなければ地獄に堕ちるといわれる。

（5）悔過《けか》（pāṭidesanīya）　食事に関する不法。

（6）悪作（dukkhaṭa）　突吉羅とも音写される。こころで懺悔して「わたしは学ぶべきである」という念を起せば滅する程度のもの。

（7）悪説（dubbhāsita）　いたずらに無用の論議をすること。

これに対して、これらを犯すと科せられる罰も、重いものから軽いものへと、以下の七段階に分けられている。

（ⅰ）波羅夷　教団から破門される。

（ⅱ）僧残　一定期間、比丘として権利を奪われ、別住させられる。

（ⅲ）不定（aniyata）　比丘にのみある男女関係の容疑未決の罪。

（ⅳ）捨堕（nissaggiya）　不法に取得した物を僧団の前で捨てさせ、懺悔することで許される。

（ⅴ）単堕　懺悔すれば許される罪。

（ⅵ）悔過　食事に関する不法で他の比丘に告白すれば許される罪。

（ⅶ）衆学（sekhiya）　日常における不行儀な行為であり、自ら反省すればよい。

この七者一組もまた「七つの違犯の集まり」と同じ名前で呼ばれている。違犯の名前と罰の名前とは必ずしも一致しないし、七つのすべてがそれぞれ互いに対応しているわけでもない。両系列は違いを明示されることなく仏典に現われるので、混同しやすい。仏典を読むときには注意が必要であろう。

（8）清らかな行いの初歩　ādibrahmacariyaka. 清らかな行い（梵行）の前段階の修行という意味であり、具体的には清らかな三つの身業（生き物を殺害しない、盗みをしない、邪な性交渉をしない）と清らかな四つの語業（嘘をつかない、中傷しない、荒々しいののしりのことばをいわない、つまらぬ冗舌をしない）と清らかな生活（活命）の八つをいう。この八つは「活命第八」（活命を第八とするものという意味）とも呼ばれる。

（9）束縛　saṃyojana. 仏典のなかではさまざまな煩悩が束縛として数えあげられているが、それらは次第にまとめられ、最終的には一〇種の束縛が説かれるようになる。その一〇種も、初期の仏典に多くみられる一〇種と、後期の仏典に多くみられる一〇種という二種がある。前者は「経の結」と呼ばれ、後者は「論の結」（教義の論書に説かれる結の意味）と呼ばれる。この85経と次の86経では「論の結」が意図されている。

「論の結」とは、（1）欲貪（kāmarāga. 欲有に対する染着）、（2）有貪（bhavarāga. 生存に対する染着）、（3）瞋恚（paṭigha）、（4）慢（māna）、（5）見（diṭṭhi）、（6）戒禁取（sīlabbataparāmāsa. 誤った戒律や禁制などに執着すること）、（7）疑（vicikicchā）、（8）嫉（issā. 嫉妬）、（9）慳（macchariya. 物惜しみ）、（10）無明（avijjā）の一〇種である。

このうちの（5）（6）（7）がここで意図されている三種の結（三結）である（見は三結の場合、有身見（自らの身体があるという見解）を指す）。これら三結は預流道で捨断される。この三種を遮断しない限り悪趣から脱することはないとされる。

なお「経の結」とは（1）欲貪（kāmarāga）、（2）色貪（rūparāga）、（3）無色貪（arūparāga）、（4）瞋恚（paṭigha）、（5）慢（māna）、（6）見（diṭṭhi）、（7）戒禁取（sīlabbataparāmāsa）、（8）疑（vicikicchā）、（9）掉挙（uddhacca）、（10）無明（avijjā）の一〇種である。

（10）さとりへの流れに到達した者　ブッダが到達したさとりの境地は深遠で、弟子には到達しがたいという反省から、ブッダの滅後、弟子たちの時代になると、さとりの深浅に応じて四段階の境地（四果、四沙門果）が考えられるようになり、それと同時にその境地に向かって修行する段階（四向）も考えられるようになった。これを四向四果という。

悟りの第一段階の境地は預流果（sotāpatti-phala）と呼ばれ、それに到達した人がさとりへの流れに到達した者（預流者）といわれる。それに向かって修行する段階は預流向といわれる。預流とは「悟りの流れに到達する」の意味である。預流向以上の境地は日常的な世界（三界）を超出した境地というので「出世間」（lokuttara. 世間を超えた境地）と呼ばれ、それに対して日常の世界（三界）を「世間」（loka）という。預流向の段階に至った人を「貴き人」（ariya, āriya. 聖者）と呼び、それ以下の人を「凡夫」（puthujjana）と呼ぶ。またこの境地に至れば、それ以前の段階に退堕することがなく、最多の場合でも、天界と人界を七度転生する間に修行が進み、究極の悟りの境地に到達できるといわれる。これを「極七返生《ごくしちぽんしょう》」という。

第二段階の境地は一来果（sakadāgāmiphala）といわれ、それに向かう境地は一来向といわれる。一来とは「天界と人界とを一度だけ転生する間に究極の悟りの境地に到達する」という意味である。

第三段階の境地は不還果（anāgāmiphala）といわれ、それに向かう境地は不還向といわれる。不還とは「再びこの世界に戻ることがなく、天界で究極の悟りの境地に到達する」という意味である。

第四段階の境地は阿羅漢果（arahattaphala）といわれ、それに向かう境地は阿羅漢向といわれる。

（11）人を下の……五つの束縛　pañca orambhāgiyaṃ

saṃyojanaṃ. 注（9）であげた一〇の束縛（結）のうちで、欲貪・瞋恚・見（見の中でも有身見）・戒禁取・疑は、人を下の世界（欲界）に結びつける束縛であり、五下分結と呼ばれる。第14章注（3）参照。

(12) 化生する者　opapātika. 仏教では生き物を、その生まれ方によって、胎生・卵生・湿生・化生の四種に分類する。胎生は哺乳動物のように母胎から生じるものであり、卵生は卵から生じるもの、湿生は蚊などのように、じめじめとした場所から生じるものである。化生とは何もないところから忽然として生じるものであり、天界や地獄に生まれるとき、このようにして生まれるとされる。

(13) 極七返生　「ごくしちぽんしょう」と読む。悟りへの流れに到達した者（預流者）は、それ以前の段階に退転することがなく、最多の場合でも、天界と人界とを七回転生する間に修行が進み、悟りの境地（阿羅漢果）に到達することができると説かれ、その悟りへの流れに到達した者（預流者）のうちで、七回転生する者を「極七返生」と呼ぶ。二回から六回転生する者を「家から家へ転生する者」という意味で「家々《けけ》」(kolaṅkola) と呼ぶ。ここでは「二回または三回」とあるが、注釈書（AA.ii.349）は「二、三回を越えて、最多で六回」と言い直している。また一度だけ転生する者は「一種」(ekabījin) といわれる。

(14) 上流アカニッタ天へ行く者　「アカニッタ」(akaniṭṭha) とは劣ったもの（kaniṭṭha）がないという意味で「無劣天」と訳されることがある。この天は色界の最上の天であるが、この天に行く者とは、下位の天界（寿命の短い天界）において般涅槃できずに、次々と上位の天界に至ってようやく般涅槃できる、という意味であるから、必ずしもよい意味ではない。

(15) 有行般涅槃者　苦労し努力を重ねて（有行）般涅槃する者を有行般涅槃者（sasaṅkhārikaparinibbāyin）とよび、そのような苦労や努力なしに（無行）般涅槃する者を無行般涅槃者（asaṅkhārikaparinibbāyin）と呼ぶ。

(16) 生般涅槃者　upahaccaparinibbāyin. 不還者（この人間界に戻ってこない者）は、この世界から天界に転生し、その天界において般涅槃するが、天界の寿命の半分以上を越えて（upahacca）から般涅槃するものは生般涅槃者といわれる。天界の寿命の半分以内で般涅槃する者を中般涅槃者 (antarāparinibbāyin) という。

(17) 戒条による制御　pāṭimokkhasaṃvara. 比丘・比丘尼に対し、殺生や盗みなどの個々の行為を禁止した条文を「別解脱」（個々の悪しき行為から離れるという意味）といい、その戒条に従って悪を防ぐことを戒条による制御（別解脱律儀）と呼ぶ。

(18) 前と同じように後を　注釈書（AA.ii.352）によれば「前」とは三つの学処の列挙の前に置かれる学処であり、「後」とは後に置かれる学処を指す。

(19) 下と同じように上を　「下」とは下半身を、「上」とは上半身をさす。下半身などを不浄などとして観るという意味である。AA.ii.352参照。
(20) 昼と同じように夜に　昼も夜も修学の基礎（学処）を守るという意味である。AA.ii.352参照。
(21) すべての方向を　すべての方向にある所縁を克服するという意味。AA.ii.352参照。
(22) 無限のこころの統一　阿羅漢道のこころの統一（定）を指す。AA.ii.352参照。
(23) 90　自ら修学することを望まず、他人に対して修学を勧めない長老の比丘と中堅の比丘と新参の比丘を賞讃せず、その反対の三人の比丘を賞讃すると、と世尊が説く。
(24) 鷲の峰　第7章注（13）参照。

第10章　塩のかたまりの章

(1) 91　耕作者が迅速に田畑を耕し、ふさわしい時に種を撒き、適切に水を注ぐという三種の作業を行うように、比丘はすぐれた戒律（増上戒）と、すぐれたこころ（増上心）と、すぐれた智慧（増上慧）とを時を移さずに修学すべきであると説かれる。
(2) 神変　注（22）参照。
(3) 92　異学の遍歴行者たちは衣服と托鉢食と坐臥具の三つへの執着から離脱するが、比丘たちは悪戒と邪見と煩悩の漏出という三つから離脱する、と説かれる。
(4) 93　世尊は最上の衆会、不和の衆会、和合の衆会の三種の衆会のあることを説き、その中の和合の衆会の利点を説く。
(5) 逸脱　vokkamana. 注釈書（AA.ii.356）は、「〔輪廻の〕下方の境遇に陥るという意味で、五つの蓋い（五蓋）を指す」と説明している。「五つの蓋い」とは、欲に対する意欲、怒り、こころの落ち込み（昏沈）と眠気（睡眠）、こころの浮つき（掉挙）と後悔（悪作）、真理に対する疑念（疑）という五組の煩悩を指す。
(6) 喜びによるこころの解脱　muditā cetovimutti. 経典『相応部』によると、喜をともなったこころによって七覚支を修習することをいう。この修習によって最高で識無辺処（識の無限を感得する境地）にまで到達しうる、と説明されている。
(7) 94　すぐれた比丘の戒と精進と四諦の覚知とが駿馬の毛色と力強さと足の速さにたとえられている。
(8) 速さをそなえている　注釈書（AA.ii.358）では「この経では四諦によって預流道が〔説かれ〕、預流道によって智の速さが説かれている」と説明されている。
(9) 速さをそなえている　注釈書（AA.ii.358）では「三つの果と、三つの道による智の速さとが説かれている」と説明されている。
(10) 速さをそなえている　注釈書（AA.ii.358）では「阿羅漢果と、阿羅漢果による智の速さとが説かれている」と説明されている。

(11) 97　新参の比丘であろうと、中堅の比丘であろうと、長老の比丘であろうと、悪戒者で性質の不善の者は、樹皮衣のように人々から捨てられると説かれる。

(12) 98　新参の比丘であろうと、中堅の比丘であろうと、長老の比丘であろうと、持戒者で性質の善の者は、カーシ布のように人々に好まれる、と説かれる。

(13) カーシ布　カーシでつくられた布で、上質な綿布として知られていた。第4章注（30）参照。

(14) 99　業は必ず果をもたらす、というのは仏教の業論の原則と見なされる。しかしその原則が現実の生活の実態と必ずしも一致しないことも知られている。後の部派仏教では、業論の原則を保ちながら、業論を現実生活の実態に即応させるために、種々の考え方を導入し、柔軟な業論を作り出していく。そのときの原則は、「善を勧め、悪を防止する」という人倫の原則であった（詳細には拙著『パーリ・アビダンマ思想の研究』平楽寺書店、二〇〇八年、二五三～三一二頁参照）。この経説はそのような「柔軟な業論」の先駆けとなる、原始仏典では珍しい例である。

(15) それぞれの仕方で……感受する　これは行われた業にはその業に相応した果があり、その業以外の要因により果が変化することはない、という主張であり、仏教の業論の原則的な主張である。この業論の、原則的であるゆえに柔軟性を欠く点が「人は梵行に努めることはなく、苦を消滅させる機会も認められなくなる」と説かれている。「業は必ず果をもたらす」のであれば、先に（過去に）ひとたび悪業を行ってしまえば、それは取り返しがつかず、その後でどのような善業を行っても、その善業は無意味なものになってしまう。そうであれば、清らかな行いに努めることも無意味になるであろう、という意味である。

ここでは「清らかな行い」は「業を消滅させるもの」とされている。ここで業の消滅（業果の消滅ではない）とは、人が行為を全く行わなくなることではなく、人の行為が業でなくなることを意味する。業とは善悪の行為であるが、その人の行為が善悪を越えたものになると、その行為はもはや業でなくなる。逆にいえばその人の行為が業でなくなるとは、その人が人倫の世界から超出し、涅槃・解脱の世界に達していることを意味する。これこそは仏教が目指すところであるが、その境地に至っても「過去の業の果はどうなるのか」という問題が残る。この問題に対する仏教側の答えは曖昧なものである。仏教にとって涅槃の境地に至ることが最大の問題であり、この境地に至った者にとり業果の残余の問題はその役割を終えているのであろう。

(16) 状況に応じて……感受する　これは、行われた業に、その業以外の要因が加わって、その果が生じる、という主張である。すべての業が一様な果をもたらすのではなく、同じ業であっても、その状況においてはたらいているさまざまな条件によって、その果は異なってくる、という意味である。どのような果が生じるかは、状況や条件によって、さまざまに変わりうるが、善因からは楽果がもたらされ、悪因からは苦果がもたらされることは変わらない、というのがここでの主張であろう。

(17) 100 修習の過程が、金鉱石から金を取り出す作業過程にたとえて説かれる。実習者はまず粗大の煩悩を浄化し、次に微細な煩悩を浄化し、さらに修習の途中に生じる「覚りに達したという思い込み」を除去すべきである。また修習もあまり集中しすぎずに、反対に放逸にもならず、中庸を保って行われなければならない、と説かれる。

(18) 覚りであるという思い込み dhammavitakka. 修習の途中で実習者に生じてくる随煩悩を本当の覚りであると思い込むこと。これは「観についての十の随煩悩の思い込み」(dasa-vipassanā-upakkilesa-vitakkā) と注釈されている (AA.ii.362)。十の随煩悩とは、光明・智・喜・軽安・楽・勝解・策励・現起・捨・欲求の十であり、実習者に光明などが生じると、実習者は自らが覚りへ到達したと思い込み、途中で修習を放棄してしまう。光明などは、それ自身の本性は煩悩ではないが、このように実習者を惑わせるから、ここでは随煩悩(付随する煩悩)と呼ばれるのである。

(19) そのこころの統一 これは「覚りであるという思い込み」の残っているこころの統一(定)を指す。

(20) 自らの意図的な努力 sasaṅkhāra. 「有行」(行をともなった)と訳されることがある。この場合の行(saṅkhāra)は「準備」という意味であり、目的の行動を行おうとするこころの力が弱いとき、その行動を行えるように、他人から促され、また自らが自らを促して、こころの準備をするという意味である。

(21) 自らの意図的な努力によらずに 目的を遂行しようとするこころの力が強いとき、そのこころは他人から促される必要もなく、また自らが自らを促す必要もなく、いわば自然にその行動を行うことができるという意味である。

(22) 多くの種類の神変を体験したいと…… 以下には六神通が説かれる。後世、神通の分類・整理が進み、図のように分類されることになる。ここではその多くが出そろって

(五神通)
- 神変
  - (1) 決意神変
    - 一身多身神変
    - 多身一身
    - 顕現
    - 隠匿
    - 不障礙
    - 地中出没
    - 水上不沈
    - 飛行
    - 日月把触
    - 身自在
  - (2) 変化神変
  - (3) 意所成神変
  - (4) 地遍満神変
  - (5) 定遍満神変
  - (6) 聖神変
  - (7) 業異熟生神変
  - (8) 具福神変
  - (9) 呪術所成神変
  - (10) 彼彼処正加行神変
- 天耳智
- 他心智
- 宿住随念智
- 死生智(天眼智)
- 漏尽智(六神通)

いる。この中の神通とは神変（iddhi）、天耳通、他心智、宿住随念智、死生智（天眼智）が五神通であり、それに漏尽智を加えたものが六神通である。

　このうちの神変が決意神変（adhiṭṭhānā iddhi）などの十種に分けられ、またその中の決意神変が一身多身神変などの十種に分けられている。また決意神変とは「このようになれ」と智によって決意すること（adhiṭṭhāna）によって完成するから、このようにいわれる。

(23) 一つの身体であった者が……　以下は神変のなかの決意神変（一身多身神変ないし身自在神変）を指している。

(24) 人を超えた清浄な天の耳によって……　天耳智を指す。

(25) 他の生ける者の……　他心智を指す。

(26) 多くの種類の先の世を追想したいと……　宿住随念智（宿命通）を指す。

(27) 天の眼で生ける者たちを見たいと……　死生智（天眼智）を指す。

(28) 煩悩の漏出を滅し尽くして……　漏尽智を指す。

第Ⅱ章　正しい覚知の章

(1) 101　世間における悦楽と過患と出離との三つが考察される。世尊はこれら三つを正しく知って「等正覚」となったと説かれる。

(2) 菩薩　bodhisatta の音写。bodhi（覚知）のために努めている人（satta）の意味。原始仏典の範囲では「自らの悟りのために努める人」の意味であるが、後世の大乗仏教では「他人の悟りのために努める人」の意味に変化する。

(3) バラモン　brāhmaṇa. 音写して「婆羅門」、時には「梵士」と訳される。バラモンはインドにおける四つの社会階級（四姓制度）の最高階級である司祭階級に属する人の呼称である。主にヴェーダ聖典の学習・教授や種々の祭祀を司ることを職業とする。また仏典では「沙門」と一緒になり、「沙門・バラモン」という表現も頻繁に見られるが、このときは「バラモン」は正しい理想的な修行者、宗教者の意味である。その場合は血統的にバラモン階級に属さない人も「バラモン」と呼ばれている。

　「沙門」については第2章注（8）参照。

(4) 102　沙門・バラモンは世間における悦楽と過患と出離との三つを正しく知らねばならないと説かれる。

(5) 歌とは……号泣である　この教説の由来を注釈書(AA.ii.366) は次のように説明している。「六人からなる一群の比丘たちが歌いながら、踊りながら、笑いながら、遊行していた。比丘たちはそれを十力者（ブッダ）に告げた。師は彼らを呼んで教誡しつつ、この教説を説いた」。このうちで「六人からなる一群の比丘」とは、仏弟子のうちで、常に一群となって比丘にふさわしくない悪行を行い、そのためにさまざまな制戒が定められる機縁となった六人の比丘をいう。「六群の比丘」（chabbāgiya-bhikkhū）と漢訳されている。六人とはアッサジ（Assaji）、プナッバス

(Punabbasu)、パンドゥカ(Paṇḍuka)、ローヒタカ(Lohitaka)、メッティヤ（Mettiya）、ブンマジャ（Bhummaja）である。

（6）微笑むだけ　注釈書（AA.ii.366f.）は「歯をわずかにのぞかせ、喜んだ様子を見せることがふさわしい」と説明している。

（7）めでたくない　注釈書（AA.ii.367）によれば、その死は「苦処に生まれる縁であるから、よく得られたものでない」。

（8）業の生起のためにはたらき　輪廻に導く他の業を生じさせるという意味である。AA.ii.367 参照。

（9）業の消滅のために　輪廻に導く業を消滅させるためにという意味である。AA.ii.367 参照。

第12章　悪趣の章

（1）恩を知り　kataññū. 原意は「行われたことを知る」。次のように注釈されている。「この者によってわたしのために行われた〔業〕を、彼によって行われた業を知って、明らかにし、明瞭にし、〔それに〕報いる人」（AA.ii.369）。

（2）恩を感じる　katavedin. 前注の kataññū と同義である。

（3）牟尼のありかた　moneyya.「牟尼」は muni の音写で、「聖者」「賢者」を意味する。通俗的な語源解釈では沈黙の行を修習する行者と考えられている。ここの注釈では「牟尼とは最上であり、極めて清浄であること」（AA.ii.372）、「牟尼のあり方とは善良なあり方、賢者のあり方である」（AA.ii.371）と説明されている。

（4）身体の牟尼のあり方　注釈書にはこの他に「身体という対象を知ること、身体の無常・苦・無我であることを洞察すること、その洞察にともなう実践道、身体に対する欲望と染着を捨てること、身体の活動（活動させようとする意思。身行）を消滅させる第四の瞑想を完成させること」（AA.ii.372）を挙げている。

（5）ことばの牟尼のあり方　注釈書ではこの他に「ことばの活動（活動させようとする意思。語行）を消滅させる第二の瞑想を完成させること」（AA.ii.372）を挙げている。

（6）こころの牟尼のあり方　注釈書ではこの他に「こころの活動（心行）を消滅させる想受滅（滅尽定）を完成させること」（AA.ii.372）を挙げている。

第13章　クシナガラの章

（1）クシナガラ　パーリ語では Kusinārā（クシナーラ）、サンスクリット語では Kuśinagara（クシナガラ）。ブッダの入滅の地として「クシナガラ」のほうが知られているので、この訳書では「クシナガラ」と記した。クシナガラは現在のビハール州、ガンジス川の支流であるガンダク川の西方、ゴーラクプルの東五六キロメートルのカシアーに比定されている。ブッダ時代の十六大国の一つであるマッラ族の首都。ブッダはここの北の郊外のサーラ林（沙羅双樹の下）で入滅した。

（2）霊廟　cetiya（Skt. caitya).「制底」「制多」「支提」などと音写される。霊廟や祠堂を指す。そこに何か霊的なものが宿っていると考えられ、神聖視された樹木や祠や石塔などに対する崇拝がインド一般に行われていたが、仏教にも取り入れられ、仏を供養し、崇拝する場所として維持されてきた。ここでは霊廟と訳した。
（3）無煩天　Aviha. 不捨天とも訳される。色界（純粋な物質のみから成る境地）の第四禅（第四の瞑想）に対応すると見なされる天界の中の一つ。
（4）内なる安楽　注釈書（AA.ii.378）によれば、瞑想（禅）を修習することによって生じる安楽である。
（5）聖呪　manta（Skt. mantra). リグ・ヴェーダの本集（Ṛg-veda-saṃhitā）を形成する神聖な呪句を指す。それら呪句は神々に対する祈願の句であるが、それらの句自体に神聖な力が宿っており、そのことばに対応して、神々を支配すると考えられている。神々に対する誠真のことばであり、かつことばに対応する真実を現出させるものという意味で「真言《しんごん》」と漢訳される。

第14章　戦士の章

（1）意向によって導かれた　注釈書（AA.ii.380）によれば、「意向を知って導かれた人の集まり」という意味である。
（2）形成されたもの　saṅkhāra.「行」と漢訳される。さまざまな原因や条件（仏教では「縁」という）によって成立している存在をいう。存在の分類のうえからいえば、形成されたものとは「五蘊」を指し、形成されないものとは「涅槃」を指す。その両方が「すべてのものごと」（一切法、sabbadhamma）と呼ばれる。形成されたものは無常であり苦であるが、形成されないものは常住でありまた苦ではない、とされる。また形成されたものも形成されないものも「無我」であるから、すべてのものごとは無我といわれる。
（3）人を下方に結びつける五つの結縛　pañca orambhāgiyaṃ saṃyojanaṃ.「五下分結」と漢訳される。自らの身体があるという見解（有身見）、誤った戒律や禁制などに執着すること（戒禁取）、真理に対する疑惑（疑）、欲が支配する生存に対する執着（欲貪）、怒り（瞋）の五つは、人を欲界（下方）に結びつける束縛であり、五下分結と呼ばれる。
（4）化生する者　第9章注（12）参照。
（5）神変示導……教誡示導　三つの示導については第6章注（35）を参照。

第15章　吉祥の章

（1）彼には……　以下の偈では「よい星祭りがあり」から「利益の繁栄を得る」までの主体が誰であるか、明らかでないが、注釈書（AA.ii.382）には「その日に〔身体によるよい行為などの〕三種のよい行為が満たされるとき、その日は『星祭りの実行を得た』といわれる」とあるから、行為の主体はこの偈の前に説かれているところの、「その日に身体によるよい行為などの三種のよい行為を行った者」であろう。

（2）星祭り……須臾　注釈書（AA.ii.382）は「星祭り」などを次のように説明する。「その日に〔身体によるよい行為などの〕三種のよい行為が満たされるとき、その日は『星祭りの実行を得た』といわれる。それゆえ彼には常に『よい星祭りがある』といわれる。その日は『祝祭が行われた』といわれる。それゆえ彼には常に『よい祝祭がある』といわれる。彼には暁天（夜明け）もよいから、『よい暁天がある』といわれる。寝具から起きるときもよいから『よい起床がある』。刹那〔ごとに善いから〕『よい刹那がある』。須臾〔ごとによいから〕『よい須臾がある』」。

この説明によれば、「星祭り」云々は、身体などによる行為を行った者は「星祭り」などを行ったに等しい、という比喩的な表現であり、実際に「星祭り」などを行うという意味でない、と知られる。

（3）清らかな行いを……よく供養した　注釈書（AA.ii.382）はこの一句を次のように説明する。すなわち『清らかな行い（梵行）を行う人たちをよく供養した』とは、その日に三種のよい行為が満たされたとき、彼には最上の行為を行う人たちに対する布施の施与がよく行われたといわれる」。身体などによるよい行為は梵行者に対する布施などによる供養に等しい、という意味である。

第16章　裸形の章

（1）瓶の口から……鍋の口から受けない　注釈（AA.ii.384）によれば、瓶の口や鍋の口に匙などがぶつかり、瓶や鍋を損なうことを恐れて受けない。

（2）敷居の……棒のうちにある食べ物を受けず　敷居や棒をまたぐとき、敷居や棒を損なうことを恐れて受けない。

（3）妊婦より受けず　胎児が疲れるから。

（4）男性と性交中の婦人より受けず　喜びを妨げるから。

（5）犬が……受けず　食べ物が得られるであろうと期待している犬を妨害するから。

（6）蝿が……受けず　蝿のえさ場を妨げるから。

（7）一日に三度水浴する　朝と昼と夕方の三度、水浴によって悪を取り除こうと考えて、水浴する。

（8）身体……教え　以下の四つは「四つの注意力の確立」（cattāro satipaṭṭhānā. 漢訳では「四念住」または「四念処」）と呼ばれる。身体は不浄であり、感受は苦であり、こころは無常であり、存在は無実体（無我）であることを常に念頭におき、忘れないことである。

（9）明瞭な意識を持ち　sampajāna. 自分が今何を行っているか明瞭に自覚し識知していることをいう。漢訳仏典では通例「正知」と訳される。原始仏典には名詞形「明瞭な意識」（sampajañña）の語もしばしば出る。第2章注（20）参照。

（10）注意力　第2章注（19）参照。

（11）未だ生じていない悪であり……　以下の四つは「四正勤」と漢訳される。要約していえば、未だ生じていない悪が生じないように勤めること（律儀断）、生じてしまった悪を断じるように勤めること（断断）、未だ生じていない善が生じるように勤めること（随護断）、すでに生じた善が増大するように勤めること（修断）の四つとなる。

（12）意欲に依存して……　以下の四つは、禅定や悟りへの四段階の境地（四つの道と四つの果）に達するための基礎となるものという意味で、「成就の基礎」（iddhipāda. 漢訳では「神足」）と呼ばれる。またそのうちで第一の成就の基礎は、底本では「意欲と精勤という形成力をそなえた」（chanda-padhānasaṅkhārasamannāgata）とあるが、通例では「意欲に依存して生じた心の統一（定）と精勤という形成力をそなえた」（chandasamādhi-padhāna-saṅkhāra-samannāgata）と表現される。

（13）信の能力……智慧の能力　能力（indriya）は通例「根」と漢訳される。「力があって強い作用を有するもの」の意味である。信などの五つは煩悩を除き、解脱をもたらすうえで強い力があり、五つあるから「五根」と呼ばれる。

（14）信の力……智慧の力　同じ五つは「力」（bala）そのものであるから「五つの力」「五力」とも呼ばれる。

（15）注意力という悟りへの……　この七種の悟りへの要因は、悟りを得るために役立つことがら、悟りへ導くものという意味であり、「七覚支」と漢訳される。その要因のうちで（1）注意力（念覚支）は失念せず、自失せずに、常に注意力を持っていること、（2）教えの選択（択法覚支）は教えの中から真実の教えを選択すること、（3）精勤（精進覚支）は正しい教えの実践にたゆまずに勤めること、（4）喜悦（喜覚支）は真実の実践を喜ぶこと、（5）心身の軽やかさ（軽安覚支）は心身が軽やかで、修行の実践に容易に対処し得ること、（6）禅定（定覚支）は禅定を修して、こころが乱れないこと、（7）中庸（捨覚支）は心に偏りがなく、中庸に保たれていることである。

（16）正しい見解……正しいこころの統一　これら八つは八正道（聖八支道）と呼ばれる。

「中庸の実践」（中道）として、151経では四念住が説かれ、またここでは四正勤、四つの成就の基礎（四神足）、五つの能力（五根）、五つの力（五力）、七つの悟りへの要因（七覚支）、八正道が説かれた。これら七種類三七項目は「三十七菩提分法」（または三十七道品）と呼ばれる。菩提分法（bodhipakkhiya）とは菩提（悟り）を助けるものとなる修行法の意味である。三十七菩提分法は原始仏典におけるもっとも代表的な修行法と見ることができる。

（17）自ら生き物を殺し……　ここの「生き物を殺すこと」（殺生）とその反対から、162経の「邪な見解」（邪見）とその反対までの、不善と善とのそれぞれ一〇項目は、「十不善業道」「十善業道」と呼ばれる。ここで「道」とは場所の意味であり、「十不善業道」とは不善業が起こる場所に殺生などの一〇種があるという意味であり、「十善業道」とは善業が起こる場所に不殺生などの一〇種があるという意味である。

(18) 空無の……無願望のこころの統一　漢訳仏典ではこの三種のこころの統一(定)は順次に、空三昧、無相三昧、無願三昧と訳され、三つを合わせて三三昧と呼ばれる(三《さん》昧《まい》とはsamādhiの音写である)。そのうちの第一はすべてのものに永遠不変の実体は存在しないこと(これを無我という)を観じるこころの統一であり、第二のものは、無実体であるから、固有の相がないことを観じるこころの統一であり、第三のものは、固有の相がないから、何も願い求めるべきもののないことを観じるこころの統一である。

(19) すぐれた増支部経典には……　以下、底本では第三集の終わりに第一集から第三集までのまとめの偈が置かれているが、本全集では第一、二集と第三集とは別冊となっている。それゆえ第一集、二集のまとめの偈はここには必要ないが、底本の雰囲気を残すために、底本の通りに掲載した(第一集、二集のまとめの偈は本全集一巻の末尾にも収録してある)。

なお偈には理解不能な語が数語でるが、それらは原語のまま記した。また偈に付したローマ数字は章の番号を、アラビア数字は経の番号を表わしている。さらに偈に示された項目の名が本文と一致しないものもある。

編者略歴

前田専學（まえだ せんがく）
1931年愛知県生まれ。1961年ペンシルヴァニア大学大学院東洋学科修了（Ph.D)。1973年文学博士（東京大学)。東京大学名誉教授。公益財団法人中村元東方研究所理事長・東方学院長。

訳者略歴

浪花宣明（なにわ せんみょう）
1948年石川県生まれ。プーナ大学（University of Poona）Ph.D.

増支部経典 第二巻　原始仏典III

2017年4月10日　第1刷発行

訳　者　　浪花宣明
発行者　　澤畑吉和
発行所　　株式会社春秋社
〒101-0021 東京都千代田区外神田2-18-6
TEL 03-3255-9611(営業)　03-3255-9614(編集)
振替 00180-6-24861
http://www.shunjusha.co.jp/
装　幀　　伊藤滋章
印刷・製本　萩原印刷株式会社

定価はカバー等に表示してあります
Printed in Japan
2017©ISBN978-4-393-11352-3 C0315

中村元［監修］前田專學［編集］

増支部経典　原始仏典 III

［全八巻］

第一巻

第 1 集（全 21 章）／第 2 集（全 17 章）　5000 円

浪花宣明［訳］

第二巻

第 3 集（全 16 章）　6000 円

浪花宣明［訳］

第三巻

第 4 集（全 27 章）

勝本華蓮［訳］

第四巻

第 5 集（全 26 章）

服部育郎／松村淳子［訳］

第五巻

第 6 集（全 12 章）／第 7 集（全 8 章）

及川真介／平木光二／羽矢辰夫［訳］

第六巻

第 8 集（全 9 章）／第 9 集（全 10 章）

河﨑豊／畑昌利［訳］

第七巻

第 10 集（第 1 ～ 10 章）

林隆嗣［訳］

第八巻

第 10 集（第 11 ～ 22 章）／第 11 集（全 3 章）

林隆嗣［訳］

＊価格は税別